古代歷史文化研究輯刊

十五編

王明蓀 主編

第3冊

西周金文中的姬姓世族

劉攀峰 著

國家圖書館出版品預行編目資料

西周金文中的姬姓世族／劉攀峰 著 — 初版 — 新北市：花木
蘭文化出版社，2016〔民 105〕
目 2+208 面；19×26 公分
（古代歷史文化研究輯刊 十五編：第 3 冊）
ISBN 978-986-404-600-3（精裝）
1. 金文 2. 西周
618   105002213

ISBN-978-986-404-600-3

9 789864 046003

古代歷史文化研究輯刊
十五編　第 三 冊　　　　　　ISBN：978-986-404-600-3

西周金文中的姬姓世族

作　　者　劉攀峰
主　　編　王明蓀
總 編 輯　杜潔祥
副總編輯　楊嘉樂
編　　輯　許郁翎
出　　版　花木蘭文化出版社
社　　長　高小娟
聯絡地址　235 新北市中和區中安街七二號十三樓
　　　　　電話：02-2923-1455 ／傳眞：02-2923-1452
網　　址　http://www.huamulan.tw 信箱 hml 810518@gmail.com
印　　刷　普羅文化出版廣告事業
初　　版　2016 年 3 月
全書字數　191468 字
定　　價　十五編 23 冊（精裝）台幣 45,000 元

西周金文中的姬姓世族

劉攀峰　著

作者簡介

劉攀峰，女，1985 年生人。華南師範大學文字學專業碩士畢業，師從譚赤子女士；首都師範大學中國古典文獻學方向博士畢業，師從黃天樹先生。主要研究兩周金文，在中文核心期刊發表《兩周金文中的動詞同義詞連用》、《金文姓氏制度研究簡述》等多篇論文，曾參與編纂由中華書局出版的《商周金文摹釋總集》壹書。

提　　要

　　商周青銅器載有銘文者約一萬六千餘件，內容十分豐富。金文所記錄的語言是當時語言面貌的眞實反映，而語言所呈現的內容或能與傳世文獻互證，或能補其缺漏，或能校正其訛誤，故而有著極爲珍貴的史料價值。

　　商周時期是以血緣性的家族組織爲其基礎單位的，家族觀念十分濃厚。金文中也有大量相關的記載，這是我們研究周代家族世系的第一手材料。

　　本書以西周金文中姬姓家族的世系爲研究對象，對西周金文中姬姓家族的銅器銘文進行梳理研究，並在此基礎上排列出西周時期姬姓世族的譜系。

　　全書共分三章。第一章緒論部份主要概述了金文的語料價值、金文世族研究的歷史與現狀，闡述了本書選題的意義以及本書的研究對象及研究方法。第二章和第三章對西周金文姬姓家族中較爲重要的十二個氏族進行了研究。這兩章內容主要從世系的源流、相關銅器的梳理和系聯、各氏族之間的婚姻關係、氏族的譜系等角度進行了討論。

目次

凡　例

一、本書所用金文材料主要是中國社會科學院考古研究所編寫的《殷周金文
集成》（中華書局，1984～1994 年）；劉雨、盧岩編著的《近出殷周金文
集錄》（中華書局，2002 年）；鍾柏生、陳昭容、黃銘崇、袁國華編著的
《新收殷周青銅器銘文暨器影彙編》（藝文印書館，2004 年）；劉雨、嚴
志斌編著的《近出殷周金文集錄》第二編（中華書局，2010 年）和吳鎮
烽編著的《商周青銅器銘文暨圖像集成》（2012 年）。《近出殷周金文集
錄》和《新收殷周青銅器銘文暨器影彙編》若有重現的，我們用《近出
殷周金文集錄》中的編號。有一些沒有著錄的器物，我們就標注出它所
出現的刊物的名字及頁碼。還有一些器物是私人收藏品，僅見於《商周
金文資料通鑒》（光盤版），我們就選用《金文通鑒》中的編號。

二、本書在引用銘文時，為行文方便，儘量採用寬式隸定的方法。若學者對
銘文的隸定、釋讀意見相差不大，我們就用通行的方式隸定。若學者對
個別字詞有不同的意見和看法，而這些不同的意見和看法關涉到我們所
要討論的問題時我們會在正文中予以討論；若與我們所要討論的問題關
係不大，我們將以加注腳註的方式予以說明或者不再討論。

三、（　）內的文字或是標注，或是解釋說明，〔　〕內的字是依照文例補充的
文字，□表明此字目前無法隸定或者我們目前還不能確識，……表示我
們在引用原文時有所省略。

四、我們在考證西周金文氏族的譜系時，有的氏族材料較多，我們能夠列出
一個較為完整或者相對完整的譜系，這時我們就用表格的形式表現出
來。也有一些氏族的器物較少，不能列出很多的世系，我們就不再列

表。還有一些氏族春秋戰國的金文中也發現了與他們有關的器物，我們也會稍有提及。

五、西周姬姓世族涉及的銅器銘文較多，由於時間和精力有限，本書只探討了其中十二個姬姓世族的相關金文。

六、本書在引述前彥時哲的觀點時，為行文方便不再加「先生」等敬語，敬請諒解。

主要引書簡稱

《集成》　　　　　《殷周金文集成》
《近出》　　　　　《近出殷周金文集錄》
《新收》　　　　　《新收殷周青銅器銘文暨器影彙編》
《近出》第二編　　《近出殷周金文集錄》第二編
《通鑒》　　　　　《商周金文資料通鑒》（數據庫光盤）
《商周》　　　　　《商周青銅器銘文暨圖像集成》
《合集》　　　　　《甲骨文合集》
《說文》　　　　　《說文解字》

第一章 緒 論

第一節　西周金文中姬姓世族研究的可行性及意義

　　西周時期是以血緣性的家族組織爲其基礎單位的，家族觀念十分濃厚。眾所周知，西周的建立者是姬姓家族之人。西周建立以後，爲維護國家的長治久安，統治者分封了大量的同姓國和異姓國。《荀子・儒效》載：「〔周公〕兼制天下，立七十一國，姬姓獨居五十三人。」《左傳》僖公二十四年載：「周公弔二叔之不咸，故封建親戚以蕃屏周。管、蔡、郕、霍、魯、衛、毛、聃、郜、雍、曹、滕、畢、原、酆、郇，文之昭也。邘、晉、應、韓，武之穆也。凡、蔣、邢、茅、胙、祭，周公之胤也。」可見，在這些作爲王室的屏藩的封國中姬姓者占絕大多數。這些記載爲我們瞭解西周時期的封建諸侯提供了線索和參考。西周時期社會的眞實面貌是否果眞如此，這些受封的國家內部有著怎樣的小宗分支，他們之間又有著怎樣的往來，其家族結構的內部關係是怎樣的？若我們對西周時期姬姓世族的金文進行研究，這些問題的答案自然也就揭曉了。而目前所見的金文材料和前彥時賢已有的研究成果爲我們研究這一問題提供了可能。

　　商周以來，出土了大量的青銅器，其中載有銘文者約一萬六千餘件，內容十分豐富。金文之發現與考釋，西漢或可爲之濫觴。《漢書・郊祀志下》記載了宣帝時「美陽得鼎」之事，當時的古文字學家張敞對此鼎進行了釋讀。東漢時期，青銅器的發現與研究有了新的進展，許慎在《說文解字・序》中云：「郡國亦往往於山川得鼎彝，其銘即前代之古文」，此處所謂的「鼎彝」和「銘」即指當時所發現的青銅器及其銘文。

　　兩宋時期，因為統治者的提倡與崇尚，一些有識之士對青銅器的銘文進行了搜集、整理、著錄和研究，進而推動了金石學的形成和發展，許多專門性的著作亦應運而生。如呂大臨的《考古圖》、歐陽修的《集古錄》、宋徽宗敕撰的《博古圖》等等。

　　清代乾嘉以後，青銅器的發現與研究進入了一個重要時期，不少重器都是在這個時期被發現的，如毛公鼎、大盂鼎、小盂鼎、大克鼎、小克鼎、天亡簋、散氏盤等等。乾隆皇帝敕命朝臣，將宮內殿廷陳列和內府儲藏的青銅彝器逐一著錄，遂成《西清古鑒》四十卷，為當時集大成之作。到了晚清時期，金文研究日益深入，著述頗豐。可參看容庚先生的《清代吉金書籍述評》一文，茲不贅述。

　　二十世紀以來，兩周時期的考古發現日益豐富。特別是二十世紀五十年代以後，隨著國家大規模經濟建設的進行，田野考古勘探、調查和科學的發掘工作在全國範圍內蓬勃有序地展開，許多重要的墓葬、遺址和窖藏被發掘出來，其成果舉世矚目。

　　僅建國以來所發現的商周青銅器窖藏就有 350 餘處，而在素有「青銅器之鄉」美稱的周原地區已發現窖藏近 30 處，出土銅器千餘件，長銘銅器近百件。這其中的一些窖藏對我們研究金文世族有很大的幫助。

　　例如：1976 年在扶風莊白發現的一處西周銅器窖藏中，出土銅器 103 件，有銘者 74 件，可以確定為微氏家族的銅器 55 件。百餘銅器中最重要的是史牆盤，它是恭王時期的一件標準器，有銘文 284 字，記述了文、武、成、康、昭、穆諸王的業績和微氏家族的歷代世系，即高祖－烈祖－乙祖－亞祖（祖辛）－文考（乙公）－牆。

　　2003 年在陝西眉縣馬家鎮楊家村發現一處西周銅器窖藏，出土青銅禮器 27 件，其上均有銘文，最長者是作於宣王時期的逨盤，共 372 字，銘文記述了逨先祖的功業，從高祖單公－公叔－新室仲－惠仲盠父－零伯－懿仲－龔叔，一直到逨，共計八代。逨的七代祖先均與歷代的周王有明確的對應關係，是前所未有的珍貴資料。

　　近些年來金文的著錄書籍大量刊印問世，有《殷周金文集成》、《近出殷周金文集錄》、《新收殷周青銅器銘文暨器影彙編》、《近出殷周金文集錄》（第二編）、《商周青銅器銘文暨圖像集成》等，這些著錄書為我們的研究提供了極大的便利，而吳鎮烽的《商周金文資料通鑒》則使我們對相關材料的檢索

更爲便捷。正是因爲有了這些原始材料，並對之進行整理、著錄，才使我們的研究變爲可能。

對金文中的世族進行研究，首先應注意的問題之一就是銅器的斷代。青銅器的分期斷代研究始於郭沫若先生，他在二十世紀三十年代編纂的《兩周金文辭大系》中創建了標準器斷代法。到了五六十年代陳夢家在搜集流散歐美各地和考古出土的青銅器的基礎上，將西周青銅器分爲早、中、晚三期。在研究方法上，他認爲銅器內部的繫聯是最重要的。隨著青銅器材料的日益增多，唐蘭先生在青銅器斷代的標尺方面作了新的探索，他認爲西周金文中的「康宮」應指周康王的宗廟，他希望通過解決爭議較多的昭王時器來進一步解決西周銅器斷代的問題。李學勤先生在《西周中期青銅器的重要標尺——周原莊白、強家兩處青銅器窖藏的綜合研究》一文中從新的角度尋找西周銅器斷代的標準器，認爲「最好能找到一批青銅器群，其各器間不僅有橫的聯繫（同器主同時代的器物），也要有縱的聯繫（器主家族幾個世紀的器物）。這樣的青銅器群可以當做一種標尺，用來檢驗我們排定的青銅器年代序列是否正確，告訴我們各王時的器物究竟有哪些特徵。」〔註1〕其後劉啓益、彭裕商、沈長雲、王世民等人都做了許多有益的探索，使得青銅器的斷代研究日臻完善。

以上這些金文材料的發現、整理、著錄和研究，爲我們研究西周金文中的姬姓世族提供了可能性。充分利用這些材料和前彥時賢的研究成果，對金文世族的譜系做更加科學地梳理和探討就顯得十分必要。

利用金文材料研究周代的世族譜系，可以瞭解當時的姓氏制度、人名、稱謂的特點，進一步瞭解當時的稱謂習俗、家族形態、宗法制度、官署制度、婚姻制度等多方面的社會制度，從而使我們對西周社會的認識更加深刻。同時，我們可以把世族譜系研究的成果應用於分期斷代中，使我們對銅器銘文的綜合研究更加系統化、科學化。

姬姓家族是西周社會統治階層的主體部分，通過對姬姓世族的研究可以使我們更好、更深刻地窺探西周社會的眞實面貌。因此，我們有必要對西周金文中的姬姓世族做一系統的梳理與研究，辨疑析義，深化對相關歷史的認識。

〔註 1〕　李學勤：《西周中期青銅器的重要標尺——周原莊白、強家兩處青銅器窖藏的綜合研究》，《中國歷史博物館館刊》1979 年第 1 期，29 頁。

第二節　金文世族研究的歷史及現狀

一、金文世族研究的萌芽時期

　　金文的研究由來已久，宋人和清人的研究多側重於字詞的考釋，而對金文中的姓氏、族譜則沒有系統地梳理研究過，僅僅對其中一些姓氏用字做過一些考證。如：方濬益《綴遺齋彝器考釋》7 卷第 21 頁收有《魯伯厚父盤》，銘文共十字：「魯伯厚父作仲姬俞朕盤。」銘中「伯厚父」究竟為何人，為什麼要用「厚」字，方氏結合傳世文獻作了詳細的考證。

　　從 20 世紀 30 年代開始，金文研究的範圍日益拓寬。1932 年郭沫若的《兩周金文辭大系》問世，該書將西周金文按時代（王室）、列國金文按地域（國別）進行繫聯，提出了「標準器斷代法」，從而對青銅器銘文加以科學地清理，使之井然有序。這可以說是金文研究史上的一個重要里程碑，使得金文的研究從此走上了科學的道路。金文中的姓氏、人名較早被論述的當首推王國維的《觀堂集林》中收錄的《女字說》一文。其後郭沫若的《彝銘名字解詁》（《金文叢考》1932 年）一文專門研究金文中名和字相應的問題。

二、金文世族研究的開創時期

　　對金文中的姓氏、族譜第一次進行系統地整理研究並列出譜系的是吳其昌的《金文世族譜》一書，該書於 1936 年由商務印書館出版。全書由序、材料采輯書目、金文世族譜目錄三大部分構成，其中金文氏族譜分為四卷三十六篇，羅列了兩周金文所見王朝和諸侯國的世系。第一篇為「帝系譜」，梳理了金文中所見周王室的世系；第二篇到第二十九篇，羅列了金文中可考的古姓 28 個；三十到三十一篇是「不知姓諸國世譜」；三十二篇至三十六篇分別為「史臣譜」、「師臣譜」、「臣工譜」、「小宗譜」和「祖禰譜」。該書體例相當完備，對金文中世族譜系的搜集整理和研究也相當細緻，在當時的條件下能做成此書實屬不易。但由於時代的局限性，書中不免會有一些缺憾之處，如第十九篇的嬬姓實為姒姓，當與第四篇合併；第二十四篇的娨姓當為嬀姓等。儘管如此，此書在金文姓氏、族譜研究上的開創之功是不可磨滅的。

　　20 世紀 40 年代初期羅福頤在《藝文雜誌》上發表了《三代吉金文字中所見女性》一文，對金文中的姓氏有所論及。之後陳夢家的《西周銅器斷代》、唐蘭的《西周銅器中的「康宮」問題》（《考古學報》1962 年第 1 期）等都是

斷代研究的力作，其中關於金文姓氏制度和古代社會的考察也不乏精彩之論。雖然他們之間的意見存在諸多的分歧，但正是這種爭議推動了這一時期金文研究水平的提高。

三、金文世族研究的發展時期

從 20 世紀 50 年代到 70 年代，隨著科學考古發掘的大面積進行，大量有銘青銅器出土，對兩周金文的研究產生了積極的影響。尤其是六七十年代一些重要青銅器窖藏的發現（如：莊白一號窖藏、強家村窖藏、董家村窖藏）和一些墓地的發掘（如：1977 年 9 月湖北隨縣擂鼓墩發現的曾侯乙墓，出土了數以千計的有銘銅器），這些出土的器物引發了學者的熱議，撰文探討者眾多，推動了金文姓氏、族譜的討論和研究。吳鎮烽、雒忠如的《陝西省扶風縣強家村出土的西周銅器》（《文物》1975 年第 8 期）、唐蘭的《略論西周微氏家族窖藏銅器群的重要意義》（《文物》1978 年第 3 期）、李學勤的《西周中期青銅器的重要標尺——周原莊白、強家兩處青銅器窖藏的綜合研究》（《中國歷史博物館館刊》1979 年 6 月）、周永珍的《曾國與曾國銅器》（《考古》1980 年第 5 期）等都是這方面的代表作品，他們從新的視角對金文的姓氏、族譜、家族的形態和周代的社會等展開了積極有益的討論。

從 20 世紀 80 年代開始，學者對金文姓氏、人名、官制和家族形態的研究更加細化，也更加系統化。盛冬鈴的《西周銅器銘文中的人名及其對斷代的意義》（《文史》第 17 輯，1983 年）一文，對金文中的人名稱謂以及人名對斷代的意義做了較為深入地研究，文章分為三部分：第一部分為西周銅器銘文中人名的種種表現形式；第二部分為銘文中的人名對銅器斷代的意義以及利用人名因素為銅器斷代的方法；第三部分為試以銘文中的人名為主要線索，結合其他因素，確定一部分共、懿、孝、夷銅器。文中共列出西周銅器銘文中所見且可考的姓約 30 個，並認為銘文中所見的氏有 300 個以上。如他在文中所言：「『男子稱氏，婦人稱姓』，並不是男子無姓，婦人無氏。銅器是統治階級的專有物，銘文所見人名絕大多數是男女貴族。對男子來講，強調氏是為了表明家世、地位以明貴賤；對女子來講，強調她們的姓是婚姻的需要。」〔註 2〕張亞初的《兩周銘文所見某生考》（《考古與文物》1983 年第 5

〔註 2〕 盛冬鈴：《西周銅器銘文中的人名及其對斷代的意義》，《文史》1983 年第 17 期，28 頁。

期），將金文中常見的「某生」解釋爲「某氏」之外甥，解開了金文研究中的一大難題。1985 年馬雍在《中國姓氏制度的沿革》（《中國文化研究集刊》第 2 輯）一文中說：「姓氏是標誌社會結構中一種血緣關係的符號，當社會結構發生重大變革時，這種符號的形式及其應用法則亦隨之發生變化。因此，姓氏制度的沿革也從一個側面反映出社會性質的變化。」〔註3〕1987 年李學勤在《考古》第三期上發表了《考古發現與古代姓氏制度》一文，對古代的姓氏制度做了一些探討，提出了一些新的見解。

1987 年吳鎮烽編寫了《金文人名彙編》一書，是書搜羅出「傳世的和考古發掘出土的青銅器銘文中的人名五千二百二十八條，人名詞頭用字一千五百六十二個，分別按筆劃加以編纂，並根據銘文內容和有關文獻記載，對每個人物作簡要的介紹。」〔註4〕2006 年作者又對該書進行了增補，共彙集銘文中的人名 7600 餘條，人名詞頭用字約 2100 個。目前所見銘文中所記載的人名，書中大體已經收錄。此書對研究銘文中人物生活的年代和人名之間的關係均具有一定的參考價值，對進一步研究銘文中的姓氏制度和世族譜系也大有裨益。

四、金文世族研究的繁榮昌盛時期

20 世紀 90 年代初，朱鳳瀚撰寫了《商周家族形態研究》（天津古籍出版社，1990 年）一書，〔註5〕該書大量利用古文字資料，並與考古學、歷史文獻學、民俗學相結合，對商周時期的家族形態進行了深入地研究。其中第二章第五節《周原考古發現所見西周世族制度與貴族家族之聚落形態》對周原重要窖藏所出青銅器之內涵與所屬家族情況作了簡述，其中包括「盂鼎與南宮氏」、「克、梁其諸器與華氏」、「函皇父器群與函氏」、「禹鼎與畿內井氏」、「珊我父諸器與珊氏」等 14 個氏族。作者把古文字材料運用的恰到好處，研究很深入，亦有不少真知灼見。這一階段研究金文中的姓氏、世族譜系、周代家族形態和社會制度的還有李學勤的《新出青銅器研究》（文物出版社，1990年）；謝維揚的《周代家族形態》（中國社會科學出版社，1990 年）；趙伯雄《周代國家形態研究》（湖南教育出版社，1990 年）；陝西考古隊、尹盛平主編的

〔註 3〕 馬雍：《中國姓氏制度的沿革》，《中國文化研究集刊》（第二輯），上海：復旦大學出版社，1985 年 2 月，158 頁。

〔註 4〕 吳鎮烽：《金文人名彙編》，北京：中華書局，1987 年 2 月，1 頁。

〔註 5〕 21 世紀初作者又出版了該書的增訂版。

《西周微氏家族青銅器群研究》（文物出版社，1992 年）等。

　　90 年代前後，研究金文姓氏、人名稱謂和家族形態的單篇論文也大量湧現。王育成的《從兩周金文探討婦名「稱國」規律——兼談湖北隨縣曾國姓》（《江漢考古》1982 年第 1 期）一文，對金文中的婦女稱謂規律作了探討，並注意到婦女稱謂對研究國族姓氏的重要性。張懋鎔《周人不用日名說》（《歷史研究》1993 年第 5 期）和《周人不用族徽說》（《考古》1995 年第 9 期》兩篇文章的發表，爲我們探討金文中的姓氏問題提供了新的思路。李仲操的《兩周金文中的婦女稱謂》（《古文字研究》第 18 輯）、曹定雲的《周代金文中女子稱謂類型研究》（《考古》1999 年第 6 期），都從新的視角對金文女子的稱謂類型進行了研究。王志平的《〈左傳〉人名與金文人名比較研究》，從多個角度對先秦的姓氏、人名作了分析和比較。

　　21 世紀更是金文研究蓬勃發展的時期，隨著夏商周斷代工程的逐步開展，金文的斷代研究更是取得了長足的進步，這些研究成果對金文中姓氏制度的研究有著重要的參考價值。這一時期，學者對金文中的姓氏、稱謂、世族等問題進行了熱烈的討論，成績斐然。劉正的《金文氏族研究》（中華書局，2002 年）一書中以大量的金文史料爲基礎，考訂了單氏、子央氏等 8 個氏族的由來、地域、主要活動和譜系。吳鎮烽的《金文人名研究》（科學出版社《考古文選》，2002 年）一文從金文人名的種類、組成方式以及同名現象等方面作了深入地探討。汪中文的《兩周金文所見周代女子名號條例》（修訂稿）（《古文字研究》第 23 輯）一文討論了 36 例金文女子的名號條例，這種研究對於金文姓氏和古史的研究都大有裨益。曹兆蘭的《金文女性稱謂中的古姓》（《考古與文物》2002 年第 2 期）重新討論了金文中古姓的數量及其他相關問題；另外一篇《從金文看兩周婚姻》（《武漢大學學報》2004 年第 1 期），從三個方面討論了金文中的婚姻關係問題。其他的一些著作也在這些問題上展開了積極的討論，如：任偉的《西周金文與召公身世之考證》（《鄭州大學學報》2002 年第 5 期）、《西周金文與齊國始封問題》（《中原文物》2002 年第 4 期）；石岩的《周代金文女子稱謂研究》（《文物春秋》2004 年第 3 期）；袁俊傑的《胙國史事新探》（《河南大學學報》社會科學版 2008 年 5 月）；韓巍的《西周金文中的「異人同名」現象及其對斷代研究的影響》（《東南文化》2009 年第 6 期）；楊小召的《西周金文中的祖先稱謂》（《中國歷史文物》2009 年第 1 期）等。隨著出土文物的日益豐富，也有學者運用簡帛等材

料結合金文對西周某些氏族的世系提出新的見解，如陳穎飛的《清華簡祭公與西周祭氏》（《江漢考古》2012 年第 1 期）；劉成群的《畢公事蹟及畢公世系初探——基於清華簡的研究》（《上海交通大學學報》哲學社會科學版 2012 年第 4 期）；陳穎飛的《清華簡畢公高、畢桓與西周畢氏》（《中國國家國家博物館館刊》2012 年第 6 期），這些新材料的發現和運用無疑提高了研究的廣度和深度。

相關的專著和博士學位論文研究較爲深入的有李峰的《西周的滅亡》（上海古籍出版社，2007 年）和《西周的政體》（三聯書店，2010 年）、陳絜的《商周姓氏制度研究》（商務印書館，2007 年）、韓巍的《西周金文世族研究》（北京大學博士論文，2007 年）、張淑一的《先秦姓氏制度考索》（福建人民出版社，2008 年）、趙豔霞的《中國早期姓氏制度研究》（天津古籍出版社，2008 年）等，這些專著和論文中不乏運用一些金文材料對西周時期的社會形態、官僚制度、姓氏制度、家族譜系等作了細緻深入的探討。

除此之外，還有一些著作雖然不是專門研究金文世族的，但對我們的研究卻極具參考價值，如《世本》、王符的《潛夫論·志氏姓》、杜預的《春秋釋例》中的《春秋氏族譜》、陳厚耀的《春秋氏族譜》、顧棟高的《春秋大事表》、陳槃的《春秋大事表列國爵姓及存滅表譔異》等著作都對此問題有所探研和創見。這些對我們研究西周時期姬姓的世族譜系有重要的借鑒意義。

綜上所述，對金文中的姓氏制度、世族等進行系統的研究萌芽於 20 世紀 30 年代，20 世紀 40 年代到 60 年代爲開拓階段，吳其昌的《金文氏族譜》是這一時期的代表作；從 20 世紀的 70 年代到 80 年代末是金文姓氏制度、世族研究的發展奠基階段；而 90 年代至今則是金文姓氏制度、世族研究的蓬勃發展時期。目前，金文姓氏制度的研究還存在一些疑難問題，對某些姓氏、族譜的判斷和歸屬問題還有分歧意見。但我們相信，隨著考古資料的日益豐富和科學研究工作的深入開展，這些問題會逐步得到解決，分歧意見也會逐步趨向統一。

第三節　研究的對象和方法

一、研究對象

本書主要選取西周金文中與姬姓世族有關的銘文作爲研究對象。材料來

源主要包括中國社會科學院考古研究所編寫的《殷周金文集成》（中華書局，1984～1994 年）；劉雨、盧岩編著的《近出殷周金文集錄》（中華書局，2002 年）；鍾柏生、陳昭容、黃銘崇、袁國華編著的《新收殷周青銅器銘文暨器影彙編》（藝文印書館，2004 年）；劉雨、嚴志斌編著的《近出殷周金文集錄》第二編（中華書局，2010 年）；吳鎮烽編著的《商周青銅器銘文暨圖像集成》（上海古籍出版社，2012 年）；《商周金文通鑒》（光盤版）以及其他散見的青銅器銘文。

二、研究方法

　　金文的研究，可以從多個角度展開。但無論從哪一個角度去研究，都必須以對銅器銘文的正確釋讀爲基礎，研究金文中的世族也不例外。因此，我們在研究的過程中更加注重對銘文本身的釋讀，更加注重銘文本身所能給予我們的信息。在此基礎上我們主要運用以下方法對西周金文中的姬姓世族進行研究。

（一）繫聯法

　　金文中有些人名或稱謂不止出現一次，我們可以將這些人物以及與之相關聯的事件進行繫聯，這對我們研究每個氏族的譜系將有極大的幫助。但是在運用這一方法時，一定要綜合各種因素，審慎地辨析人物之間的關係。他們是否生活在同一時代，即使生活在同一時代，會不會是重名現象等都是需要考慮的問題。李學勤指出：「銘文中同樣人名，有時不是同一人；即使同一人，也可能生存於一個以上的王世。……假設將同樣人名輾轉聯繫，便會把本不同時的器物『濃縮』到一起。」〔註6〕這是我們在運用這一方法時必須注意的問題，正如張懋鎔所說：「『人物繫聯法』如果運用不當，有可能導致錯誤的推論，無益於青銅器以及西周歷史的研究。正確區分西周金文中的同名人物，是提高青銅器斷代水平的一個關鍵步驟。我們認爲區分的辦法，就是要從器型、紋飾、銘文諸方面作綜合研究，切不可偏頗。」〔註7〕因此，我們在運用這一方法時儘量綜合人物的家世、官爵身份以及青銅器本身的形制、

〔註 6〕　李學勤：《西周中期青銅器的重要標尺——周原莊白、強家兩處青銅器窖藏的綜合研究》，《中國歷史博物館館刊》1979 年第 1 期，29 頁。

〔註 7〕　張懋鎔：《試論西周金文中同名人物的區分》，《古文字研究》第二十九輯，北京：中華書局，2012 年 10 月，251 頁。

花紋、字體風格等多種要素，做全面綜合地分析考慮。

（二）與考古學相結合的方法

目前所見西周銅器多爲傳世器，但不排除有相當一部份器物是有明確的出土地點的，我們要充分運用這些考古學的成果，在分析有明確出土地點的器物時儘量參照墓葬中同出的其他器物或墓葬的規格、形制等帶給我們的信息，使我們的結論更加可靠。

（三）與文獻記載相結合的方法

傳世文獻中關於西周時期社會方方面面的記載還是很豐富的，有許多傳世文獻可以直接和金文中的一些銘文進行對讀。這些傳世文獻是我們瞭解當時的社會制度、人物事蹟、風俗稱謂等的橋樑，而金文所載事實或能證明之、或能補充之、或能更正之。因此，我們在研究西周金文姬姓世族時也將充分與相關的文獻記載相結合。

總之，我們將綜合運用以上幾種研究方法，對西周金文中有關姬姓世族的器物作綜合的研究，力爭做到全面、準確、客觀地呈現出西周時期這些較爲重要的姬姓世族的譜系。

第二章　族源明確的姬姓諸氏

這一章我們主要討論族源比較明確的幾個姬姓氏族，主要包括周公及其後裔蔣氏、柞氏、祭氏、井氏；畢公及其後裔楷氏；應氏；虢氏和滕氏。

第一節　周公及其後裔諸氏

一、文獻典籍中的周公

周公是文王第四子，周武王同母弟，輔佐周王治理天下，是西周初年的重要功臣，他為周王朝的建立、穩定和發展做出了一系列傑出的貢獻，為周王朝以後的繁榮昌盛立下了汗馬功勞。

《史記·魯周公世家》載：「周公旦者，周武王弟也。自文王在時，旦為子孝，篤仁，異於群子。及武王即位，旦常輔翼武王，用事居多。武王九年，東伐至盟津，周公輔行。十一年，伐紂，至牧野，周公佐武王，作《牧誓》。破殷，入商宮。已殺紂，周公把大鉞，召公把小鉞，以夾武王，釁社，告紂之罪於天，及殷民。釋箕子之囚。封紂子武庚祿父，使管叔、蔡叔傅之，以續殷祀。徧封功臣同姓戚者。封周公旦於少昊之虛曲阜，是為魯公。周公不就封，留佐武王。」《集解》引譙周曰：「以太王所居周地為其采邑，故謂周公。」《索隱》曰：「周，地名，在岐山之陽，本太王所居，後以為周公之采邑，故曰周公。即今之扶風雍東北故周城是也。」通過這段話可知從武王伐殷開始，周公就是武王的得力助手，作《牧誓》鼓舞士氣、協助武王翦滅殷商、釋放箕子、分封武庚祿父等，周公乃以封地之名為氏名。

武王克殷後不久即崩，成王年少即位，周公便輔佐成王治理天下。《史

－11－

記‧殷本紀》載：「周武王崩，武庚與管叔、蔡叔作亂，成王命周公誅之。」在平定「三監之亂」後，周公又採取了一系列穩定周邦的措施，《史記‧周本紀》載：「成王在豐，使召公復營洛邑，如武王之意。周公復卜申視，卒營築，居九鼎焉。曰：『此天下之中，四方入貢道里均。』作《召誥》、《洛誥》。成王既遷殷遺民，周公以王命告，作《多士》、《無佚》。召公為保，周公為師，東伐淮夷，殘奄。遷其君薄姑。」《尚書‧康誥》云：「惟三月哉生魄，周公初基作新大邑於東國雒，四方民大和會。侯甸男邦采衛百工播民，和見士於周。周公咸勤，乃洪大誥治。」為了穩固周王朝的統治，使周王朝能夠長治久安，周公還三年東征、營建東周、遷徙安撫殷遺民、協助周王封建諸侯等，這些措施的實施對周王朝以後的發展都產生了極其深遠的影響。

二、西周金文中的周公

西周金文中周公的「周」字作「」（塑鼎，《集成》02739）、「」（榮簋，《集成》04241）、「」（帥鼎，《集成》02774）、「」（史牆盤，《集成》10175）等形，《說文‧口部》：「周，密也。从用口。」甲骨文中有「周」字，除了周原甲骨「周」字有「口」形外，幾乎都不从口。徐中舒分析甲骨文此字時說：「象界劃分明之農田，其中小點象禾稼之形。」〔註1〕是也，但他認為甲骨文的「周」字與姬周之「周」不同，「姬周」之「周」中的「口」字表示國家政令所從出則非是。西周金文中的「周」字也有不加「口」旁的，陳初生曰：「周字訓密，其初文當象田間阡陌縱橫、中間種植繁密之形，後益口旁為象形文之繁形，既非會意，亦非形聲。」〔註2〕可從。

西周金文中生稱周公且指周公旦的銅器主要有以下幾件：周公鼎（《集成》02268）、塑鼎（《集成》02739）、簋（《文物》2009年第2期55頁、《通鑑》05073）、禽簋（《集成》04041）、小臣單觶（《集成》06512）和卿盤（《通鑑》14430）。

周公鼎窄沿方唇、口沿上有一對立耳，腹部呈長方體，四條夔龍形扁足，腹部四隅和四壁上各有一道扉棱，口沿下飾夔龍紋，腹部飾獸面紋。銘文曰：「周公作文王尊彝。」這是周公的器物中較早的一件。

塑鼎出土於陝西寶雞，現藏美國舊金山亞洲美術博物館。此鼎窄沿方唇，

〔註1〕 徐中舒主編：《甲骨文字典》，成都：四川辭書出版社，1990年5月，94頁。
〔註2〕 陳初生：《金文常用字典》，西安：陝西人民出版社，2004年1月，119頁。

口沿上一對立耳，腹部呈長方體，四條足爲立鳥形扁足，器身的四面各飾一對高浮雕大鳥，四壁中間的扉棱將之分開，兩鳥尾對尾，頭向四角，不同面上相交的鳥喙伸出器體成爲扉棱。銘文曰：

唯周公于征伐東夷，豐伯、尃古〔註3〕咸𢦏。公歸禦于周廟，戊辰，酓（飲）𣪘（至）〔註4〕，公賞塱貝百朋，用作尊鼎。

「于」字可解釋爲動詞，相當於「往」。作冊夨令簋（《集成》04300）銘中「唯王于伐楚」，𪊧簋（《集成》04205）銘中「楷伯于遘王休」與此例用法相同，楊樹達認爲「于」字當訓爲「往」。〔註5〕傳世文獻中「于」字也有此種用法的，如《尚書·大誥》:「予得吉卜，予惟以爾庶邦，于伐殷逋播臣。」「東夷」譚戒甫認爲「指周初東海沿線所有各部族的總名」。〔註6〕「豐伯」一般認爲「豐」是國名，「伯」是爵稱。西周晚期有一件豐伯車父簋，其出土之地可能在濟寧，陳夢家據此認爲豐國的位置可能在曲阜西南方向。〔註7〕唐蘭依據《左傳》的記載，認爲文王的兒子有一個被封到豐國，由此銘文可知豐國原來應是淮夷之地，周公征伐淮夷以後將同姓之人封於此處，並指出豐國的位置當在今曲阜南面的江蘇省北部的豐縣。〔註8〕據此，豐國當在山東曲阜的南部地區當問題不大。「尃古」學者多認爲即古書記載中的「薄姑」，或者寫作「蒲姑」、「亳姑」，陳夢家據史書的相關記載推測說「可知薄姑爲殷末諸侯，古城在臨淄西北五六十里今博興縣東南境內，周成王時與四國共叛周，成王滅之，以爲齊之封地。」〔註9〕「咸」可訓爲皆。「𢦏」可讀爲「翦」，有「殺伐、翦滅、翦除」義。〔註10〕「禦」字作兩手持一倒隹形，下面還有一個「示」字旁，甲骨文中亦見。此處應該是一個表示祭祀的動詞，這種祭祀一般用於打

〔註3〕李學勤認爲在此處的「豐伯薄姑」應該連讀，就是指《尚書大傳》中的薄姑氏，可備一說。此說法爲李先生清華大學出土文獻研究課上所講，2009年3月4日。

〔註4〕此從李學勤的觀點，參見李學勤：《清華簡九篇綜述》，《文物》2010年第5期，54頁。

〔註5〕楊樹達：《積微居金文說》（增訂本），北京：中華書局，2004年1月，105頁。

〔註6〕譚戒甫：《西周〈塱鼎銘〉研究》，《考古》1963年第12期，671頁。

〔註7〕陳夢家：《西周銅器斷代》，北京：中華書局，2004年4月，18頁。

〔註8〕唐蘭：《西周青銅器銘文分代史徵》，北京：中華書局，1986年12月，42頁。

〔註9〕陳夢家：《西周銅器斷代》，北京：中華書局，2004年4月，18頁。

〔註10〕參見陳劍：《甲骨金文「𢦏」字補釋》，《古文字研究》第二十五輯，北京：中華書局，2004年10月，40～44頁；寇占民：《西周金文動詞研究》，首都師範大學博士學位論文，指導教師：黃天樹教授，2009年5月，299～301頁。

獵或戰爭有所俘獲時，把所得之物或俘虜進獻給宗廟。

　　這件銘文記載周公東征的事情，在這次東征淮夷的戰爭中，翦滅了豐伯和薄姑，周公回來後在宗廟中舉行了祭祀禮，戊辰日又舉行了飲至禮。塱可能是跟隨周公東征者，在戰爭中立有戰功，所以周公對他進行了賞賜，而賞賜的物品是一百朋貝，這在當時已經是很豐厚的賞賜物了，目前所見金文中賜貝能夠有「百朋」的不過數例。

　　周公征伐東夷一事在文獻中也有記載，《詩經·豳風·破斧》曰：「既破我斧，又缺我斨。周公東征，四國是皇。哀我人斯，亦孔之將。」《史記·周本紀》載：「召公為保，周公為師，東伐淮夷、殘奄，遷其君薄姑。成王自奄歸，在宗周，做《多方》。」這件器物的出土不僅可以與史料的相關記載相互印證，也能補史料之所未記。

　　何簋共有兩件，這兩件簋的形制、紋飾、大小都一樣，銘文稍有差異。侈口，束頸，鼓腹，高圈足，獸首耳下附有鉤狀垂珥，蓋面呈淺半球形，蓋的頂部有外凸的圓形紐，周圍配以四個倒置的夔龍形扁扉。蓋沿兒、頸部和圈足上均飾由三組雲雷紋組成的饕餮紋，頸部還增飾兩個浮雕獸首。這兩件簋的形制、紋飾與禽簋極像，應是同時期的器物。我們將張光裕公佈的一件稱作何簋1，另一件稱作何簋2。何簋1器、蓋同銘，何簋2器蓋不同銘，現將銘文錄於下：

　　　　何簋1：唯八月公陕殷年，公匜（賜）〔註11〕何貝十朋，乃令
　　何治〔註12〕三族，為何室。用茲簋裝（設）公休，用作祖乙尊彝。
　　　　何簋2：何鑄祖辛寶尊彝。（此為器銘，蓋銘與何簋1相同）
「唯八月公陕殷年」是採用以大事紀年的方式，「陕」字從阜從夷，《說文·大部》：「夷，平也。」張光裕指出「陕殷」應該指平定殷地或殷族一事，他根據史書的相關記載，並徵引《逸周書·度邑》中「王曰：嗚呼，旦！我圖夷茲殷，其惟依天」句與此句作對比，認為此銘文中的公應該指周公。〔註13〕

〔註11〕此從趙平安的觀點，詳見趙平安：《〈何簋〉銘文在文字演變上的意義》，原載《出土文獻》第一輯，中西書局，2010年。後收入《金文釋讀與文明探索》，上海：上海古籍出版社，2011年10月，6～10頁。

〔註12〕此字我們從李學勤的觀點，參見李學勤：《何簋與何尊的關係》，中國文化遺產研究院編：《出土文獻研究》（第九輯），北京：中華書局，2010年1月，2頁。

〔註13〕張光裕：《何簋銘文與西周史事新證》，《文物》2009年第2期，53～54頁。

李學勤、韋心瀅等學者都支持這一看法。〔註14〕李文進一步指出此簋銘中的
「陳殷」是「周公秉承武王遺願的實際行動」，即「平定武王死後的武庚叛
亂」。〔註15〕這些意見都是很正確的。若銘文以事紀年，這件事在當時一定是
很重要的大事，如中鼎（《集成》02751）銘文開頭曰：「唯王令南宮伐反虎方
之年」，與此器物的開頭類似。平定「三監之亂」事關周王朝的穩定大局，而
這件事情的執行者據史書記載應是周公無疑。在這一年，周公賞賜了冊十朋
貝，令冊掌管治理三族，並為冊築室。李學勤認為此處的「為冊室」兼有為
冊娶妻之義，可備一說。這兩件簋中冊祭祀了兩位祖父，分別是「祖乙」和
「祖辛」，這在金文中是比較少見的，可能這兩位祖父的輩分不同，或者是其
他原因，待考。此器物用周公陳殷之年作為紀年時間，也可為周公並無僭越
稱王提供一條佐證。

　　禽簋折沿，侈口，鼓腹，高圈足，獸首耳下附有方形垂珥，頸部和圈足
上飾三列雲雷紋組成的饕餮紋，頸部贈飾兩個浮雕獸首。銘文曰：

　　　　王伐𡉚（蓋）侯，周公某（謀），禽祝，禽有啟祝，王賜金百鋝，
　　禽用作寶彝。

「𡉚侯」應是𡉚國的國君，陳夢家考證此句時說：「所伐之國，疑即蓋侯。蓋
即《墨子・耕柱篇》、《韓非子・說林》上所述周公征伐之商蓋，《左傳》昭九
作商奄，昭元作奄。奄、蓋皆訓覆而古音並同……蓋侯即孟子所謂的奄君。」
〔註16〕其說可從。周王朝建立不久，管蔡與商奄共叛，所以周王命令周公東
征平定叛亂。「某」可讀為「謀」，謀劃、策劃。「周公謀」句可見周公是征伐
奄君叛亂的出謀劃策者。「禽」下面一字學者或釋為「祝」，此字作「🐦」形，
從示從卩。「祝」字在金文中作「🔣」（大祝禽鼎）、「🔣」（長由盉）、「🔣」（大
祝追簋）形，與此字不類，此字並非「祝」字，從文意看應是一個表示祭祀
義的動詞。王賞賜給禽金百鋝，這個賞賜數目相當之大，禽的祭告應該和這
次王出兵征伐奄君有關，足見王對這次出征的重視程度。銘文中記載周王征

〔註14〕李學勤：《何簋與何尊的關係》，中國文化遺產研究院編：《出土文獻研究》（第
　　　　九輯），北京：中華書局，2010年1月，2頁；韋心瀅：《冊簋銘文新探》，朱
　　　　鳳瀚主編：《新出金文與西周歷史》，上海：上海古籍出版社，2011年5月，
　　　　271頁。
〔註15〕李學勤：《何簋與何尊的關係》，中國文化遺產研究院編：《出土文獻研究》（第
　　　　九輯），北京：中華書局，2010年1月，2頁。
〔註16〕陳夢家：《西周銅器斷代》，北京：中華書局，2004年4月，28頁。

伐奄的還有一件犅劫尊（《集成》05977），銘文曰：

> 王征嶜（蓋），賜犅劫貝朋，用作朕冀（高）祖毌（寶）尊彝。

這兩件銘文所記的「王伐嶜／嶜侯」是同一件事。成王這次征伐奄國回來後，就將奄地分封給了周公。《史記・魯世家》載：「〔周公〕於是卒相成王，而使其子伯禽代就封於魯。……周公卒，子伯禽固已前受封，是為魯公。」

小臣單觶侈口，束頸，鼓腹，高圈足，圈足沿外撇，頸部飾以雲雷紋填地的顧首夔龍紋。銘文曰：

> 王後阪克商，在成師，周公賜小臣單貝十朋，用作寶尊彝。

「阪」學者或讀為「黜」，認為與《尚書・大誥序》中「周公相成王，將黜殷」中的「黜」意義相同，孔安國將此「黜」訓為「絕」也。〔註17〕這一訓釋放在此處似乎不太妥當，這句話中有動詞「克」，「阪」字或是與克字意義相同或相近的詞語，具體為何字闕疑待考。「後」字似可理解為後面一次，「王後阪克商」是說王後一次（第二次）克商，聯繫相關文獻記載，指的應是周王平定「三監之亂」一事。在平定武庚祿父等人的叛亂之後，周王及其大軍駐紮在成師，小臣單作為跟隨周王和周公平反叛亂的將領，因功受賞。周公賞賜小臣單十朋貝，小臣單因此製作了這件彝器。

卿簋窄沿方唇，侈口，高圈足，腹的下部有明顯的收斂，腹部和圈足均飾由三組雲雷紋組成的饕餮紋，腹部前後還各飾一個浮雕獸首。銘文曰：「周公來伐商，淢宯卿，賜金，用作寶彝。」「淢宯」一詞還見於伯姜鼎（《集成》02791）「天子淢宯伯姜」和再簋（《近出》485）「王弗忘應公室，淢宯再身」句中，李家浩認為這一詞語與盠尊銘（《集成》06011）「葉皇盠身」句中的「葉皇」一詞語義相當，有讚美的意思。〔註18〕可從。「淢宯卿」的主語應該是承前省略了，即指周公。銘文記載周公來征伐商地時，對卿進行了讚美和賞賜，卿於是製作了這件器物。這件簋的發現為周公參與征伐殷商的事實又增加了一個例證。

西周金文中還有兩件生稱周公的器物，分別是令方尊（《集成》06016）和令方彝（《集成》09901），兩件器物銘文基本相同。令方尊器口呈喇叭形，鼓腹，圈足，腹部和圈足呈方形，器體四隅和四壁的中間共有八條突起的扉

〔註17〕 馬承源主編：《商周青銅器銘文選》第三卷，北京：文物出版社，1988年，17頁。

〔註18〕 李家浩：《應國再簋銘文考釋》，《文物》1999年第9期，84頁。

棱，口沿下飾蕉葉形倒置的鳥紋，頸部四面各飾一對鳥紋，腹部和圈足飾卷角的獸面紋。令方彝器身呈長方體，束頸，鼓腹，圈足，器蓋和紐都呈四坡式屋頂形，蓋面上部飾鳥紋，下部飾獸面紋，器身口沿下飾雙龍紋，器的腹部飾不同風格的獸面紋，圈足飾鳥紋。銘文曰：

> 唯八月，辰在甲申，王令周公子明保，尹三事四方，受卿事寮。丁亥，令矢告于周公宮，公令𫑡同卿事寮。唯十月月吉癸未，明公朝至于成周，𫑡令舍三事令，眾卿事寮、眾諸尹、眾里君、眾百工、眾諸侯：侯、甸、男，舍四方令，既咸令。甲申，明公用牲于京宮。乙酉，用牲于康宮，咸既，用牲于王。明公歸自王，明公賜亢師鬯、金、小牛，曰：「用𥛠。」賜令鬯、金、小牛，曰：用𥛠。迺令曰：今我唯令汝二人亢眾矢，奭左右于乃寮，以乃友事。作冊令敢揚明公尹厥室，用作父丁寶尊彝，敢追明公賞于父丁，用光父丁，🐚冊。

這件器物郭沫若、陳夢家等認爲是成王時期的器物，郭沫若認爲銘文中的周公指周公旦，明保指周公的長子伯禽。〔註19〕陳夢家認爲此生稱的周公指周公旦，明保指周公的次子君陳。〔註20〕唐蘭則提出此銘文中的「周公宮」應指周公之廟，「康宮」爲康王之廟，再結合這兩件器物的形制、紋飾和所述之事來看，其作器的年代爲昭王時期無疑。若此，銘文中的周公就不應該指周公旦，而是第二代周公，明保又稱爲明公，他應該是第二代周公君陳的兒子。〔註21〕唐說可從，銘文中「王令周公子明保」中的「周公」和「公令𫑡同卿事寮」中的「公」都應該指第二代周公君陳，明保則應該是繼承君陳的職務，管理成周四方。這樣才能合理的解釋爲什麼明保稱爲明氏。金文中記載明保事蹟的器物還有兩件，分別是魯侯簋（《集成》04029）和作冊䰧卣

〔註19〕郭沫若：《兩周金文辭大系圖錄考釋》，北京：科學出版社，2002年10月，6頁。

〔註20〕陳夢家：《西周銅器斷代》，北京：中華書局，2004年4月，38頁。

〔註21〕這一問題唐蘭先後有兩種不同的說法，參見唐蘭：《作冊令尊及作冊令彝銘文考釋》，原載《國立北京大學國學季刊》四卷一期，1934年，後收入《唐蘭先生金文論集》，北京：紫禁城出版社，1995年10月，6～14頁；唐蘭：《西周銅器斷代中的「康宮」問題》，原載《考古學報》1962年第1期，後收入《唐蘭先生金文論集》，北京：紫禁城出版社，1995年10月，115～167頁。此處我們從唐蘭在《西周銅器斷代中的「康宮」問題》一文中的觀點，認爲此處的周公指第二代周公。

（《集成》05400）。

以上我們主要梳理了生稱周公的一些器物，這些器物或是記載周公征伐殷商之事；或者記載周公東征，翦滅豐伯、薄姑之事；或者記載周公平定「三監之亂」之事；或者記載周公在凱旋而歸後對屬下的賞賜之事；或者記載周公對殷移民的安置之事，這些事情很多都可以與傳世文獻進行對讀，有的也可彌補文獻記載之不足，是非常珍貴的史料。通過對這些銘文的研讀，周公這一形象更加飽滿，作為這些戰爭的最高統帥，他為周王朝的建立、穩定及以後的發展立下了赫赫功績。

三、西周金文中部份周公後裔的世系

周公之子多有封地，西周金文中屬於周公後裔的器物除了邢氏這一支外，其餘並不是很多，這裡我們主要討論一下周公後裔中柞氏和祭氏這兩支的世系，邢氏一支我們將另闢一節單獨討論。

（一）周公之後裔柞氏

1、柞國簡介

柞國也是周公旦之子所封國，《左傳》僖公二十四年記富臣曰：「胙，周公之胤也。」杜預注：「胙，東郡燕縣西南有胙亭。」《水經注・濟水》云：「濮水北積成陂，號曰東池陂，又東徑胙亭東注，故柞國也。」《姓觿》胙下引《世本》云：「周公子胙伯之後」。陳槃依據相關文獻的記載，認為柞國的國都應在今河南縣輝府廢胙城縣西南。〔註22〕柞國的地望在今河南延津北部。

2、柞氏的相關器物及其世系

柞氏的「柞」字金文中作「𣏻」（柞伯簋，《近出》486）、「𣏻」（柞伯鼎，《近出》第二編 327）等形，皆从木乍聲。目前金文所見柞氏的器物只有兩件，分別是柞伯簋（《近出》486）和柞伯鼎（《近出》第二編 327）。

柞伯簋 1993 年出土於河南平頂山滍陽嶺應國墓地，此簋侈口，方唇，束頸，鼓腹，腹部略微向下傾垂，圈足，獸首耳下有鉤狀垂珥，其特別之處是圈足的下面連鑄了一個喇叭形的方座。口沿下飾以由雲雷紋組成的夔龍紋，頸部的前後各飾一個浮雕獸首，腹部飾以雲雷紋組成的獸面紋，圈足上飾一

〔註22〕陳槃：《春秋大事表列國爵姓及存滅表譔異》，上海：上海古籍出版社，2009年 11 月，661 頁。

周三角形凸目蟬紋。銘文曰：

> 唯八月辰在庚申，王大射在周。王令南宮率王多士，師齧父率
> 小臣。王遲赤金十反（鈑）。王曰：「小子、小臣，敬又賢〔註23〕獲
> 則取。」柞伯十再（稱）弓無濩（廢）矢。王則畀柞伯赤金十反（鈑），
> 徠賜祝見。柞伯用作周公寶尊彝。

「王大射在周」指王在宗周舉行大射禮，參與這次大射禮的主要有南宮、王
多士、師齧父和小臣，發掘者認爲「南宮」不稱名，應該是官名，相當於《周
禮》中的官宮，「多士」指「周王屬下眾多的武士」，「小臣」指眾多的奴隸。
〔註24〕李學勤認爲南宮應該是周朝的王子，「多士」應「包括卿、大夫、士等
王朝衆臣」，「小臣」應包括小臣和奴隸在內。〔註25〕兩相比較，以李說更勝
一籌，此銘中的南宮大概與南宮氏無關，而是像師齧父一樣的一位具體官員
的稱謂，參加此次大射禮的人頗多，包括王、王的屬官衆臣和一些奴僕之類
的人員。

「王遲赤金十反」句中「遲」字發掘者讀爲「徲」，此字从彳尸（夷）聲，
通爲「遺」字，有「給予、贈予」義。〔註26〕李學勤、馮時、周寶宏、陳劍
等都將此字隸定爲「遲」，但釋讀不太相同。李學勤將此字釋爲「待」，此句
的意思是說「王懸賞十塊餅金以待。」周寶宏和陳劍的釋法比較類似，認爲
此字可與「尸」或「矢」相通，訓爲陳列。」〔註27〕我們贊同釋爲「陳列、
陳放」的說法。「彐」字或有學者釋爲「又」，但此銘文有「又」字作「彐」形，
兩者絕非同一個字。李文將此字隸定爲「夬」，讀爲「決」，將此句斷爲「小
臣敬又夬（決），獲則取」，意思是說「執事的小臣已準備好扳指，可以開

〔註23〕 此從陳劍的說法，參見陳劍：《柞伯鼎銘補釋》，原載《傳統文化與現代化》，
　　　　1999 年，後收入《甲骨金文考釋論集》，北京：線裝書局，2007 年 4 月，1〜
　　　　7 頁。

〔註24〕 王龍正、姜濤、袁俊傑：《新發現的柞伯簋及其銘文考釋》，《文物》1998 年第
　　　　9 期，54〜55 頁。

〔註25〕 李學勤：《柞伯簋銘文考釋》，《文物》1998 年第 11 期，68 頁。

〔註26〕 王龍正、姜濤、袁俊傑：《新發現的柞伯簋及其銘文考釋》，《文物》1998 年第
　　　　9 期，55 頁。

〔註27〕 李學勤：《柞伯簋銘文考釋》，《文物》1998 年第 11 期，68 頁；馮時：《柞伯
　　　　簋銘文剩義》，《古文字研究》第二十四輯，北京：中華書局，2002 年 7 月，
　　　　225 頁；周寶宏：《西周金文詞義研究（六則）》，《古文字研究》第二十五輯，
　　　　北京：中華書局，2004 年 10 月，110〜111 頁；陳劍：《柞伯鼎銘補釋》，《甲
　　　　骨金文考釋論集》，北京：線裝書局，2007 年 4 月，1 頁。

始射箭。」「獲」指射箭中侯（靶）。陳劍將此字釋爲「賢」，將此句的句讀
斷爲「敬又（有）賢獲則取」，句子的意思「恭敬而又射中次數多的人可以取
得這赤金十鈑。」馮時則認爲此字隸定爲「叉」，讀爲「挾」，用爲射事指「引
弓又矢」，「有」訓爲其，「獲」訓爲中侯，「敬有叉，獲則取」句「實爲周王
勸勉參射者認眞行射，勝者得賞。」〔註28〕縱觀全文的文意，我們認爲陳劍
的說法更爲文從字順，故從之。「柞伯十稱弓無廢矢」是說柞伯在這場射禮中
十發全中。

　　通過以上對銘文中關鍵字詞的疏通，此銘文的大意基本可通。大概是說
八月庚申日，周王在宗周舉行大射禮，參加此次射禮的人頗多，有王的各級
官員屬臣和奴僕。周王陳列了赤金十鈑，說：「小子、小臣，在射禮中恭敬行
事而又射中次數多的人可以獲取這十鈑赤金。」柞伯在這次射禮中十發十中，
周王就將這十鈑赤金賞賜給了柞伯，又賞賜柞伯樂器一套。柞伯於是製作了
這件用於祭祀周公的寶簋。

　　由「柞伯用作周公寶尊彝」句可知，柞伯爲周公後裔無疑，也證明了史
書中的記載是正確無誤的。那麼，這件器物是什麼時代的，銘文中的柞伯又
是第幾代柞國國君呢？

　　這件簋的發掘者認爲此器物的年代定在康王時期比較適宜，並指出銘文
中的柞伯「應該是第一代胙國國君的嫡長子」。〔註29〕李學勤認爲南宮亦見於
昭王時期中所作諸器，此簋的器形與穆王時期班簋和琉璃河出土的伯簋等器
物近似，年代應在昭王時期。銘文中的柞伯是周公的兒子，即柞國的始封君。
〔註30〕袁俊傑認爲此簋的年代屬於康王時期，並支持李先生認爲柞伯爲柞國
始封君的觀點。〔註31〕朱鳳瀚認爲此簋的時代在康、昭時期。〔註32〕

〔註28〕 李學勤：《柞伯簋銘文考釋》，《文物》1998 年第 11 期，68 頁；陳劍：《柞伯
　　　　鼎銘補釋》，《甲骨金文考釋論集》，北京：線裝書局，2007 年 4 月，1～7 頁；
　　　　馮時：《柞伯簋銘文剩義》，《古文字研究》第二十四輯，北京：中華書局，2002
　　　　年 7 月，225～228 頁。
〔註29〕 王龍正、姜濤、袁俊傑：《新發現的柞伯簋及其銘文考釋》，《文物》1998 年第
　　　　9 期，54 頁。
〔註30〕 李學勤：《柞伯簋銘文考釋》，《文物》1998 年第 11 期，68 頁。
〔註31〕 袁俊傑：《胙國史事探析》，《河南大學學報》（社會科學版）2008 年第 5 期，
　　　　110～111 頁；袁俊傑：《再論柞伯簋與大射禮》，《華夏考古》2011 年第 2 期，
　　　　141 頁。
〔註32〕 朱鳳瀚：《柞伯鼎與周公南征》，《文物》2006 年第 5 期，69 頁。

　　這件簋的形制、紋飾我們前面已有所簡介，這種侈口，束頸，鼓腹，圈足，獸首耳的簋從康王到穆王時期都有。這件簋的主要紋飾是夔紋和獸面紋，矮圈足，銘文的字體具有典型的西周早期風格，如「王」字作「王」形、「在」字作「在」形，父字作「父」形，這些字的寫法明顯具有西周早期的特徵。從柞伯簋的器形、紋飾，結合銘文字體看，其年代不會晚到穆王時期，只能是康昭時期的器物。

　　從銘文內容來看，在這次大射禮中，周王陳設了十鈑赤金後，對小子和小臣說誰恭行此事且中靶最多者將獲此赤金，而最後獲得此項殊榮的是柞伯，說明柞伯是「小子、小臣」中的一員，再依據他的身份和地位來看，應是小子中的一員。「小子」一詞金文中習見，朱鳳瀚認為西周時期的「小子」用法主要有四種，即「對年幼者之稱或老人對年輕人之稱、自我之謙稱、輕賤之稱、若稱『某小子』則是說明其屬於貴族家族的成員。」〔註33〕柞伯簋銘文中的「小子」明顯不屬於朱先生所列的後三種用法，那麼此處的「小子」是不是第一種用法呢？還是另有別的用法呢？李學勤認為「小子」若是自稱則表示謙卑，若是他稱「則是長上的口吻」。〔註34〕袁俊傑則認為柞伯作為周公的後裔，屬於姬姓的小宗分支，此處的「小子」則是大宗稱呼小宗的一種方式。〔註35〕涂白奎將文獻和金文中他稱「小子」的材料進行了對比研究，認為「兩周時期，天子稱諸侯，與年輩長者必尊之曰『父』、曰『舅』、曰『祖』；稱『小子』者，年輩必晚於周王。」〔註36〕涂說證據充分，我們認為金文中「小子」在用為他稱時指長輩稱呼晚輩的說法還是比較可信的，這也是金文中他稱「小子」用法的真實反映。那麼，此器物中的柞伯就不是第一代柞伯，第一代柞伯從輩分上來講應是康王的叔輩，康王是不可以呼其為「小子」的，結合器物的年代，我們認為柞伯簋中的柞伯大概是柞國的第二代國君。

　　柞伯鼎是 2005 年國家博物館購藏的一件器物，此鼎窄沿方唇，口沿上有

〔註33〕朱鳳瀚：《商周家族形態研究》（增訂本），天津：天津古籍出版社，2004 年 7 月。

〔註34〕李學勤：《何尊新釋》，《新出青銅器研究》，北京：文物出版社，1990 年 6 月，43 頁。

〔註35〕袁俊傑：《胙國史事探析》，《河南大學學報》（社會科學版）2008 年第 3 期，111 頁。

〔註36〕涂白奎：《周天子尊諸侯之稱與〈柞伯簋〉相關問題》，《史學月刊》2010 年第 10 期，22～27 頁。

一對索狀立耳，腹似盆，三柱足，柱足較細，口沿下飾一周竊曲紋，腹部飾有一道弦紋。銘文曰：

> 唯四月既死霸，虢仲令柞伯曰：「在乃聖祖周公諫（舊）有共于周邦，用昏無殳廣伐南國。今汝其率蔡侯左至于昏邑。」既圍城，令蔡侯告征虢仲、遣氏曰：「既圍昏。」虢仲至。辛酉，搏戎。柞伯執訊二夫，獲馘十人。其弗敢沫（昧）朕皇祖，用作朕烈祖幽叔寶尊鼎，其用追享孝，用祈眉壽萬人（年），子子孫孫其永寶用。

學者多認為這件器物的年代應在西周晚期的厲宣時期，朱鳳瀚從器形、紋飾等角度做過詳細的論證，可參看。朱文並認為此銘文內容與周公南征有關。〔註 37〕這一點黃師已指出其不當之處。〔註 38〕銘文的開頭是虢仲對柞伯的一段誥命，「在乃聖祖周公舊有共于周邦」句金文中有相似的語句，如彔伯簋蓋（《集成》04302）銘曰：「諫自乃祖考有爵于周邦」，師克盨（《集成》04467）銘曰：「則舊唯乃先祖考有爵于周邦。」從語義來看，「共」和「爵」、「爵」的意義應該差不多，「爵」字的釋讀學者有多種說法，吳式芬、劉心源、裘錫圭等人認為此字當釋為「庸」，裘先生又從字形上論證了這一說法的合理性，並認為此字可訓為功、訓為勞。〔註 39〕我們認為無論從字形還是字義上看，這種提法都是很合理的。張富海認為柞伯鼎中的「共」字也應當釋為「庸」，〔註 40〕其說可從。「用昏無殳廣伐南國」句中「用」當釋為「因」，這種用法金文中很常見，「昏無殳」一語中昏指昏邑，無殳是昏邑之君的私名，〔註 41〕李學勤指出銘文中的「昏」應是「一個有城邑的南方蠻夷方國」。〔註 42〕蔡運章認為「昏邑為東夷，後被周征伐，不斷南遷淮上，與淮夷共處，成為淮夷。

〔註 37〕 朱鳳瀚：《柞伯鼎與周公南征》，《文物》2006 年第 5 期，67～71 頁。

〔註 38〕 黃天樹：《柞伯鼎銘文補釋》，《中國文字》新 32 期，33～40 頁。

〔註 39〕 裘錫圭：《甲骨文中的幾種樂器名稱——釋『庸』、『豐』、『鞀』》，《古文字論集》，北京：中華書局，1992 年 8 月，196、204 頁。

〔註 40〕 張富海：《讀新出西周金文偶識》，《古文字研究》第二十七輯，北京：中華書局，2008 年 9 月，235～236 頁。

〔註 41〕 以上的說法主要依據鄔國盛、季旭昇的考證。參見鄔國盛：《關於柞伯鼎銘「無殳」一詞的一點意見》，朱鳳瀚主編：《新出金文與西周歷史》，上海：上海古籍出版社，2011 年 5 月，305～309 頁；季旭昇：《柞伯鼎銘「無殳」小考》，張光裕、黃德寬主編：《古文字學論稿》，安徽：安徽大學出版社，2008 年 4 月，31～39 頁。

〔註 42〕 李學勤：《從柞伯鼎銘談〈世俘〉文例》，《江海學刊》2007 年第 5 期，14 頁。

為擴展土地、返居故地及報復周，而『廣伐南國』。」〔註43〕這些說法為我們深入瞭解周朝時期的蠻夷方國提供了參考。

此銘文大意是說在四月的某一天，虢仲誥命柞伯說：「你的祖先周公曾經有功勞於周邦，現在因為昏邑之君無殳大肆侵擾我國南方地區，命令你率領蔡侯從左面進抵昏邑。」柞伯等人包圍昏邑之城後，柞伯就令蔡侯將此事報告給虢仲和遣氏。虢仲親至昏邑。辛酉這一天他們與昏邑的戎人展開了搏鬥，柞伯有所擒獲，因不敢對皇祖有所隱瞞（柞伯認為他之所以能夠受命率領此次戰役并取得成功，主要是受到了祖先的庇佑），於是製作了這件祭祀烈祖幽叔的寶鼎，希望子孫永保用之。

這件鼎是柞伯為他的祖先幽叔所作，幽叔又指何人呢？袁俊傑認為此銘文中的幽叔應該指柞伯簋銘中的柞伯，即第一代柞國國君。〔註44〕柞伯為這位祖先作器，說明這位祖先在他的諸位先祖中地位較為崇高，抑或有過傑出的貢獻和功勞，才能使他的子孫後代受到庇蔭。柞伯為之作器的祖先是「幽叔」，「幽」是諡號，「叔」是排行。聯繫柞國的歷史，能有如此崇高的地位和傑出的貢獻，並且排行為叔的，應該就是第一代柞國的國君了。從第二代柞國國君開始，除特殊情況外，應當以嗣子中排行為伯者做繼承人。袁文認為幽叔是第一代柞國國君的提法還是很值得肯定的，但他認為幽叔即柞伯簋中的柞伯的說法卻值得商榷，我們上文已論柞伯簋中的柞伯不可能是第一代柞國國君。

3、餘論

2006 年山東棗莊市山亭區的小邾國墓地出土了 4 件邾友父鬲〔註45〕（《新收》1094），邾友父鬲傳世也有 2 件，加上出土的 4 件，目前所見共 6 件。銘文曰：「邾友父媵其子胙（胙）嫦（曹）寶鬲，其眉壽永寶用。」這件鬲是邾友父為其女兒胙（胙）曹所作的媵器。關於「嫦嫦」楊樹達說：「嫦嫦者，嫦為邾國曹姓之本字，郭沫若之說是矣。嫦字从肉，从切，余疑其為胙之或字

〔註43〕黃盛璋：《關於柞伯鼎關鍵問題質疑解難》，《中原文物》2011 年第 5 期，46 頁。

〔註44〕袁俊傑：《柞伯鼎銘補論》，《中原文物》2008 年第 1 期，88～89 頁；袁俊傑：《柞國史事探析》，《河南大學學報》（社會科學版）2008 年第 3 期，111～112 頁。

〔註45〕李光雨、張雲：《山東棗莊春秋時期小邾國墓地的發掘》，《中國歷史文物》2003 年第 5 期，66 頁。

也。」〔註46〕甚是。此爲曹姓女子嫁於怍國者，故稱怍曹。可見姬姓的怍國與曹姓的小邾國有過聯姻關係。

（二）周公之後裔祭氏

1、祭國簡介

《左傳》僖公二十四年載：「凡、蔣、邢、茅、胙、祭，周公之胤也。」甲骨文中「祭」字就有用爲地名或方國名者，卜辭曰：「貞：翌庚子勿……二月，在祭。」（《合集》7904）其地望在今河南鄭州一帶。〔註47〕陳槃對史書中關於祭國的記載進行了辨析研究，認爲其地望應在今河南鄭州東北一帶。〔註48〕可見祭作爲地名一直被沿用。西周時期的祭國是周公之子所封國，其封建的時代大約在成王時期。西周時期祭氏最有名的人物之一當屬祭公謀父。《史記·周本紀》曰：「穆王將征犬戎，祭公謀父諫曰：『不可』。」《集解》引韋昭曰：「祭，畿內之國，周公之後，爲王卿士。謀父，字也。」《釋例》云『祭城在河南，上有敖倉，周公後所封也』。」《左傳》昭公十二年載：「昔穆王欲肆其心，周行天下，將皆必有車轍馬跡焉。祭公謀父作《祈招》之詩，以止王心，王是以獲沒於祗宮。」由這些文字亦可窺見祭公謀父對周王的輔佐之功，西周時期的祭國雖然是一個較小的封國，但爲王卿士的幾代祭公卻對周王朝的興衰存亡有著一定的影響。

2、西周金文中的祭氏

金文中祭氏的祭字作【圖】（司鼎，《集成》02659）、【圖】（厚趠鼎，《集成》02730）、【圖】（夆鼎，《集成》02740）、【圖】（九年衛鼎，《集成》02831）、【圖】（籹簋，《近出》第二編433）等形，此字【圖】形下面的「涉」旁或從一個止從水，或者只從水形，應是繁簡的不同。李學勤依據郭店簡的一處異文認爲此字應爲祭公之祭的本字。〔註49〕

西周早期屬於祭氏的器物主要有祭季鬲（《集成》00495）、太史觶（《通鑒》10622）、厚趠方鼎（《集成》02730）、令鼎（《集成》02803）和祭姬爵（《近

〔註46〕楊樹達：《積微居金文說》（增訂本），北京：中華書局，2004年1月，166頁。

〔註47〕馬保春、宋久成：《中國最早的歷史空間舞臺——甲骨文地名體系概述》，北京：學苑出版社，2013年1月，343頁。

〔註48〕陳槃：《春秋大事表列國爵姓及存滅表譔異》，上海：上海古籍出版社，2009年11月，653頁。

〔註49〕李學勤：《釋郭店簡祭公之顧命》，《文物》1998年第7期，44～45頁。

出》第二編 784）。

　　祭季鬲侈口，口沿上有一對立耳，束頸，鼓腹分襠，三足的下部呈柱形，頸部飾一周由雲雷紋組成的獸面紋。銘文曰：「祭季作。」

　　太史觶侈口，束頸，鼓腹，腹部微微向下傾垂，高圈足，腹部的兩側有兩個較大的獸首鋬，頸部和圈足各飾一周由雲雷紋組成的獸面紋。銘文曰：「太史作宗彝，祭季。」太史是史官之長，地位非常尊崇，《周禮·春官·宗伯》云：「太史，掌建邦之六典，以逆邦國之治。」此銘文中的祭季任太史之職，足見地位之崇高。祭季和太史觶從器型、紋飾和銘文字體看都屬於西周早期偏早階段的器物，大約屬於康王前後的器物，兩件銘文中的祭季應是指同一個人。陳穎飛認爲他應該就是周公最小的兒子，也即第一代祭氏〔註 50〕的觀點是值得肯定的。

　　厚趠方鼎器體呈長方體，窄沿方唇，口沿上有一對立耳，四柱足，腹部的四隅各有一道扉棱，腹部四壁各飾一對由兩條夔龍組成的獸面紋，獸面的雙角向下垂，角尖作勾曲形上卷狀，足的上部有外卷角獸面。銘文曰：

　　　　唯王各于成周年，厚趠有觀于祭公，趠用作厥文考父辛寶尊鼎，

　　其子子孫孫永寶，束。

銘文記載在王來到成周的這一年，厚趠觀見祭公，於是趠製作了這件祭祀文考父辛的寶鼎。李學勤將這件器物的年代定於昭王時期。〔註 51〕劉啓益認爲此鼎的形制與康王時期的史速鼎（《集成》02164～02165）接近，腹部的紋飾與昭王時期的服尊（《集成》05698）一致，字體的風格與穆王時期的彔簋（《集成》04122）相似，應是昭王時器。〔註 52〕此鼎的形制、紋飾與奚方鼎（《集成》02729）近似，奚方鼎中有楷仲一人，通過相關器物的繫聯，此人大約生活在康王時期，奚方鼎的雙耳上還有兩個對立聳角的小龍，年代應稍微早於此器物，但兩件器物的年代不會相差甚遠，我們認爲將此器物定於昭王時期還是比較穩妥的。

　　《呂氏春秋·音初》曰：「周昭王親將征荊，辛余靡長且多力，爲王右。還反涉漢，梁敗，王及蔡（祭）公隕於漢中。辛余靡振王北濟，又反振蔡（祭）公。周公乃侯之於西翟，實爲長公。」《帝王世紀》載：「昭王德衰，南征，

〔註 50〕陳穎飛：《清華簡祭公與西周祭氏》，《江漢考古》2012 年第 1 期，102 頁。
〔註 51〕李學勤：《論長安花園村兩周青銅器》，《文物》1986 年第 1 期，33 頁。
〔註 52〕劉啓益：《西周紀年》，廣州：廣東教育出版社，2002 年 4 月，162 頁。

濟於漢。……王及祭公俱沒於水中而崩。」若厚趠方鼎的斷代不誤的話，銘文中的祭公很可能就是與昭王一起沒於水中的祭公。

令鼎僅存拓片，銘文曰：

> 王大耤農于諆田，餳。王射，有司眔師氏、小子卿射。王歸自諆田，王馭祭仲僕，令眔奮先馬走，王曰：「令眔奮，乃克至，余其舍汝臣三十家。」王至于祭宮，效，令拜稽首曰：「小子廼學。」令對揚王休。

「王大耤農于諆田」句是說王在諆田舉行籍田之禮。「餳」字楊樹達讀爲「觴」，訓爲饗。王在諆田進行完籍田禮後，宴饗衆臣，之後又與其臣屬會射。在王從諆田回來的時候，王馭祭仲僕。「王馭祭仲僕」的「王馭」楊樹達認爲相當於《周禮》中的大馭。〔註53〕唐蘭認爲「王馭祭仲僕」指周王自己御車，而祭仲輔佐之。〔註54〕我們傾向於楊說。《周禮‧夏官司馬‧大馭》曰：「大馭掌馭玉路以祀及犯軷。」大馭應該是祭仲的官名，能稱之爲「大馭」則說明他是馭中之最尊者，類似於大（太）師是師中之最尊者。「僕」應爲動詞，指駕馭車馬。「學」字楊樹達從孫詒讓說，讀爲「效」，他將此字訓爲驗也。這件器物的字體風格較爲古樸，我們認爲應該是昭王前後的器物。從銘文內容可以看出，祭仲擁有較高的地位，他應是厚趠方鼎中祭公的弟弟。

祭姬爵長流，翹尾，口沿上有一對束傘狀立柱，直腹圓底兒，獸首鋬，三條刀形錐足，腹部飾弦紋兩道。這種形制的爵是典型的西周早期後段器物。銘文曰：「祭姬作彝。」此銘可證祭氏確爲姬姓。

西周中期銅器銘文中有祭氏人物的主要有𤉲鼎（《集成》02740～02741）、司鼎（《集成》02659）、矜簋（《近出》第二編433）和祭姬簋（《集成》03978）。

𤉲鼎共有兩件，其中一件的器型已不見，僅存拓片。這件鼎窄沿方唇，口沿上有一對立耳，腹部向下傾垂，三柱足，頸部飾弦紋兩道。銘文曰：

> 唯王伐東夷，祭公令𤉲眔史旟曰：「以師氏眔厥有司、後國戔伐朕。」𤉲俘貝，𤉲用作饗公寶尊鼎。

銘文中的「戔」字不識，應該是一個與「伐」意義相同或相近的動詞。由銘文內容可知，祭公是這次征伐東夷戰爭的統帥，他命令𤉲和史旟說：「讓你們

〔註53〕楊樹達：《積微居金文說》（增訂本），北京：中華書局，2004年1月，1頁。
〔註54〕唐蘭：《西周青銅器銘文分代史徵》，北京：中華書局，1986年12月，233頁。

的師氏及其有司、後國去竷伐朕。」史旗也見於員卣（《集成》05387），銘文曰：「員從史旗伐會（鄶），員先入邑，員俘金，用作旅彝。」史旗在此銘文中與員一起征伐鄶國，在**鼎中又奉祭公之命和**征伐東夷之朕國，這兩件銘文中的史旗應該是同一人。

這件器物的年代郭沫若、陳夢家定為成王時期，〔註55〕唐蘭、李學勤、劉啓益、彭裕商等人則定為昭王時期。〔註56〕定為成王時器者主要是認為銘文中的「伐東夷」即指成王伐東夷之事。其實不然，銘文中記載伐東夷的事件不僅僅限於成王時期，如保員簋（《近出》484）銘文曰：「唯王既燎，厥伐東夷。⋯⋯」這件器物侈口，束頸，鼓腹，圈足，獸首耳下有方形垂珥，頸部飾雲雷紋填地的垂冠回首夔龍紋，前後還飾有兩個浮雕獸首。這件簋從器型、紋飾到銘文字體來看，都屬於昭穆時期的器物，所謂的「伐東夷」與成王東征並不是一回事兒，所以「伐東夷」並不能作為斷代的一個標準。將此器物定為昭王時期的學者多是通過對銘文中人物的繫聯來進行斷代，認為旅鼎（《集成》02728）銘文中「唯公太保來伐反夷年」的公太保即令所作器中周公的兒子明保，明保與王姜在令所作器中共見，而王姜又是昭王的后妃。因此，把這幾件器物的年代都定在了昭王時期。

近來有學者提出異議，認為這件鼎應是穆王時期的器物，其主要理由是史書中沒有昭王征伐東夷的記載，但史書中有穆王時期淮夷徐偃王作亂的記載，古本《竹書紀年》中有穆王伐紆一說，學者或認為伐紆即伐舒、即伐徐偃王、即**鼎銘文記載的伐東夷。〔註57〕**鼎銘文中祭公所伐之朕和穆王征伐的紆是否指同一件事還可以再討論，此處我們暫備此說。

這件鼎的器形、紋飾與1981年在西安市長安區斗門鎮花園村西周墓葬發掘的伯鼎（17號墓、《集成》01720）、更鼎（14號墓、《集成》01940）、禽鼎（15號墓、《集成》02486）和伯姜鼎（17號墓、《集成》02791）非常接近，據學者所講，M15和M17兩座墓葬中還出土有大量的陶器，這些陶器的時代

〔註55〕郭沫若：《兩周金文辭大系圖錄考釋》，北京：科學出版社，2002年10月，28頁；陳夢家：《西周銅器斷代》，北京：中華書局，2004年4月，23頁。

〔註56〕唐蘭：《西周青銅器銘文分代史徵》，北京：中華書局，1986年12月，220頁；李學勤：《論長安花園村兩周青銅器》，《文物》1986年第1期，33頁；劉啓益：《西周紀年》，廣州：廣東教育出版社，2002年4月，161～162頁；彭裕商：《西周青銅器年代綜合研究》，成都：巴蜀書社，2003年2月，141頁。

〔註57〕陳穎飛：《清華簡祭公與西周祭氏》，《江漢考古》2012年第1期，103頁。

約在穆王前後。15 號墓和 17 號墓出土的其他器物從紋飾、字體特徵看都具有穆王時期的風格。〔註 58〕𠁁鼎的形制、紋飾與這幾件鼎如此類似，再加上其字體特徵，銘文的結構佈局，我們認為將𠁁鼎的年代定於穆王時期是更為合理的。

司鼎的形制、紋飾與𠁁鼎幾乎全同。銘文曰：「王初□□于成周，祭公蔑司曆，賜睘□□□，司揚公休，用作父辛尊彝，尓。」銘文記載了祭公對司的嘉勉和賞賜。這件器物的年代陳夢家定為成康時期，馬承源定為昭王時期。〔註 59〕從字體風格來看，筆劃已經沒有太多的波磔，陳夢家定為成康時期則失之偏早。通過上面對𠁁鼎年代的分析，這件器物的年代也應在穆王時期。

若以上分析不誤的話，𠁁鼎和司鼎中的祭公就是文獻記載中穆王時期的重臣祭公謀父。據李學勤的考證，第一代祭公歷成、康、昭三世，祭公謀父應該與康王是同一輩分的，因為在《祭公》篇中穆王稱他為「祖」，並且他在昭王時期已經在朝中任職。〔註 60〕祭公謀父是第一代祭公的兒子，他與昭王時期沒於水中的祭公又是什麼關係呢？第一代祭公到昭王時期已進入耄耋之年，不太可能跟隨昭王南征，因此與昭王一起沒於水中的祭公不太可能是第一代祭公。陳穎飛提出與昭王一起沒於水中的祭公可能是祭公謀父的兄長，而祭公謀父可能就是令鼎中的祭仲，祭仲因兄長亡命而繼位為公。〔註 61〕陳說還是有一定道理的，從前面我們對令鼎的分析來看，祭仲在昭王時期擁有較為崇高的地位，其兄長亡命後繼位為公對他來說也是理所當然的。繼位為公後他的地位更加崇高，加上他是穆王的祖輩，輔佐穆王的父輩有功，他才能屢屢向穆王進諫，而穆王也願意採納之。

𢼸簋侈口，束頸，下腹外鼓，獸首耳下附有方形垂珥，圈足下連鑄三個小足。器蓋鼓起，蓋頂有圈形捉手。蓋沿和器口沿均飾垂冠回首夔龍紋。銘文曰：

> 唯正月初吉丁丑，昧爽，王在宗周，各大室，祭叔右斁即立中

〔註 58〕 李學勤：《論長安花園村兩周青銅器》，《文物》1986 年第 1 期，34～35 頁。

〔註 59〕 陳夢家：：《西周銅器斷代》，北京：中華書局，2004 年 4 月，89 頁；馬承源主編：《商周青銅器銘文選》第三卷，北京：文物出版社，1988 年 4 月，83～84 頁。

〔註 60〕 李學勤：《祭公謀父及其德論》，《齊魯學刊》1988 年第 3 期，8～10 頁。

〔註 61〕 陳穎飛：《清華簡祭公與西周祭氏》，《江漢考古》2012 年第 1 期，102 頁。

廷。作冊尹冊令羚，賜鑾，令邑于鄭，訊訟，取徵五鋅。羚對揚王

休，用作朕文祖豐仲寶簋，世孫子其永寶用。

據張光裕對這件銘文的研究，「本銘所述乃記時王冊命『羚』『邑于奠』，主要

負責『訊訟』，故『羚』勒諸於銘，追念先祖，行政區域示世孫子。」〔註62〕

在羚受命之前，其右者是祭叔，而羚所受的王命是以鄭爲其封邑，被右者有

如此待遇，其右者的身份地位就可想而知了。祭叔應爲西周中期人，具體年

代不詳。

祭姬簋銘文曰：「祭姬作父庚尊簋，用作乃後御，孫子其萬年永寶。」此

銘亦可證祭氏爲姬姓。

這裡我們順便提一下九年衛鼎（《集成》02831），這是一件西周中期的器

物。銘文曰：「……矩乃眔祭舜令壽商眔音曰：『顓，履付裘衛林舀里。則乃

成夆三夆。……舍祭虎冟、㷼莘、䑱胄，東臣羔裘、顔下皮二。」祭舜參與

了矩伯和裘衛之間的一次交易，前面稱爲「祭舜」，後面簡稱爲「祭」，他應

該是祭氏的一個貴族，和矩伯有某種關係。

目前所見祭氏家族最晚的一件器物是祭俗父鼎（《集成》02466），銘文曰：

「祭俗父作旅鼎，子子孫孫其永寶用。」這件鼎僅存拓片，從銘文的字體風

格看，應是西周晚期的器物。

四、小結

這一節我們主要梳理了周公以及周公後裔柞氏和祭氏的器物，並對他們

的世系進行了研究。生稱周公並指周公旦的器物共有 9 件，柞氏的器物目前

所見只有 2 件，而祭氏的器物從西周早期到西周晚期都有所發現。通過對相

關器物的研讀，我們發現銘文中對周公事蹟的記載很多都可以與文獻中的相

關記載進行對照，或可補文獻之不足。柞氏器物中柞伯簋中的柞伯大概是第

二代柞國國君，柞伯鼎中的幽叔應指第一代柞國國君。祭氏的器物中祭季鬲

和太史觶中的祭季是第一代祭氏，厚趠方鼎中的祭公即與昭王沒於水中的祭

公，祭公謀父是第二代祭公的弟弟，在昭王時期稱爲祭仲，其兄亡後他便繼

位爲公。

〔註62〕 張光裕：《讀新見西周羚簋銘文札迻》，《古文字研究》第二十五輯，北京：中

華書局，2004 年 10 月，176 頁。

第二節　井　氏

一、井（邢）氏簡介

　　1984 年到 1985 年間，中國社會科學院考古研究所灃西發掘隊在陝西長安張家坡發掘出井（邢）叔家族墓地，出土有較多井叔的器物。此外，井（邢）伯、井（邢）季等井（邢）氏家族的器物也多在陝西周原一帶出土。

　　畿內井（邢）氏與河北邢臺一帶考古發掘已證實的邢國之間有無關係，學界有兩種觀點。一種認爲「井」氏與邢國之間沒有關係，從此種觀點的學者認爲「井」是周初分封的商代井方後裔，與姬姓的邢國之間是兩個不同的國族。〔註 63〕另一種觀點認爲邢國和畿內的邢氏是大宗與小宗的關係。劉節認爲見於彝銘中的邢伯、邢叔、邢公、邢季，是「邢氏族屬之服侍於王者也」。〔註 64〕後來徐中舒說的更爲明確，他說：「邢侯大宗出坯就封於邢，其次子當仍留居王朝，食采邑於畿內的井邑。」〔註 65〕學者多從此說，〔註 66〕我們也傾向於後一種說法。

　　大宗分封爲諸侯而小宗留守畿內服侍於王朝的現象在西周時期還見於他例，如周公、召公兩個世族便是如此，金文中已有明證。文獻中也有相關記載，如鄭玄《詩譜・周南召南譜》：「周公封魯，死諡曰文公，召公封燕，死諡曰康公，元子世之，其次子亦世守采地，在王宮。」從銘文中可以得出邢國和畿內的邢氏都是姬姓，下文將有論述。因此，綜合各方面來看，我們認爲二者爲大小宗的關係更爲合理，下面我們還會從字形上對這一問題進行討論。

〔註 63〕尚志儒：《西周金文中的井國》，《文博》1993 年第 3 期，63～66 頁。

〔註 64〕劉節：《古史考存・古邢國考》，北京：人民出版社，1958 年 2 月，142 頁。

〔註 65〕徐中舒：《禹鼎的年代及其相關問題》，《考古學報》1959 年第 3 期，55 頁。

〔註 66〕楊寬：《西周王朝公卿的官爵制度》，《西周史研究》（人文雜誌叢刊第二輯）1984 年 8 月，107 頁；王培眞：《金文中所見世族的產生和世襲》，《西周史研究》（人文雜誌叢刊第二輯）1984 年 8 月，175 頁；朱鳳瀚：《商周家族形態研究》（增訂版），天津：天津古籍出版社，2004 年 7 月，350 頁；徐良高：《邢、鄭井、豐井芻議》，《三代文明研究（一）——1998 年河北邢臺中國商周文明國際學術討論會論文集》，北京：科學出版社，1999 年 8 月，121～122 頁；尹盛平：《周原文化與西周文明》，南京：江蘇教育出版社，2005 年 4 月，413 頁。

二、邢氏相關器物梳理

用爲國名或氏名的井（邢）〔註67〕字金文作「井」（麥鼎，《集成》02706）、「井」（七年趞曹鼎，《集成》02783）、「井」（邢季�尊，《集成》05859）、「井」（豐邢叔簋，《集成》03923）等形。

吳其昌認爲「井」氏與「丼」氏有別，「井」是姬姓，而「丼」氏爲姜姓。吳氏所列姬姓的井氏主要有井侯、井白和井姬等，姜姓的丼氏主要有丼公、奠丼叔和丼季等。〔註68〕《說文·邑部》：「邢，周公子所封，地近河內懷。從邑开聲。」又《說文·邑部》：「郱，鄭地邢亭。從邑井聲。」陳夢家認爲許慎將此分爲二字是有原因的，並將金文中所謂的「井」字分作兩類：一類是兩橫平行而兩直向外斜中間無一點者，邢侯諸器常作此形；另一類是兩橫兩直都平行中間常有一點者，常作爲氏名。〔註69〕吳氏和陳氏是較早的從字形上區分「井」、「丼」用法不同的人，吳氏將丼公、奠丼叔和丼季歸爲姜姓不確，下文將會詳細論述。陳氏的觀點也有可商之處。金文中用作邢侯的「井」字並非都作兩橫平行而兩直向外斜形，如麥尊（《集成》06015）銘文中邢侯之「邢」作「井」形，麥盉（《集成》09451）中作「井」形。劉節在《古邢國考》一文中已指出《說文》分「邢」、「郱」爲二個字是錯誤的。〔註70〕唐蘭亦持此說，他認爲刑、形、荊等字《說文》都說是從开聲，實際上是把井字誤寫爲开字。〔註71〕《說文》中釋爲周公子所封的「邢」字也當寫作「郱」。關於「井」和「丼」，或認爲丼是周初分封的商代井方後裔，是西土姜姓的「丼」國族有意而爲之，目的是爲了和東面名「井」的侯國相區分。〔註72〕甲骨文中常見的井方的地望，學者根據考古資料已證就在邢臺一帶，〔註73〕而目前發現的所謂「丼」國族銅器多出土於陝西地區，「丼」國族銅器當於商代的井方無關。我們認爲不能單以「井」、「丼」字形上有差別爲據，引發更多的討論。細審相關銅器銘文的拓片，可以發現「井」、「丼」

〔註67〕井字典籍中寫作邢。

〔註68〕吳其昌：《金文氏族譜·卷一》，18 頁；《金文氏族譜·卷二》，上海：商務印書館，1936 年，5～6 頁。

〔註69〕陳夢家：《西周銅器斷代》，北京：中華書局，2004 年 4 月，178～179 頁。

〔註70〕劉節：《古史考存·古邢國考》，北京：人民出版社，1958 年 2 月，141 頁。

〔註71〕唐蘭：《西周青銅器銘文分代史徵》，北京：中華書局，1986 年 12 月，161 頁。

〔註72〕尚志儒：《西周金文中的井國》，《文博》1993 年第 3 期，63～66 頁。

〔註73〕龐小霞：《商周時期邢都邢國邢地綜合研究》，鄭州大學博士論文，2007 年，張國碩教授指導，24～32 頁。

兩個形體是可以混用的，如井伯的井或作「井」、或作「井」，通用無別。作「井」者見於七年趞曹鼎（《集成》02783）、井伯甗（《集成》00873）、𩵦簋（《通鑒》05162）、豆閉簋（《集成》04276）。作「井」者見於利鼎（《集成》02804）、五祀衛鼎（《集成》02832）、師毛父簋（《集成》04196）、救簋蓋（《集成》04243）和師虎簋（《集成》04316）等器。井姬的「井」與井伯相類，在伯狺父鬲（《集成》00615）、弭伯甗（《集成》00908）和弭伯尊（《集成》05913）中作「井」形，而在弭鼎（《集成》02192）、弭伯鼎（《集成》02277～02278）、弭伯鼎（《集成》02676～06277）和莓伯簋（《集成》03722）中作「井」形。尤其以 1974 年陝西省寶雞市渭濱區茹家莊 2 號墓出土的器物最爲典型，「井姬」一名既有作「井姬」者，亦有作「井姬」者，學者或認爲此墓葬出土的沒有圓點的井姬器物是書寫草率或鑄造粗糙造成的，〔註 74〕這個理由很牽強，不能認爲所有在陝西地區發現的不加點的「井」氏器物都是由於草率或鑄造粗糙形成的，我們認爲「井」和「井」只是異體字的關係。這裡我們只討論畿內邢氏的相關銅器銘文。

（一）邢伯相關器物的梳理

邢伯在銘文中多作爲右者的身份出現，見於以下器物：

器名、著錄	冊封時間	冊封地點	右　者	被右者	冊封職務
七年趞曹鼎 （《集成》02783）	七年十月既生霸	周般宮	邢伯	趞曹	
利鼎 （《集成》02804）	王九月丁亥	般宮	邢伯	利	
師奎父鼎 （《集成》02813）	六月既生霸庚寅		司馬邢伯	師奎父	
師毛父簋 （《集成》04196）	六月既生霸戊戌		邢伯	師毛父	
召簋 （《通鑒》05162）	四月初吉	周	邢伯	召	
殺簋蓋 （《集成》04243）	二月初吉	師司馬宮太室	邢伯	殺	用大匔于五邑
豆閉簋 （《集成》04276）	王二月既生魄	師戲太室	邢伯		司窆俞邦君司馬、弓、矢

〔註 74〕 尚志儒：《西周金文中的井國》，《文博》1993 年第 3 期，66 頁。

師虎簋 （《集成》04316）	元年六月既望甲戌	杜宮	邢伯	師虎	啻（嫡）官司 左右戲縣荊
走簋 （《集成》04244）	王十又二年三月既 望庚寅	周	司馬邢伯	走	瓢足（胥）益 （？）
師痕簋蓋 （《集成》04284）	二月初吉戊寅	周師司馬宮	司馬邢伯覲	師痕	官司邑人、師 氏

　　七年趞曹鼎垂腹較淺，附耳，柱足，腹上飾有兩道弦紋。各家一般都認為是恭王時期的器物，少有異議。

　　利鼎呈大半球狀，厚寬沿兒，立耳，蹄足，腹部飾兩道弦紋。郭沫若認為此鼎有井伯和般宮，與趞曹鼎相同，趞曹鼎所記日期在十月，而此器所記日期為九月，兩者所記蓋為同時事，遂將此器也定在恭王時期。〔註75〕陳夢家、馬承源等人也持此觀點。〔註76〕將此器定為恭王時期尚有可商之處，利鼎的形制與多友鼎最為近似，多友鼎記載多友從武公征伐玁狁之事，一般認為是西周晚期偏早的器物，約屬於夷厲時期。此鼎的三足與七年趞曹鼎的三柱足已不相類，已發展為蹄足，這種超過半球形的鼎也主要流行於西周晚期，且井伯在西周金文中並不只一代，所以我們同意彭裕商和侯毅的觀點，〔註77〕認為此器物應屬於西周晚期偏早階段。

　　師㸚父鼎歛口，立耳，垂腹，柱足，腹部飾垂冠回首的龍紋一周，龍的尾部作向下彎曲狀。此鼎與五祀衛鼎、十五年趞曹鼎形制非常相似，五祀衛鼎一般認為是恭王時期的器物，而十五年趞曹鼎中的趞曹與七年趞曹鼎中的趞曹當為同一人，師㸚父鼎也應是恭王時期的器物。鼎銘中右者為司馬邢伯，可知恭王時期的邢伯任司馬一職。

　　師毛父簋歛口，鼓腹，圈足，圈足下還有三個小足，一對獸首耳下附有方形的垂珥，口沿下飾垂冠回首的龍紋，腹部飾瓦紋。此篇銘文比較特別，先言「師毛父即位」，再說「邢伯佑」，與一般的冊命銘文有別，理解為邢伯佑師毛父即位是沒有問題的。一般認為此器物也應是恭王時期的器物。

〔註75〕郭沫若：《兩周金文辭大系圖錄考釋》，北京：科學出版社，2002年10月，80頁。

〔註76〕陳夢家：《西周銅器斷代》，北京：中華書局，2004年4月，149頁；馬承源：《商周青銅器銘文選》第三卷（上），北京：文物出版社，1988年，133頁。

〔註77〕彭裕商：《西周青銅器年代綜合研究》，成都：巴蜀書社，2003年2月，121頁；侯毅：《首都師範大學收藏的兩件西周青銅器》，《文物》2006年第12期，69～70頁。

召簋侈口，束頸，鼓腹，圈足，兩個獸首耳下有方形垂珥，口沿下飾分尾的鳥紋，鳥紋之間有兩個獸頭浮雕。銘文記載邢伯賓佑召，王對召進行了賞賜，命召履行職事，召爲答謝王的美意製作了這件祭祀亡父日癸的尊彝。此簋的形制與穆王時期的長由簋非常接近，器物上的紋飾也主要流行於西周中期偏早階段，〔註 78〕結合銘文的字體風格，我們認爲此器當屬穆王時期的器物。

羖簋蓋是 1966 年天津市文物管理處在天津電解銅廠揀選的一件器物，器蓋上飾有瓦紋，《簡報》認爲此器物中的邢伯亦見於穆恭時期的器物，此器物的製作年代應與此相去不遠。〔註 79〕銘文記載邢伯導佑羖立中庭，內史尹對羖進行了冊賞。

豆閉簋歛口，鼓腹，圈足，一對獸首銜環耳，腹部通體飾瓦溝紋。與即簋、乖伯簋、無㠱簋器身的形制、紋飾相同，此種形制的簋屬於王世民等人所劃分的 I 型 4 式簋，這種形制和紋飾的簋主要流行於西周中期偏晚到西周晚期偏早階段。豆閉簋的字體比較規整，整篇銘文的佈局也很整齊。綜合各種因素，我們暫從彭裕商的觀點認爲此器屬於夷厲時期的器物。〔註 80〕銘文記載王來到師戲的太室，邢侯作豆閉的右者，王命令內史對他進行了冊賜，賞賜給豆閉一些命服，並命令他掌管窪俞邦君的司馬和弓矢，豆閉爲了答謝周王而製作了這件祭祀父親釐叔的寶簋。

師虎簋歛口，鼓腹，圈足，兩個獸首耳，腹部飾瓦溝紋，器型、紋飾與豆閉簋相類。銘文中邢伯爲佑者，冊命師虎的是內史吳，內史吳亦見於師㝨簋蓋。師㝨簋蓋 1964 年出土於陝西武功縣北坡村，共有兩件，此簋蓋上有圈狀捉手，蓋的邊緣飾垂冠回首分尾的鳥紋一周。學者或認爲師㝨簋蓋中的「內史吳」與師虎簋、牧簋（《集成》04343）、吳方彝蓋（《集成》09898）等器物中的「吳」以及同簋（《集成》04271）中的「吳大夫」爲同一人。〔註81〕這一說法尚有可商之處，現將相關銅器的相關信息列於下：

〔註 78〕 朱鳳瀚：《中國青銅器綜論》，天津：天津古籍出版社，2009 年 12 月，562 頁。
〔註 79〕 天津市文物管理局：《天津市發現西周羖簋蓋》，《文物》1979 年第 2 期，93～94 頁。
〔註 80〕 彭裕商：《西周青銅器年代綜合研究》，成都：巴蜀書社，2003 年 2 月，166 頁。
〔註 81〕 陝西省文物管理委員會：《陝西省永壽縣、武功縣出土的西周銅器》，《文物》1964 年第 7 期，24～25 頁。

器　　名	右　　者	宣讀冊命者	被右者	其　　　　他
師瘨簋蓋	司馬邢伯親	內史吳	師瘨	
師虎簋	邢伯	內史吳	師虎	
牧簋	公□㚸	內史吳	牧	
吳方彝蓋	宰朏	史戊	作冊吳	
同簋	榮伯		同	左右吳大夫司場、林、虞，世孫孫子子左右吳大夫

　　師瘨簋蓋、師虎簋、牧簋中宣讀冊命者都是內史吳，師瘨簋蓋的右者是司馬邢伯親，師虎簋的右者是邢伯，他們所導佑、冊賞的人也都是師氏之職，所以很有可能這位邢伯與司馬邢伯親是指同一個人，司馬是其職官，親是私名。這三件器物中的內史吳應該是同一個人。在吳方彝蓋中，被右者稱爲作冊吳，金文中相類似的職官或稱內史、或稱作冊、或稱作冊（命）內史，內史應是從作冊分化出來的一種官職。〔註82〕在吳方彝中吳的角色是被右者，記載吳被周王冊賞一事，賞賜的物品還相當豐富。以上四件器物中的吳可能指同一人，無論稱爲作冊還是內史都是指史官一類的職務。但同簋中的吳大夫與上面幾件器物中的吳并不是同一個人，吳大夫的職責是管理場林和山川河澤，和內史吳的史官之職並不是一個系統的職官；其次，銘文言「世孫孫子子左右吳大夫」，說明吳大夫並不是一個具體的人名，有可能只是職官名稱，一般認爲「吳」應讀爲「虞」。綜合師瘨簋蓋、師虎簋的器型、紋飾和相關銘文的記載來看，我們認爲將他們定在西周中期偏晚階段的懿孝時期比較合適。

　　走簋斂口，鼓腹，圈足，獸首耳下附有垂珥，口沿下面和圈足上的紋飾描繪不甚清晰，腹上飾有瓦紋。拓片上「司馬邢伯」的下面缺一字，或補入「入」字，或依照師瘨簋蓋補入「親」字，不可確知。司馬邢伯亦見於師至父鼎（《集成》02813），兩器的字體非常相類，應是同時期的器物。

　　除了以上邢伯作右者的器物外，邢伯還見於五祀衛鼎（《集成》02832）、永盂（《集成》10322）、長由盉（《集成》09455）以及邢伯甗（《集成》00873）這四件器物。

　　邢伯甗是目前發現的唯一一件邢伯自作器，銘文十分簡單，曰：「邢伯作

〔註82〕　張亞初、劉雨：《西周金文官制研究》，北京：中華書局，1986年5月，30頁。

旅甗。」此甗為甑鬲合體式，侈口，束腰，立耳，鬲部分襠、鼓腹，三柱足，口甗下飾顧首夔龍紋，鬲的腹部飾牛角獸面紋。從器型、紋飾和字體風格來看屬於西周中期偏早階段的器物，約屬穆王時器。

長甶盉於 1954 年出土於陝西省長安縣斗門鎮普渡村的西周墓葬中，侈口，束頸，鼓腹，分襠，柱足，管狀流，獸首扳，蓋頂部的鈕作半圓狀，旁邊仍有半圓形的鈕用以連接扳手，蓋的邊緣和口沿下面飾一周竊曲紋，器身的腹部飾有雙線組成的倒 V 紋。銘文曰：

> 唯三月初吉丁亥，穆王在下減应，穆王饗醴，即井（邢）伯、
> 大祝射，穆王蔑長甶，以逑即井（邢）伯，井（邢）伯氏**彊**不奻，
> 長甶蔑曆，敢對揚天子丕杯休，用肇作尊彝。

此銘文有兩個「即」字，第一個「即」字，或訓為就、至、往；〔註83〕或認為其意義猶「合」、「會」，此處可與義盉（《集成》09453）「王在魯，卿（合）即邦君、諸侯、正有司大射」相對照，義盉中的「卿（合）即」為同義連用。〔註84〕我們比較同意第二種說法，「即」訓為「到」，後面多數接地點名詞，此處後面為人名＋動詞，參照義盉，解釋為「合」還是比較恰當的。此句是說穆王先舉行宴饗之禮，後與邢伯、大祝共同參與大射禮。第二個「即」字，讀為「次」或「伙」，有「協助」、「輔助」義，「逑即」可讀為「仇次」，此用法亦見於交鼎（《集成》2459）「交從旹，逑即王」，「仇次邢伯」即在射禮中長甶參與到邢伯這一方並輔助邢伯。〔註85〕「氏彊」李亞農認為「氏」讀為「祇」，訓為敬；「彊」即古「引」字，《說文》訓為「開弓也」。陳夢家認為「彊」對為「寅」，《說文》：「寅，居敬也。」裘錫圭認為「氏」可能讀為「視」，「視引」指瞄準和開弓放箭。〔註86〕今以裘說為是。從銘文中可知井伯與穆王共同參與大射禮，長甶佐助邢伯有功，受到王的誇美。此銘文中的邢伯顯然生活於穆王時期，諸家一般也認為此器當是穆王時期的標準器，之所以出

〔註83〕 參見孫稚雛：《長甶盉銘文匯釋》，《古文字研究》第十三輯，北京：中華書局，1986 年 6 月，204 頁。

〔註84〕 張世超、金國泰等：《金文形義通解》，（日）中文出版社，1996 年 3 月，1273～1274 頁。

〔註85〕 陳劍：《甲骨金文考釋論集》，北京：線裝書局，2007 年 4 月，27～28 頁。

〔註86〕 各家觀點參見李亞農：《〈長甶盉銘釋文〉注解》，《考古學報》第九冊，178 頁；陳夢家：《西周銅器斷代》，北京：中華書局，2004 年 4 月，142 頁；裘先生的觀點引自陳劍《據郭店簡釋讀西周金文一例》中的註釋 4，參見陳劍：《甲骨金文考釋論集》，北京：線裝書局，2007 年 4 月，21 頁。

現所謂的「生稱穆王」的現象，我們比較贊同李學勤的說法，認為青銅器中的某些銘文可能是追記的，作器的時間和事情發生的時間並不同時，此器便是如此，事情是穆王時期發生的，作器時可能穆王已經去世，所以直接使用「穆王」這一諡號。

永盂侈口，深腹，附耳，圈足較高，腹部和圈足上各有四條扉棱，兩個附耳之間有象首，象鼻上卷，口沿下和圈足上飾有夔龍紋，腹部飾垂葉紋。此篇銘文記載邢伯參與王賞賜師永土田一事，參與此事的還有益公、榮伯、尹氏、師俗父、遣仲等人，唐蘭將此器中出現的人物與相關器物進行了繫聯，認為永盂當做於恭王時期，〔註 87〕可從。

五祀衛鼎是陝西省岐山縣董家村西周窖藏青銅器中的其中一件，〔註 88〕平沿外折，腹部向下微微傾垂，立耳，柱足，口沿下飾一周竊曲紋。銘文曰：

> 唯正月初吉庚戌，衛以邦君厲告于井（邢）伯、伯邑父、定
> 伯、瓊伯、伯俗父曰：「厲曰：『余執恭王卹（恤）工，于卲大室東
> 逆，焚（營）二川。』曰：『余舍汝田五田。』正迺訊厲曰：「汝賈
> 田不（否）。」厲迺許，曰：「余審賈田五田。」井（邢）伯、伯邑
> 父、定伯、瓊伯、伯俗父迺顜，使厲誓。迺令參有司：司土（徒）
> 邑人趞、司馬頡人邦、司工隆、矩內史友寺芻，帥履裘衛厲田四田
> ……唯王五祀。

此銘中邢伯和別的幾位大臣共同參與了邦君厲和衛之間交換田地這一事件。衛想與邦君厲交換土地，就將此事告訴邢伯這幾位大臣，交代了事情的大致背景，後面的「正」指代前面的五位執政大臣，正就詢問厲是否願意和衛作這項交易，厲表示同意。下文的「顜」字較多異議，戚桂宴認為此處的「顜」當讀為「斠」，此處意為「仲裁」。〔註 89〕唐蘭將此字讀為「構」，訓為成；〔註 90〕李學勤將此字讀為「講」，後來又認為不太合適，疑此字當讀為「遘」，有「遇、合、一起」的意思，作為副詞修飾下面的「使」字，「顜使」之間不斷句。〔註 91〕《集韻・講部》：「顜，明也。」我們認為此處可用此訓釋，當

〔註 87〕 唐蘭：《永盂銘文解釋》，《文物》1972 年第 1 期，58～62 頁。
〔註 88〕 岐山縣文化館、陝西省文管會：《陝西省岐山縣董家村西周銅器窖穴發掘簡報》，《文物》1976 年第 5 期，26～44 頁。
〔註 89〕 戚桂宴：《永盂銘殘字考釋》，《考古》1981 年第 5 期，448 頁。
〔註 90〕 唐蘭：《西周青銅器銘文分代史徵》，北京：中華書局，1986 年 12 月，464 頁。
〔註 91〕 李學勤清華大學出土文獻研究課上所講，2010 年 3 月 17 日。

衛和屬把這件事情的始末說完,雙方都表示同意後,這五位大臣就明瞭此事了;於是就讓屬起誓。「迺令叁有司」前省略了主語「正」,仍然是指邢伯等這五位大臣,表明他們的職位高於三有司,應該屬於卿一級的大臣。三有司就對他們交換的土地的地界進行了踏勘〔註92〕……

　　此器的年代一般認為屬於恭王時期;〔註93〕也有學者認為此器當作於懿王或懿王以後;〔註94〕另外一種折中的說法,認為此器作於恭王前後。〔註95〕出現分歧的原因是其銘文中有「恭王」這一稱號,根據「死稱諡」的原則,此器的製作年代應不在恭王時期。彭裕商認為西周銅器銘文中有六件器物出現了所謂生稱王號的現象,如利簋(《集成》04131)、遹簋(《集成》04207)、長由盉(《集成》09455)、獻侯鼎(《集成》02626)等,但五祀衛鼎所記的王號與以上諸器並不相同,其他幾件器物都記載了王的活動,而唯獨此器並沒有出現王的活動。彭先生所提出的這點細節上的差異也頗有啟發性,可能此器中所謂的「恭王」並不是王號。最近李學勤提出了一種說法,他認為此器中的「恭」應當讀為「供」,是「供給」義,「余執恭(供)王」可理解為我(裘衛)的服侍是供給王的。當時並不知恭王死時諡為「恭」,是一種巧合。〔註96〕我們認為從五祀衛鼎中的王號和其餘六件的王號不相類的情況來看,李先生的說法還是有一定的合理性的,暫從之。是否還有更好的解釋,還需要我們對相關問題的進一步研究。此問題解決後,結合同窖藏出土裘衛的其他三件器物——九年衛鼎(《集成》02831)、衛簋(《集成》04256)、衛盉(《集成》09456)以及該器的器型、紋飾和銘文字體來看,將此器定於恭王時期應大致不誤。

　　通過以上對相關銅器及銘文的分析,下面我們對邢伯的器物做簡單的梳理。

〔註92〕參見裘錫圭:《西周銅器銘文中的「履」》,《古文字論集》,北京:中華書局,1992年8月,364頁。

〔註93〕唐蘭、馬承源、劉啟益等均持此說法。

〔註94〕彭裕商:《西周青銅器年代綜合研究》,成都:巴蜀書社,2003年2月,350頁;李學勤:《西周中期青銅器的重要標尺——周原莊白、強家兩處青銅器窖藏的綜合研究》,《中國歷史博物館館刊》1979年,35頁。但後來李先生又改變了這一觀點,認為此器當屬恭王時期。

〔註95〕王世民、陳公柔、張長壽:《西周青銅器分期斷代研究》,北京:文物出版社,1999年11月,39頁。

〔註96〕李學勤清華大學出土文獻研究課上所講,2010年3月17日。

穆王時器：召簋、邢伯甗、長囟盉

恭王時器：七年趞曹鼎、師奎父鼎、師毛父簋、走簋、殺簋蓋、
永盂、五祀衛鼎

懿孝時器：師痶簋蓋、師虎簋

夷厲時器：利鼎、豆閉簋

從上面所列諸器可見，西周金文中出現的邢伯並不止一代，恭王時期的師奎
父鼎和走簋都稱爲司馬邢伯，此時的邢伯主要任司馬一職，這樣的職務在永
盂和五祀衛鼎中也有所體現。懿孝時期的師痶簋蓋中比較明確地指出邢伯的
職務是司馬，名字爲親。西周金文中親這一人名還見於親簋，銘文曰：

唯廿又四年九月既望庚寅，王在周，各太室，即位，司工遹入
右親，立中廷，北向。王乎作冊尹冊，申命親曰：更乃祖服作冢司
馬，汝廼諫訊有粦，取徵十鋝，賜汝赤市、幽黃（衡）、金車、金勒、
旂……用作朕文祖幽伯寶簋……

此簋的照片和拓片發表於《中國歷史文物》2006 年第 3 期，學者對這一
器物從不同的角度做了一些討論，[註97] 多數認爲此器當是穆王時期的器
物。近年又有學者提出異議，認爲此器物是恭王時期的器物。[註98] 學者定
其爲穆王時期主要是根據器形、紋飾、銘文的紀年以及和其他器物的繫聯。
認爲是恭王時期器物的主要依據是銘文的冊命格式比較成熟，陳夢家曾提出
「西周中期的金文，只有到了恭王才有完備的右者與史官代宣王命的制度」
這一觀點，[註99] 韓文在這一基礎上列舉了一些從穆王到懿王時期的冊命金
文，對他們的格式、體例、用詞等進行了對比，對此觀點進行了闡發。此外，
他認爲將穆王的在位年數定在 40 年左右，而恭王的在位年數定在 30 年左右
會比較合理，這樣就調和了一些矛盾，因恭王在位的年數沒有統一說法，夏
商周斷代工程認爲恭王在位有 23 年，有些學者認爲可能會更短，此器記載的
年份是在「廿又四年九月既望庚寅」，若按以往學者的意見就不能把它排在恭

[註97] 王冠英：《親簋考釋》，《中國歷史文物》2006 年第 3 期，4～6 頁；李學勤：《論
親簋的年代》，《中國歷史文物》2003 年第 6 期，7～8 頁；夏含夷：《從親簋
看周穆王在位年數及年代問題》，《中國歷史文物》2006 年第 3 期，9～10 頁；
張永山：《親簋作器者的年代》，《中國歷史文物》2003 年第 6 期，11～13 頁。

[註98] 韓巍：《親簋年代及相關問題》，朱鳳瀚主編《新出金文與西周歷史》，上海：
上海古籍出版社，2011 年 5 月，56～69 頁。

[註99] 陳夢家：《西周青銅器研究》，北京：中華書局，2004 年 4 月，147 頁。

王時期。

　　從銘文中可以看出親所繼承的是他的祖父的職務，任大司馬一職，這一職務與師痕簋蓋中的司馬井伯親兩者職務相同、私名相同，學者多認為兩者是同一人，也就是說親的任職時間從穆王二十四年一直延續到懿孝時期。從親簋銘文也可以看出，此次冊命是「申命」，說明親在更早的時間已經被冊封過了，若按照夏商周斷代工程推算的時間，親的任職時間未免過長。由於此種原因，學者或懷疑穆王的在位時間不應有 55 年，或將親簋的年代推後到恭王時期。親簋的形制比較特別，圈足下連鑄一個鏤空的支座，雙耳作鳥形，鳥喙尖銳下垂，冠豎起，它的腹部也以鳥紋為主，根據學者對鳥紋的研究，這種形制的簋主要流行於昭穆時期。〔註100〕結合親簋銘文所記的相關信息，我們認為將親簋定在穆王時期還是比較合理的。

（二）邢叔相關器物的梳理

　　邢叔自作的器物或是銘文中有提及邢叔的主要有以下器物：

器名、著錄	出　土　地	事　件	備　註
邢叔鼎（《近出》249）	陝西長安張家坡西周墓 M152		邢叔自作器
邢叔方彝（《集成》09875）	陝西長安張家坡西周墓 M170		邢叔自作器
邢叔杯（《集成》06457）	陝西長安張家坡西周墓 M165		邢叔自作器
邢叔釆鐘（《集成》00356～00357）	陝西長安張家坡西周墓 M163		邢叔為文祖穆公所作
免簋（《集成》04240）		邢叔右免	
免尊（《集成》06006）		邢叔右免	
免卣（《集成》05418）		邢叔右免	
趞觶（《集成》06516）		邢叔入右趞	
弭叔簋（《集成》04253～04254）	陝西藍田縣寺坡村銅器窖藏	邢叔入右師察	
霸伯簋（《考古》2011 年第 7 期）	山西翼城大河口西周墓 M1017	邢叔來聘	
召鼎（《集成》02838）		邢叔賜召赤金鋻；邢叔在異	

邢叔□壺（《通鑑》12449）			邢叔□自作器
季魯簋（《集成》03949）			季魯為文考邢叔所作
鄭邢叔歔父鬲 （《集成》00580）			鄭邢叔自作器
鄭邢叔歔父鬲 （《集成》00581）			鄭邢叔自作器
鄭叔歔父鬲 （《集成》00579）			鄭叔歔自作器
鄭邢叔甗（《集成》00926）			鄭邢叔為季姞所作
鄭邢叔康盨 （《集成》04400～04401）			鄭邢叔康自作器
鄭邢叔鐘 （《集成》00021～00022）			鄭邢叔自作器
康鼎（《集成》02786）			氏名為鄭邢
豐邢叔簋（《集成》03923）	陝西扶風縣齊村		豐邢叔為伯姬所作

　　邢叔鼎是一件帶盤鼎，腹較淺，附耳，盤上面的足呈柱狀且較短，下面的足呈扁狀且較長，足尖彎曲外撇略向上卷，口沿下部飾鳥紋，中間有扉棱。此器一般認為是孝王前後的器物，同墓出土的還有 3 件達盨蓋（《新收》692～694），記載王在滆应地行執駒這一典禮，命令𤔲趞召喚達，王賞賜給達馬匹一事。學者認為 M152 的墓主人當是邢叔，同墓出土的達與邢叔應該是指同一個人，𤔲趞與趞觶中的趞可能是同一人。〔註101〕邢叔與達是否為同一人還需更多的材料來證明。趞觶侈口、束頸、鼓腹、圈足，頸部飾兩兩相對的鳥紋。在趞觶中邢叔是趞的右者，陳夢家認為「咸邢叔」與免器中的邢叔可能是一人，〔註102〕金文中并不存在「咸邢叔」一人，之所以出現這一理解是對銘文句讀的誤斷，前人已指出其錯誤。從時代上來看，陳夢家、陳佩芬等人均認為邢叔鼎是懿王時期的器物，懿孝在位時間都不長，所以趞觶中的趞與𤔲趞為同一人的可能性還是很大的。

　　邢叔方彝器體呈長方形，腹壁較直，腹部的兩側有象鼻形附耳，下有垂

〔註101〕張長壽：《論邢叔銅器——1983～1986 年澧西發掘資料之二》，《文物》1990年第 7 期，33 頁。
〔註102〕陳夢家：《西周銅器斷代》，北京：中華書局，2004 年 4 月，185 頁。

珈，圈足外侈，蓋作屋頂形，器體和蓋上的四角有四條扉棱，器腹內有中壁，將器物分成兩格，蓋面和器的腹部飾圓渦紋，圓渦紋的周圍飾以雲雷紋填地的鳥紋。此方彝出土於 M170，是邢叔家族墓地中最東面的一座單墓道甲字型墓，此墓的墓主人應是一代邢叔，《簡報》認爲其時代約屬孝王時期。〔註 103〕邢叔方彝的形制近似于盠方彝（《集成》09899）和師遽方彝（《集成》09897）。銘文較簡單，曰：「邢叔作旅彝」。我們認爲根據此器物的器型，尤其與師遽方彝對比來看，將此定爲恭王時期可能會更合適一些。

邢叔杯直子口，腹壁較直，器身呈圓筒狀，圈足較矮，腹的兩側有兩對半環耳。銘文曰：「邢叔作□」，最後一字不甚清晰。

邢叔釆鐘出土於 M163 號墓葬中，據《簡報》介紹，這是一座被盜掘過的墓葬，位於 M157 的西側，M157 的東側另有一座墓葬編號爲 M161。通過對墓中人骨的檢測，M157 是一位 40～45 歲的男性，是邢叔之墓；M163 是一位 25～30 歲的女姓；M161 是一位 45～50 歲的女姓，這三座墓葬可能是一座異穴埋葬的夫婦墓，邢叔鐘乃出土於夫人的墓中。〔註 104〕鐘的篆間飾波帶紋，鼓部飾大雲紋，銘文曰：「邢叔釆作朕文祖穆公大鐘，用喜樂文神人，用祈福覆（履）〔註 105〕、壽、旨魯，其子子孫孫永日鼓樂茲鐘，其永寶用。」此器是邢叔爲其文祖穆公所作器，諡號稱「穆公」者也見於禹鼎（《集成》02833），銘文曰：「禹曰：『丕顯趄趄皇祖穆公，克夾卲（紹）先王奠四方，肆武公亦弗叚忘朕聖祖考幽大叔、懿叔，命禹厸（纂）〔註 106〕朕聖祖考，政于邢邦……』」。禹鼎一般認爲是厲王時期的器物，朱鳳瀚指出：「武公所命禹者，是要禹繼其祖考之職事，即治理井邦政事，禹之家族既世代沿襲治理井邦，而至禹時仍稱『井邦』，則禹之家族當屬井氏。」〔註 107〕並認爲禹鼎的穆公與

〔註 103〕中國社會科學院考古研究所灃西發掘隊：《陝西長安張家坡 M170 號井叔墓發掘簡報》1990 年第 6 期，504～510 頁。
〔註 104〕中國社會科學院考古研究所灃西發掘隊：《長安張家坡西周井叔墓發掘簡報》，《文物》1986 年第 1 期，22～27 頁。
〔註 105〕此從陳劍的觀點，「履」訓爲「福」，參見陳劍：《金文字詞零釋（四則）》，張光裕、黃德寬主編《古文字學論稿》，安徽：安徽大學出版社，2008 年 4 月，136～138 頁。
〔註 106〕裘錫圭：《讀逨器銘文箚記三則》，《文物》2003 年第 6 期，74～75 頁，後收入《裘錫圭學術文集》第三卷，167～169 頁。
〔註 107〕朱鳳瀚：《商周家族形態研究》（增訂本），天津：天津古籍出版社，2004 年 7 月，348～351 頁。

邢叔釆鐘的穆公應是同一人。朱說可從。從鐘的紋飾和字體來看，應是西周中期晚段至西周晚期早段的器物，約屬於孝夷時期。

在免組器、趞觶和彔叔簋中邢叔都是右者的角色。在免組器中，免簋僅存器底兒，免卣僅存拓片，唯獨免尊器物保存比較完整，侈口，束頸，鼓腹，圈足外撇，頸上有兩個浮雕獸首，獸首之間飾垂冠回首的鳥紋一周。免簋銘文記載邢叔右免，王命免「胥周師司林」；免尊和免卣記載邢叔佑免，王命免「作司工」。郭沫若、陳夢家、劉啓益定此器為懿王時期，〔註108〕今從之。

趞觶也稱為趞尊，侈口、束頸、鼓腹、圈足外撇，頸部飾以獸首相隔、兩兩相對的垂尾鳥紋一周。銘文記載井叔入右趞，王命內史冊命趞，命趞繼承其祖考的職務，并賞賜了一些命服。銘文最後的紀年是「唯王二祀」，一般認為此器的年代也應在懿王時期。〔註109〕

彔叔簋或稱彔叔師察簋，斂口，鼓腹，圈足上連鑄三個獸面扁足，一對獸首耳下有方形垂珥，蓋上有圓形捉手，蓋沿、器口沿和圈足上飾竊曲紋，蓋身和腹部飾瓦紋。此簋的形制、紋飾與王作姜氏簋（《近出》429）、單簋（《近出》第二編407）十分相似。銘文記載邢叔入右師察，王命令尹氏冊賞師察，讓他佐助彔伯一事。從器型、紋飾和銘文字體來看，此器的年代也當在懿王前後。

霸伯簋體較扁矮，斂口，鼓腹，圈足外侈，獸首耳下有方形垂珥，蓋上有圈形捉手，通體飾瓦紋。此簋形制、紋飾、字體風格近於賢簋（《集成》04105），彭裕商認為此種形制的簋不應早於恭王。〔註110〕銘文曰：「唯十又一月，邢叔來■，迺蔑霸伯歷，事伐，用帛（幬）二百，丹二糧（量），虎皮一。霸伯拜稽首，對揚邢叔休，用作寶簋，其萬年子子孫孫其永寶用。」「■」字，吳鎮烽、黃錦前和張新俊釋為「麥」；李發釋為「拜」。〔註111〕金文中的

〔註108〕郭沫若：《兩周金文辭大系圖錄考釋》，北京：科學出版社，2002年10月，90～92頁；陳夢家：《西周銅器斷代》，北京：中華書局，2004年4月，177～182頁；劉啓益：《西周紀年》，廣州：廣東教育出版社，2002年4月，303～304頁。

〔註109〕彭裕商：《西周青銅器年代綜合研究》，成都：巴蜀書社，2003年2月，343～344頁；陳佩芬：《夏商周青銅器研究·西周篇》，上海：上海古籍出版社，2004年2月，348頁。

〔註110〕彭裕商：《西周青銅器年代綜合研究》，成都：巴蜀書社，2003年2月，156頁。

〔註111〕參見吳鎮烽：《商周金文資料通鑑》光盤版，編號05334；黃錦前、張新俊：

「麥」字作「」（師衛鼎《通鑑》11771）、「」（麥尊《集成》06015）、「」（麥盉《集成》09451）等形，與霸伯簋的「」字並不相類。此字左邊所從類似于「」（諫簋（《集成》04285））、「」（《師虎簋》04316）、「」（趩觶《集成》06516）左邊所從，當隸定爲「奉」，右邊所從即「又」字。因此，我們同意李發將此字隸定爲「𢪒」的說法，他認爲此字即「捧」字的異體，在此可讀爲「拜」。此觀點可備一說，但此字的確切含義還待進一步考證。銘文後面講邢叔誇美霸伯，并賞賜霸伯東西，霸伯稱揚答謝邢叔的恩賜，「霸伯雖是小國方伯或也在周王室爲臣，畢竟地位不高，而受治于邢叔，爲邢叔所管轄」。〔註112〕結合器型、紋飾和銘文的字體特徵來看，我們認爲此器約屬恭王時期。

召鼎僅存拓片，銘文中談及邢叔的有兩處，一處是「王在遹应，邢叔賜召赤金鋬，召受休□于王。」；另一處是「唯王四月既生霸，辰在丁酉，邢叔在異爲□，〔召〕使厥小子𪅩以限訟于邢叔，我既賣汝五〔夫，效〕父用匹馬、束絲，限誥曰：『甿則卑我賞馬，效〔父則〕卑復厥絲于賢』。效父廼誥贄曰：『于王參門□□木榜，用償徂賣茲五夫，用百寽，非出五夫〔則〕牘，廼嗌又牘罘剽金』，邢叔曰：『才王廷廼賣用□不逆付。』」從銘文內容來看，邢叔主要參與了兩件事情，一件是賞賜召；另一件是在異這個地方對召和限這兩方的訴訟之事進行審判。此器的紀年爲「唯王元年六月既望乙亥」，與師虎簋「唯元年六月既望甲戌」僅一天只差，上文已論述師虎簋是懿王時期的器物，那麼此器也當是懿王時器。

邢叔□壺長頸、直口、鼓腹下垂，頸部有一對貫耳，蓋上有圈形捉手，屬於王世民等人劃分的 II 型 1 式圓體壺，〔註113〕此壺的口沿和蓋沿均飾顧龍紋，頸部飾垂冠回首的鳳鳥紋，腹部飾波帶紋，中間加以口形紋飾，以雲雷紋填地。此壺器蓋同銘，銘文較簡單，曰：「唯二月初吉辛亥，邢叔揚（？）肇

《霸伯簋銘文小議》，武漢大學簡帛研究中心網站：http://www.bsm.org.cn/show_article.php?id=1470，2011 年 5 月 3 日；李發：《山西翼城新出西周霸伯簋考釋》，復旦大學古文字與出土文獻研究中心網站，http://www.gwz.fudan.edu.cn/SrcShow.asp?Src_ID=1620，2011 年 8 月 18 日。

〔註112〕 徐伯鴻：《說霸伯簋銘文二三事》，復旦大學古文字與出土文獻研究中心網站，http://www.gwz.fudan.edu.cn/ShowPost.asp?ThreadID=4531，2011 年 5 月 5 日。

〔註113〕 王世民、陳公柔、張長壽：《西周青銅器分期斷代研究》，北京：文物出版社，1999 年 11 月，132～133 頁。

作壺，用匃壽老，其永寶用。」邢叔下一字作「」、「」形，應是邢叔的名字，暫不能確識。邢叔□壺從器型、紋飾和銘文字體看，約屬恭王時器。

季魯簋侈口，束頸，鼓腹，矮圈足，獸首耳下有鉤狀垂珥，頸部有兩個浮雕獸頭，腹部飾以垂冠回首的大鳥紋。銘文曰：「季魯肇作厥文考邢叔寶尊彝。」這種大鳥紋主要流行於西周早期偏晚階段和西周中期偏早階段，〔註114〕結合字體來看，此器的年代約在穆王時期。此器物是季魯爲他的亡父邢叔所作，則季魯之父邢叔概是昭穆時人。

鄭邢叔歑父諸器銘文稍有差異，鄭邢叔歑父鬲（《集成》00580）曰：「鄭邢叔歑父作搽（饙）鬲。」鄭邢叔歑父鬲（《集成》00581）曰：「鄭邢叔歑父作羞鬲。」另有一件鄭叔歑父鬲，銘文曰：「鄭叔歑父作羞鬲。」三件器物的字體風格非常近似，鄭叔歑父與鄭邢叔歑父應爲一人無疑，之所以少一個「邢」字，或爲銘文鑄刻時一時疏漏；或爲按當時的習慣，可以這樣省稱。鄭邢叔乃邢叔一支居於鄭地者，加上采邑的名字以與井叔畿內的一支相區別。〔註115〕此三件器物僅存拓片，從字體以及「鄭邢叔」這一稱謂來看，應是西周晚期的器物。正如朱鳳瀚所言：「在西周晚期金文中有『奠（鄭）邢叔』之稱……反映了邢叔氏之大宗在西周晚期（應是在 M152 之後）曾移居於奠（鄭）地。故又在井叔氏宗子之稱「井叔」前加上新移居地名「奠」，以反映其與此前在豐邑時之井叔氏的區別與關係，如是，則張家坡邢叔墓地在西周晚期後已無大墓，或可能與此種邢叔氏大宗一支移居情況有關。」〔註116〕

鄭邢叔甗僅存拓片，銘文曰：「鄭邢叔作季姞甗，永寶用。」是鄭邢叔爲姞姓女子所作器，季姞可能是其配偶。

鄭邢叔鐘鉦篆間有陰線界格，篆間飾雙首獸面紋，鼓部飾夔龍紋。此鐘的形制與厲王時器的㝬鐘（《集成》00260）非常近似，也應是厲王前後的器物。銘文曰：「鄭邢叔作靈龢鐘，用妥賓。」

鄭邢叔康盨有兩件同銘器物，斂口，附耳，腹微鼓，呈橢圓形，圈足上

〔註114〕朱鳳瀚：《中國青銅器綜論》，上海：上海古籍出版社，2009 年 12 月，561～562 頁。

〔註115〕參見陳夢家：《西周銅器斷代》，北京：中華書局，2004 年 4 月，178～182 頁；馬承源主編：《商周青銅器銘文選》第三卷，北京：文物出版社，1988 年 4 月，325 頁；朱鳳瀚：《商周家族形態研究》（增訂本），天津：天津古籍出版社，2009 年 12 月，640 頁。

〔註116〕朱鳳瀚：《商周家族形態研究》（增訂本），天津：天津古籍出版社，2009 年 12 月，653 頁。

有四個長方形的缺，通體飾瓦紋。此器與 1978 年在陝西省岐山縣京當鄉賀家村出土的伯寬父盨（《集成》04438）器型、紋飾全同，伯寬父盨紀年為「卅又三年八月既死辛卯」，一般認為屬於屬王時器的器物，此器的年代也應與之相當。銘文曰：「鄭邢叔康作旅槙（盨），子子孫孫其永寶用。」此銘文中的「盨」字作「插」形，金文中比較少見。

　　康鼎器身呈半球狀，立耳，三蹄足，頸部飾竊曲紋和一道弦紋。銘文曰：

> 唯三月初吉甲戌，王在康宮，榮伯内（入）右康，王命死司王
> 家，命汝幽黃、鋚勒，康拜稽首，敢對揚天子丕顯休，用作朕文考
> 釐伯寶尊鼎，子子孫孫其萬年永寶用。奠（鄭）邢。

郭沫若認為此銘文中的康即鄭邢叔康盨中的鄭邢叔康，與鄭邢叔鐘的的鄭邢叔也是同一個人。〔註 117〕康鼎從器型、紋飾、字體風格看亦屬屬王時期的器物，銘文末尾的「鄭邢」是康的氏名，郭說甚是。但他認為康鼎中的邢叔亦即曶鼎之邢叔，則有可商之處。前文已經論述，曶鼎屬於懿王時期的器物，年代相差稍遠，二者可能不是同一個人。從銘文中可以看出，佑導康的是榮伯，王命令他管理王家的事務，為了答謝周王的休美，康製作了這件祭祀亡父釐伯的器物。

　　豐邢叔簋於 1978 年 5 月出土於扶風縣法門公社齊村的一個灰窖中，〔註 118〕弇口，鼓腹，一對獸首耳下附有方形垂珥，圈足下連鑄三個獸面扁足，口沿下飾竊曲紋，腹部飾瓦紋，圈足上飾鱗紋。此簋的器型、紋飾與虢季氏子組簋（《集成》03972）、頌簋（《集成》04333）幾乎全同，這種形制和紋飾的簋主要流行於西周晚期。從墓葬出土的其他器物來看，如彩繪上飾有 S 形竊曲紋，銅泡、環飾上飾有重環紋等，都具有西周晚期的特質。〔註 119〕銘文曰：「豐邢叔作伯姬尊簋，其萬年子子孫孫永寶用。」羅文認為「豐」指豐國，此簋當是邢叔為其妻子伯姬所作器。〔註 120〕關於這個問題尚志儒有一段論述，他

〔註 117〕郭沫若：《兩周金文辭大系圖錄考釋》，北京：科學出版社，2002 年 10 月，85 頁。

〔註 118〕羅西章：《陝西扶風發現西周屬王猷簋》，《文物》1979 年第 4 期，89～91 頁。

〔註 119〕朱鳳瀚：《商周家族形態研究》（增訂本），天津：天津古籍出版社，2009 年 12 月，641 頁。

〔註 120〕同註 118。

認為豐邢叔簋銘的「豐」只是一個地名，它是豐國故地地名的延續，這個地名並沒有隨著豐侯的廢黜而廢除。〔註121〕朱鳳瀚認為之所以稱為「井叔」，是因為「井叔家族屬於灃西之豐邑」。〔註122〕由相關的金文材料可以看出，豐邢叔的器物和鄭邢叔的器物都出現在西周晚期階段，有學者認為「井（邢）叔氏最初從其大宗井（邢）伯分出後可能確被封於京都豐邑一帶，因為這時鄭井（邢）叔氏尚未出現，豐邑所居的井（邢）叔當然也就可以單稱井（邢）叔。可見，金文中的井（邢）叔實際是指的『豐井（邢）叔』是相對於稍後出現的鄭井（邢）叔而言的。」〔註123〕這一推論應該是比較符合當時的實際情況的。此器物應該是邢叔為他的大女兒所作的媵器，金文媵器銘文中也有一些是不帶「媵」字的，如魯伯俞父簋（《集成》04566）：「魯伯俞父作姬𡪋簋，其萬年眉壽永寶用。」蘇冶妊盤（《集成》10118）：「蘇冶妊作虢改魚母盤，子子孫永寶用之。」〔註124〕

通過以上分析，下面我們對邢叔的器物做簡單的梳理：

穆王時器：季𱁬簋（季𱁬之父邢叔約為昭穆時人）

恭王時器：邢叔方彝、霸伯簋、邢叔□壺

懿王時器：免組諸器、趞觶、弭叔簋、曶鼎

孝王時器：邢叔鼎

孝夷時器：邢叔采鐘

厲王時器：鄭邢叔鐘、鄭邢叔康盨、康鼎（康之父釐伯約為孝夷時人）

西周晚期器：鄭邢叔歡父諸器、鄭邢叔甗、豐邢叔簋

從上面的論述中可以看出，西周金文中邢叔這一小宗的活動時代從穆王時期一直延續到西周晚期。恭、懿、孝時期是這支家族最為興盛的時期，在這一階段，邢叔作為朝廷大臣，有著較為崇高的地位。在霸伯簋中他作為朝中的代表對霸伯進行了賞賜，在免組器物、趞觶、弭叔簋中又擔任右者的角色，曶鼎中除了對曶進行冊賞外，還是與曶有關的案件的判決者。這一現象也可

〔註121〕尚志儒：《西周金文中的豐國》，《文博》1991 年第 4 期，32 頁。

〔註122〕同注 119。

〔註123〕龐小霞：《商周時期邢都邢國邢地綜合研究》，鄭州大學博士論文，2007 年，張國碩教授指導，100 頁。

〔註124〕關於此問題的討論可參見孫永珍：《兩周媵器銘文研究》，首都師範大學碩士學位論文，2006 年，黃天樹教授指導，7～8 頁。

以從邢叔的墓葬規模、隨葬的器物中得以反映。邢叔應該不止一代，可能爲兩到三代。鄭邢叔康生活的年代主要在厲王時期。

（三）邢季諸器

目前所發現的有關邢季的器物共有四件，包括 1 件邢季夐鼎（《集成》02199）、1 件邢季夐尊（《集成》05859）、1 件邢季夐卣（《集成》05239）和 1 件上文已介紹過的季罍簋（《集成》03949）。

邢季夐鼎僅存摹本，銘文曰：「丼（邢）季夐作旅鼎。」邢季夐尊喇叭形口，頸部較長，腹部向外傾垂，圈足較矮且外撇，口沿下飾仰葉紋，頸部飾長鳥紋，腹部飾花翎鳳鳥紋，圈足上還飾有兩道弦紋。其形制與效尊（《集成》06009）和 1976 年陝西扶風法門公社莊白村 1 號西周銅器窖藏出土的豐尊（《集成》05996）類似，是西周中期偏早階段的器物。邢季夐卣直口，鼓腹下垂，矮圈足外撇，提梁的兩端各有一個獸頭，蓋的兩端有兩個犄角，上面的捉手呈圈狀，卣的頸部飾兩對由浮雕獸首隔開的長尾鳥紋，蓋上和腹部均飾兩兩相對的長尾帶翎鳳鳥紋，圈足上有兩道弦紋。這幾件器物應爲同一人同一時期所作器，其年代大約在穆王時期。

季罍簋的形制前文已有介紹，銘文曰：「季罍肇作厥文考邢叔寶尊彝」。陳夢家認爲季罍即邢季罍，與邢季夐爲同一個人。〔註125〕從銘文內容看季罍即邢季罍的說法是可取的，但季罍簋的「罍」字作「」形，從皀從酉，與其餘几件器物此字作「」形，從皀從史，有所差別，可能並不是同一人。有學者提出兩者可能爲兄弟行，〔註126〕這幾件器物都是穆王時期的器物，所以這種可能性還是很大的。季罍與邢季夐爲兄弟輩，邢叔爲季罍和邢季夐的父輩。

三、邢氏家族的世系

通過對以上相關器物的分析討論，我們認爲邢國乃周公之子所封國，其地望在今河北邢臺一帶，邢國與畿內的邢氏是大小宗的關係。陝西地區目前所發現的相關銅器，主要是邢伯、邢叔、邢季、鄭邢叔、豐邢叔的相關器物，他們或是自作器，或是別人爲他們作器，或是銘文中提到了這些人物的

〔註125〕陳夢家：《西周銅器斷代》，北京：中華書局，2004 年 4 月，180 頁。

〔註126〕張長壽：《論邢叔銅器——1983～1986 年澧西發掘資料之二》，《文物》1990 年第 7 期，34 頁。

一些活動。

邢伯一支在西周的活動時代從穆王時期延續到夷厲時期，其最主要的角色是在冊命活動中充當儐導者，這樣的器物共有 10 件，它們分別是召簋、七年趞曹鼎、師全父鼎、師毛父簋、走簋、殺簋蓋、師痹簋蓋、師虎簋、豆閉簋和利鼎。在師全父鼎和走簋中邢伯又被稱為司馬邢伯，這兩件器物都是恭王時期的器物，所以可以推斷恭王時期的邢伯擔任司馬一職。師痹簋蓋中右者為司馬邢伯䣅，這是目前所知唯一一件帶有邢伯私名的器物，此器物的年代約在懿孝時期，司馬邢伯䣅與恭王時期的司馬井伯是否同一人還有待更多的材料證明。除此之外，長由盉銘文記載了邢伯參加穆王的大射禮；永盂中邢伯與益公、榮伯、尹氏、師俗父、遣仲等人一同參與賞賜師永土田這件事情；五祀衛鼎記載邢伯與伯邑父、定伯、㻌伯、伯俗父參與邦君厲和衛之間交換田地一事。邢伯家族從穆王到夷厲時期在王朝的地位可見一斑，邢伯應不止一代，可能有兩到三代。

邢叔最早見於季魯簋，在此篇銘文中邢叔是季魯的父輩，為昭穆時人。邢叔這一支家族在西周的活動年代延至厲王時期，在西周晚期邢叔家族其中一支移居鄭地，稱為「鄭邢叔」，為了與此相區別，一直居住在畿內的這支邢叔家族改稱為「豐邢叔」。邢叔的器物多為自作器；另一類較多的是在冊命金文中充當右者，見於免組器物、趨觶和弭叔簋；此外，在曶鼎中邢叔除了賞賜曶外，還作為判決者參與曶和限這兩方的訴訟之事。邢叔釆鐘是邢叔為他的祖先穆公所作的器物，此穆公與禹鼎中的穆公應該是指同一個人，但我們並不能確定此穆公是邢叔釆的幾世先祖。從經歷的時代來看，邢叔也應該有兩到三代，確切知道私名的唯一一件是孝夷時期的邢叔釆。鄭邢叔至少有兩人，分別是鄭邢叔歡父和鄭邢叔康，兩者的關係還不能確定。豐邢叔目前僅見一次，西周晚期人。

邢季這一支貴族目前所見有兩人，都是穆王時人，分別是季魯和邢季㠱。季魯的父輩是邢叔，說明邢季這一支並不是邢伯、邢叔的兄弟輩。〔註127〕

我們將上面的討論簡單地列成表格的形式：

〔註127〕唐蘭在長囟盉銘文的後面附錄了兩件邢季㠱的器物，認為「邢季疑是邢叔、邢伯之弟」，參見《西周青銅器銘文分代史徵》，北京：中華書局，1986 年 12 月，379 頁。

成王	周公		
昭王		邢叔	
穆王	邢伯	邢叔	邢季
恭王	司馬邢伯	邢叔	
懿王	司馬邢伯親	邢叔	
孝王	司馬邢伯親	邢叔釆	
夷王	邢伯	邢叔釆	
厲王	邢伯	豐邢叔	鄭邢叔

四、餘論

（一）銘文末尾綴以「邢／鄭邢／豐邢」的器物

西周金文中除了上面討論過的康鼎是以「鄭邢」作為氏名記於銘文末尾外，還有幾件以「邢」或「豐邢」為氏名記於銘文末尾者，它們分別是伯執父鼎（《集成》02465）、伯夌父甗（《集成》00923）、叔男父匜（《集成》10270）和犀甗（《集成》00919）。

> 伯執父鼎：伯執父作寶鼎，其子子孫孫永用，井（邢）
>
> 伯夌父甗：伯夌父作甗，其永寶用，井（邢）
>
> 叔男父匜：叔男父作為靁（霍）姬媵旅匜，其子子孫孫其萬年永寶用。井（邢）
>
> 犀甗：犀作甗，子子孫孫永寶用。豐井（邢）

伯執父鼎出土於西安，器身呈半球狀，立耳，蹄足，頸部飾兩道弦紋。這種形制的鼎屬於張世民等人劃分的 V 形 3 式鼎，〔註128〕與多友鼎、頌鼎等器物十分相似，主要流行於西周晚期偏早階段。伯夌父甗僅存拓片。叔男父匜前有流槽，後有龍首形扳手，腹部較深，腹底兒呈圓形，四條扁獸足，口沿下飾重環紋，腹部飾瓦紋。此匜的形制、紋飾與西周晚期的蔡侯匜（《集成》10195）非常相近，也是西周晚期的器物。此器物是叔男父為將要嫁於霍氏的女兒所做的媵器，此器物也可作為邢氏為姬姓的明證。犀甗於 1960 年出土於陝西省扶風縣法門公社齊村的一處西周銅器窖藏中，犀甗為甑鬲連體式，敞

〔註128〕 王世民、陳公柔、張長壽：《西周青銅器分期斷代研究》，北京：文物出版社，1999 年 11 月，48 頁。

口束腰，立耳，鬲部分襠，三個袋狀足，足的下部呈圓柱形，甗的頸部飾兩道弦紋，鬲的腹部飾雙目紋。犀甗與《通鑑》著錄的應監甗（《通鑑》03322）形制、紋飾十分相似，都是西周晚期的器物。銘文的結尾附以氏名「豐邢」，表明犀是豐邢氏人。

（二）關於邢公的幾件器物

「邢公」在金文中共出現了三次，分別見於曶壺蓋（《集成》09728）和兩件邢公簋（《通鑑》04827和05390），其中兩件邢公簋爲同銘器物，現將銘文錄於下：

> 曶壺蓋：唯正月初吉丁亥，王各于成宮，邢公內（入）右曶，
> 王乎尹氏冊令曶曰：更乃祖考作冢司土于成周八師，賜汝秬鬯一卣、
> 玄袞衣、赤市、幽黃、赤舄、攸勒、鑾旂，用事。曶拜手稽首，敢
> 對揚天子丕顯魯休命，用作朕文考釐公尊壺，曶用匄萬年眉壽永命
> 多福，子子孫孫其永寶用。

> 邢公簋：邢公作仲娣（姊）嬰姬寶尊簋，其萬年子子孫孫永寶
> 用。

曶壺蓋呈橢方形，榫口較長，蓋沿飾竊曲紋一周。邢公在此銘文中作爲右者佑導曶，王命令曶繼承他祖先的職事作成周八師的大司徒，並賞賜給曶命服等，曶製作了這件祭祀父親釐公的寶壺。此器物的時代郭沫若定爲孝王時期，認爲曶壺的曶與曶鼎的曶爲同一人，雖然兩件銘文中的文考稱呼不同，但「弅伯」是其字，「釐公」乃其號，職務上是以太卜而兼職司徒，並認爲井公即井叔。〔註129〕馬承源亦將此器物定在孝王時期。〔註130〕郭說十分牽強，金文中名曶者頗多，不能排除同名異人的可能。彭裕商已指出該壺的形制流行於西周晚期，又從曶所司之事和父考名字不同兩個方面論證了二者不是同一人。〔註131〕彭說可從。金文中稱公者一般都指地位較高的人，從上面的分析來看，邢伯和邢叔在西周晚期偏早階段都還具有較高的政治地位，目前我們還不能確知此處的邢公具體指誰。

〔註129〕郭沫若：《兩周金文辭大系圖錄考釋》，北京：科學出版社，2002年10月，100～101頁。

〔註130〕馬承源：《商周青銅器銘文選》第三卷，北京：文物出版社，1988年4月，214～215頁。

〔註131〕彭裕商：《西周青銅器年代綜合研究》，成都：巴蜀書社，2003年2月，486～487頁。

　　邢公簋蓋沿方折，斂口，鼓腹，雙兒上端有獸頭，下附有方形垂珥，圈足下連鑄三個小足，簋蓋上飾有圈形捉手，蓋上和腹部飾瓦溝紋。此簋的形制、紋飾與王作姜氏簋（《集成》03570）十分相似，王世民認爲這種折沿蓋形制的簋主要見於西周晚期的屬宣時期，〔註132〕這件器物的年代也應相差不遠。這件器物是邢公爲他的姐姐嬰姬所作的寶簋。

（三）邢氏家族的婚姻

　　目前所發現的與邢氏家族有通婚關係的器物中，數量最多的是弭伯爲邢姬所作的器物，主要見於以下諸器：

　　　　弭伯瓶（《集成》00908）：弭伯作邢姬用甑（瓶）。

　　　　弭伯鼎（《集成》02277）：弭伯作邢姬用鼎。

　　　　弭伯鼎（《集成》02278）：弭伯作邢姬鎬〔註133〕鼎。

　　　　弭伯鼎（《集成》02676～02677）：邢姬歸，亦列祖考麥公宗

　　室，□孝祀孝祭，唯弭伯作邢姬用鼎簋。

　　　　弭伯尊（《集成》05913）：弭伯作邢姬用盂鑐。

弭伯所做的這些器物出土於陝西寶雞市渭濱區茹家莊西周墓葬中，這些器物都出於 M2 中，據《簡報》介紹，M1 的墓主人是弭伯，M2 除了一件弭伯自作器外，其餘都是弭伯爲邢姬所作的器物，《簡報》作者指出「這表明了 M2 的死者就是井姬，而井姬也就是弭伯的妻子。M2 緊鄰 M1，并打破 M1，這正是夫妻合葬，而以妻陪夫的一種反應。」〔註134〕同時《簡報》對弭伯爲井姬所作器物的器型做了綜合分析，認爲這些器物的作器時代應該在昭穆之際。〔註135〕

　　除此之外，還有以下幾件器物，分別是伯田父簋（《集成》03927）、仲生父鬲（《集成》00729）、伯狷父鬲（《集成》00615）、異侯簋（《新收》1462）、邢姜太宰巳簋（《集成》03896）和莓伯簋（《集成》03722）。銘文錄於下：

〔註132〕王世民：《王作姜氏簋》，《文物》1999 年第 9 期，86 頁。

〔註133〕鎬鼎是指溫煮食物的鼎，參見趙平安：《釋「鎬」》，《考古》1992 年第 10 期，936 轉 953 頁。

〔註134〕寶雞茹家莊西周墓發掘隊：《陝西省寶雞市茹家莊西周墓發掘簡報》，《文物》1976 年第 4 期，43 頁。

〔註135〕寶雞茹家莊西周墓發掘隊：《陝西省寶雞市茹家莊西周墓發掘簡報》，《文物》1976 年第 4 期，44 頁。

伯田父簋：伯田父作邢**妘**寶簋，其萬年子子孫孫永寶用。

仲生父鬲：仲生父作邢孟姬寶鬲，其萬年子子孫孫永寶用。

伯狷父鬲：伯狷父作邢姬、季姜隣（尊）鬲。

異侯簋：異侯作異邢姜妢母媵尊簋，其萬年子子孫孫永寶用。

邢姜太宰巳簋：邢姜大（太）宰巳鑄其寶簋，子子孫孫永寶用享。

莽伯簋：莽（莽）伯作邢姬寶簋，子子孫孫用。

伯田父簋弇口，鼓腹，圈足下連鑄三個獸面扁足，一對獸首耳下附有方形垂珥，口沿下飾重環紋，腹部飾瓦紋。這種形制和紋飾的簋主要流行於西周晚期，是伯田父爲妘姓嫁於邢氏的女子所作的器物。

仲生父鬲於 1981 年在甘肅寧縣湘樂公社宇村出土，〔註136〕寬平沿，斂頸，平襠，蹄足，腹部飾有三道扉牙和獸面紋。這種形制的的鬲主要流行於西周晚期偏晚階段，此器可能是仲生父爲其妻邢孟姬所作的祭器，可見在西周晚期邢氏與甘肅慶陽地區的某個貴族有通婚關係。

異侯簋的形制比較特殊，據陳佩芬的介紹，「……異侯簋的高圈足，是以原有蓋上的抓手爲基礎又加鑄兩節，實際上據銘文，此當是一件簋蓋，由於某種緣故，簋器失散，古人將其改鑄爲豆形器。」〔註137〕邢姜妢母是姜姓女子字妢母者嫁於邢氏的稱謂，此器是異侯爲其女兒所做的媵器。

伯狷父鬲寬平沿，斂頸，圓肩，平當三柱足，腹部飾有三道扉棱，肩部飾重環紋，腹部飾仿繩紋。與微伯鬲（《集成》00516）和杜伯鬲（《集成》00698）器型、紋飾十分相似，是西周中期後段的器物，銘文言伯狷父爲邢姬和季姜作寶鬲。

邢姜太宰巳簋於 1974 年在內蒙古自治區哲里木盟札魯特旗巴雅爾吐胡碩公社出土，〔註138〕弇口，鼓腹，圈足，獸首雙耳下有方垂珥，口沿下飾竊曲紋，腹部飾瓦紋，圈足上飾垂鱗紋。從器型、紋飾和銘文字體看，屬於西周晚期偏晚階段的器物。邢姜是姜姓女子嫁於邢氏者，正如李學勤所言：「『邢姜』是邢國夫人，作器者是爲她服事的職官，相當《周禮》的內宰。同出的

〔註136〕許俊臣、劉德禎：《甘肅寧縣宇村出土西周青銅器》，《考古》1985 年第 4 期，349 頁。

〔註137〕陳佩芬：《夏商周青銅器研究‧西周篇》，上海：上海古籍出版社，2004 年 2 月，487 頁。

〔註138〕李殿福：《巳簋初釋》，《社會科學戰綫》1980 年第 3 期，221 頁。

尚有一些帶有明顯北方民族特徵的器物。這件青銅器當爲通過北方戎狄的流徙，傳到那裡去的。這也可作爲邢國與戎狄關係的一個旁證。」〔註139〕楊文山認爲此銘中的邢姜不是《太平寰宇記》所記的「邢侯夫人姜氏」，而是《詩經》所載的「邢侯之姨」，〔註140〕史實是否果眞如此，還有待更多的研究論證。莓伯簋是莓氏爲邢姬所作之器。

綜合上述相關器物來看，邢氏與霍國、強國、冀國等多個國家都有婚媾關係。

（四）其餘幾件銘文中提及「邢」的器物

金文中還有幾件與「邢」有關的器物，或提及邢氏族人，或提及邢氏之地，它們分別是五祀衛鼎（《集成》02832）、妄鐘（《集成》00109～00112）、事□鼎（《集成》02575）、散氏盤（《集成》10176）和大克鼎（《集成》02836），現將有關銘文錄於下：

> 五祀衛鼎：……迺令叄有司司土邑人趙、司馬頙人邦、司工隆（墮）〔註141〕矩、内史友寺芻，帥履裘衛屬田四田。迺舍寓（宇）于厥邑。厥逆（朔）疆眔屬田，厥東疆眔散田，厥南疆眔散田眔政父田，厥西疆眔屬田。邦君屬眔付裘衛田，屬叔子夙、屬有司鬺（中）季、慶癸、燹（齒）表、靭（荊）人敢、邢人偈屖。衛小子者（書）其卿（饗）觸（膡）。衛用作朕文考寶鼎，衛其萬年永寶用。唯王五祀。

五祀衛鼎記載了裘衛和屬之間的土地交易這一事件，在邦君屬給裘衛田的時候，邢國的偈屖參加了這次付田儀式，他大概是邦君屬的下屬，與屬叔子夙、屬有司申季、慶癸、鬺表、荊人敢一起爲交換田地這件事情作證。

> 妄鐘：邢人〔註142〕妄曰：覲盅（淑）文祖、皇考克悤（愼）

〔註139〕 李學勤：《麥尊與邢國的初封》，載楊文山、翁振軍主編《邢臺歷史文化論叢》，石家莊：河北人民出版社，2005 年 5 月，100 頁。

〔註140〕 楊文山：《青銅器「巳簋」與邢齊通婚——兩周邢國歷史綜合研究之三》，《文物春秋》2003 年第 1 期，17～27 頁。

〔註141〕 此從裘錫圭的觀點，參見裘錫圭：《贊公盨銘文考釋》，《中國歷史文物》2002年第 6 期，13～14 頁，後收入《裘錫圭學術文集》第三卷，148 頁。

〔註142〕 「人」字的下面還有兩個短橫，類似于重文號，郭沫若原釋爲「仁」、「卩」，後改釋爲「人」，他説「……金文中每每有此事，非重文，亦非字畫。」參見郭沫若：《兩周金文辭大系圖錄考釋》，北京：科學出版社，2002 年 10 月，150 頁；陳夢家釋爲「井人人妄」，并認爲：「人（仁）與佞或係一名一字。」

〔註143〕厥德，得純用魯，永終于吉，妄不敢弗帥用文祖、皇考，穆

穆秉德，妄憲憲聖趚（爽），虔處宗室，肆妄作龢父大鑄（林）鐘，

用追孝侃前文人，前文人其嚴在上，嚴嚴翼翼，降余厚福無疆，妄

其萬年子子孫孫永寶用享。

妄鐘目前所見共有 4 件，其中 3 件爲傳世器，1 件出土於陝西扶風縣齊家村，
〔註144〕妄鐘有干有旋，干飾目雲紋，篆間飾兩頭獸紋，舞飾變形獸紋，鼓部
飾夔鳥紋。從器型、紋飾和銘文字體看是西周晚期的器物，作器者是邢族人，
私名爲妄，此鐘是妄爲龢父所作的一套用於祭祀的編鐘。

　　　　事□鼎：唯伯殷（？）父北師□年，事（史）□才邢，作考寶

尊彝。

事□鼎採用以大事紀年的方式，這種紀年方式金文中還有其他的例子，如中
鼎（《集成》02751）曰：「唯王令南宮伐反虎方之年」；麥尊（《集成》06015）
曰：「唯天子休于麥辟侯之年鑄」；鼓霝簋（《集成》04047）曰：「王令東宮追
以六師之年」。這一年史□在邢地，製作了這件祭祀父考的寶鼎。此銘文有幾
個字體尚不能確識，其確切含義還待進一步研究。

　　　　散氏盤：……以南，封于諸逨道。以西，至于堆莫。履邢邑田，

自棍木道左至于邢邑，奉（封），道以東，一奉（封），還，呂（以）

西一奉（封）……

散氏盤傳乾隆年間出土於陝西省鳳翔縣，窄沿兒方唇，腹較淺，附耳，高圈
足，腹部飾夔紋，圈足飾獸面紋。一般認爲此器的年代在厲王時期。銘文所
記其實是一個契約，由於矢人攻伐了散氏的封邑，矢國給散氏土地作爲補償，
銘文詳細記載了兩塊田地的四至，最後雙方起誓。從上面所引銘文可以看出
矢人給散氏劃分的田地有一部份在邢邑的旁邊。王輝解釋此段時說：「以上敘
述踏勘、封樹矢人付給散田疆界事。以下敘述踏勘、封樹旁近井邑的矢人田
地疆界。井邑與散邑接壤，約在今鳳翔縣南部。第二塊田雖稱『井邑田』，其
實仍是矢田，只是臨近井邑而已。」〔註145〕

　　　參見陳夢家《西周銅器斷代》，北京：中華書局，2004 年 4 月，303 頁。此處
　　　我們傾向於把「人」字下面的兩短橫理解爲羨劃。
〔註143〕參見陳劍：《甲骨金文考釋論集》，北京：線裝書局，2007 年 4 月，39～53
　　　頁。
〔註144〕周文：《新出土的幾件西周銅器》，《文物》1972 年第 7 期，10 頁。
〔註145〕王輝：《商周金文》，北京：文物出版社，2006 年 1 月，233 頁。

　　　　大克鼎：……王在宗周，旦，王各穆廟即位，䵼（申）季右膳
　　　夫克入門，立中廷，北向，王乎尹氏冊命膳夫克，王若曰：克，昔
　　　余既命汝出内（入）朕命，今余唯䵼（申）就乃命，賜汝叔市、參
　　　同（絅）、芇心（悤），賜汝田于埜（野），賜汝田于渒，賜汝邘寓（宇）
　　　圅田于臨，以厥臣妾，賜汝田于康，賜汝田于匽，賜汝田于陣原，
　　　賜汝田于寒山，賜汝史、小臣、霝籥、鼓鐘，賜汝邘這〔註146〕圅人
　　　甂，賜汝邘人奔于量。敬夙夜用事，勿廢朕命，克拜頜首，敢對揚
　　　天子丕顯魯休，用作朕文祖師華父寶鬺彝，克其萬年無疆，子子孫
　　　孫永寶用。

大克鼎 1890 年出處於陝西省扶風縣法門寺任家村的一處青銅器窖藏中，同出
的還有小克鼎、克鐘、克盨等。大克鼎口部微斂，方唇寬沿，立耳，腹微鼓，
蹄足，口沿下飾三組竊曲紋，中間用六道短扉棱隔開，腹部飾寬大的波帶紋，
足的上半部份飾有浮雕獸頭，中間有扉棱。此器的年代早年間學者或認爲屬
於孝王時期，或認爲屬於夷王或厲王時期，隨著研究的深入，學者認爲綜合
各方面的因素考慮，此器的年代當定在宣王時期，〔註147〕我們同意宣王說的
觀點。

　　「寓」字裘錫圭認爲可訓爲「居」，他說：「大克鼎所記的周王賞賜給克
的田共有七處，『田』字上加定語的只有位於臨地的『井宇圅田』一例，證明
同時賞給附屬於田地的臣妾的也只有這一例。可見這塊田地的情況是相當特
殊的。鼎銘下文還有『錫汝井心圅人甂』一語，把它跟『賜汝井宇圅田于臨』
一語放在一起來考慮，可以看出井和圅都是族氏，井人跟圅人之間存在著某
種關係。『井宇圅田』的『宇』顯然是用作動詞的，『井宇圅田』意即井人所居
之圅田。從上引五祀衛鼎銘文所反映的情況來看，這應該是井族派人居於圅族
之地加以耕種的原屬圅族的田地」。他進一步指出，周王賞賜給克的田地裏只
有這一塊有附屬於田地的臣妾，是因爲「這些臣妾應該就是井族原先派去耕
種這塊田地的奴隸，現在隨著田地交換了主人。」〔註148〕「這」字裘先生認

〔註146〕此字從裘錫圭的説法，參見裘錫圭：《古文釋讀三則》，《古文字論集》，北京：
　　　　中華書局，1992 年 8 月，398～402 頁。

〔註147〕持宣王説者有劉啓益、彭裕商等學者，參見劉啓益：《西周紀年》，廣州：廣
　　　　東教育出版社，2002 年 4 月，386～387 頁；彭裕商：《西周青銅器年代綜合
　　　　研究》，成都：巴蜀書社，2003 年 2 月，453 頁。

〔註148〕裘錫圭：《古文釋讀三則》，《古文字論集》，北京：中華書局，1992 年 8 月，

爲不應讀爲族名，此處應該用爲動詞，讀爲徵召之「徵」，「井徵图人」就是井族所徵發的图人，「從鼎銘看，井人本身也被周王賜給克服『奔于量』的勞役……原來爲井族所役使的图人被轉賜給克爲克服役，是很自然的事情。」〔註149〕「邢人奔于量」的「量」字，過去學者多認爲是地名，裘先生指出「量」應讀爲「糧」，是「糧田」的簡稱，糧田是一種公田。〔註150〕裘先生的觀點可從。

從銘文可以看出，周王賞賜給克的東西中包括了邢人居住的在䣙的图田，邢族所徵發的图人以及邢人所耕種效力的糧田，可見在西周晚期的宣王時期邢氏這一家族因爲某種原因可能已經衰落了，出土的邢氏銅器中鮮見西周晚期偏晚的器物也反映了這一點。但具體沒落的原因還有待進一步的研究。

第三節　畢公及其後裔楷氏

一、文獻典籍中畢氏的相關記載

《左傳》僖公二十四年載：「昔周公弔二叔之不咸，故封建親戚以藩屛周。管、蔡、郕、霍、魯、衛、毛、聃、郜、雍、曹、滕、畢、原、酆、郇，文之昭也。」畢公是文王子，在西周初年是周王的重要輔佐大臣之一。《國語・晉語》曰：「文王諏於蔡、原，訪於辛、尹，重之以周、召、畢、榮。」《史記・周本紀》載：「武王即位，太公望爲師，周公旦爲輔，召公、畢公之徒左右王，師脩文王緒業……及期，百夫荷罕旗以先驅。武王弟叔振鐸奉陳常車，周公旦把大鉞，畢公把小鉞，以夾武王……命畢公釋百姓之囚，表商容之閭……成王將崩，懼太子釗之不任，乃命召公、畢公率諸侯以相太子而立之。成王既崩，二公率諸侯，以太子釗見於先王廟，申告以文王、武王之所以爲王業之不易，務在節儉，毋多欲，以篤信臨之，作《顧命》。」《尚書・顧命》載：「惟四月，哉生魄，王不懌。甲子，王乃洮頮水。相被冕服，馮玉几。乃同召大保奭、芮伯、彤伯、畢公、衛侯、毛公、師氏、虎臣、百尹、御事。」可見，畢公在武王即位時期與周、召二公一同輔佐武王，爲周

398～399 頁。

〔註149〕 裘錫圭：《古文字釋讀三則》，《古文字論集》，北京：中華書局，1992 年 8 月，402 頁。

〔註150〕 裘錫圭：《西周糧田考》，載《周秦文化研究》編委會編《周秦文化研究》，陝西：陝西人民出版社，1998 年 11 月，292～298 頁。

王朝的建立立下了汗馬功勞。成王逝世後，畢公和召公一起輔佐康王即位。康王即位以後，《史記・周本紀》載：「康王命作策畢公，分居里，成周郊，作《畢命》。」此處的畢公或說爲畢公高，或說爲第二代畢公，〔註151〕但無論如何，畢氏在西周初年都有著顯赫的地位，爲周初權要。

近年發現的清華簡《耆夜》載：「武王八年，征伐䣄（耆），大戡（戡）之。還，乃飲至於文太室。畢公高爲客，召公保奭爲夾，周公叔旦爲主，辛公䛒甲爲立，作冊逸爲東尚（堂）之客，呂上（尚）甫（父）命爲司政（正），監飲酒。王夜爵酬畢公，作歌一終曰《樂樂旨酒》……」。劉成群說：「在這次『飲至』的典禮上，畢公高爲客，而且周武王先酬畢公，可見他在『征伐䣄』的戰役中居功至偉。從周武王和周公致畢公詩作中也可以判斷出畢公是這次戰役中衝鋒陷陣的主將。」〔註152〕由此簡可見，畢公在武王伐黎的戰爭中作爲主將立下了赫赫戰功。此外，清華簡《祭公》中祭公謀父曰：「允哉！乃召畢桓、井利、毛班，曰：『三公，謀父朕疾惟不瘳，敢告天子……』」，簡文中畢桓、井利和毛班被稱爲三公，亦可見畢氏之人畢桓在當時有很高的地位，這位畢桓應是穆王時期的畢公。這些簡文爲我們全面瞭解畢氏家族提供了不可多得的材料。

《史記・魏世家》曰：「魏之先，畢公高之後也。畢公高與周同姓。武王之伐紂，而高封於畢，於是爲畢姓。」可知畢公是以所封地名爲氏。據陳槃研究畢國國都應在咸陽縣北五里處。〔註153〕其封地當在今陝西咸陽畢原。

二、西周金文中的畢氏

金文中的「畢」字作「𤰒」（奚方鼎，《集成》00729）、「𤰒」（獻簋，《集成》04205）、「𤰒」（段簋，《集成》04208）、「𤰒」（畢鮮簋，《集成》04061）等形。《說文・華部》：「畢，田罔也。从華，象畢形。微也。或曰由聲。」1977年周原考古隊在岐山縣鳳雛村發現西周甲骨，其中 H11：45 片上有「畢公」

〔註151〕參見郭沫若：《兩周金文辭大系圖錄考釋》，北京：科學出版社，2002 年 10月，45 頁；劉啓益：《西周紀年》，廣州：廣東教育出版社，2002 年 4 月，110頁；唐蘭：《西周青銅器銘文分代史徵》，北京：中華書局，1986 年 12 月，166 頁。
〔註152〕劉成群：《畢公事蹟及畢公世系初探——基於清華簡的研究》，《上海交通大學學報》（哲學社會科學版），2012 年第 4 期，94 頁。
〔註153〕陳槃：《春秋大事表列國爵姓及存滅表譔異》，上海：上海古籍出版社，2009年 11 月，621 頁。

兩字，畢字作「🜨」形。〔註154〕與金文字形相差無幾。甲骨文有「🜨」字，羅振玉指出此字乃小篆畢字所從的華，在古文字中華即畢字。從甲骨文的一些詞例來看，此字又必須釋爲「禽」字無疑。吳其昌則認爲🜨既可釋爲名詞「畢」，也可用作動詞「禽」，釋爲「畢」表示打獵使用的工具，釋爲「禽」則表示持此工具捕獵的動作。林澐進一步指出畢、禽兩字在甲骨文中已經開始分化，賓組卜辭和歷組卜辭中已出現🜨、🜨等形，其上部所從即匕字，匕、畢音近可通，加注匕聲的🜨字成爲畢的專用字，金文中才開始出現加田旁的畢字。〔註155〕此說可從，不過現在看來西周甲骨中也已出現了加田旁的畢字。

　　西周金文中有關畢氏家族的器物並不是非常多，下面我們將按照時代先後的順序加以梳理。

（一）西周早期畢氏家族相關器物的梳理

　　西周早期有關畢氏家族的器物主要有史皕簋（《集成》04030）、作冊魋卣（《集成》05432）、獻簋（《集成》04205）和迬甗（《賈文忠金石傳拓集》54頁）。

　　1966 年陝西岐山縣賀家村西周墓地出土了一件史皕簋，傳世器物中也有一件史皕簋（《集成》04031），兩者器形、紋飾和銘文皆同。史皕簋侈口，鼓腹，高圈足，獸首耳下有較長的垂珥，頸部和圈足上飾夔龍紋，頸部中間部位還飾有兩個浮雕獸首，腹部飾獸面紋。銘文曰：「乙亥，王㸘（誥）畢公，迺賜史皕貝十朋。皕由于彝，其于之朝夕監。」「㸘」從言從卉，讀爲「誥」，與此相同的用法還見於何尊（《集成》06014）「王誥宗小子于京室」，此字一般用於上告下。郭沫若謂「史皕當即畢公之屬吏，隸屬爲史，知是在畢公已爲作冊時。《史記·周本紀》『康王命作冊畢公分居里，成東郊，作畢公』。是畢公爲康王時作冊，故以此器次於康世。」〔註156〕唐蘭認爲作冊是史官，史皕是畢公的僚屬，「這是在王誥教畢公時，作爲畢公之屬而受到賞賜的。」

〔註154〕陝西周原考古隊：《陝西岐山鳳雛村發現周初甲骨文》，《文物》1979 年第 10 期，40 頁。

〔註155〕參見羅振玉：《增訂殷墟書契考釋》，東方學會，1927 年，48 頁；吳其昌：《殷虛書契解詁》，台北：藝文印書館，1959 年，319～320 頁；林澐：《林澐學術文集》，北京：中國大百科全書出版社，1998 年 12 月，41 頁。

〔註156〕郭沫若：《兩周金文辭大系圖錄考釋》，北京：科學出版社，2002 年 10 月，45～46 頁。

〔註157〕可從。「由」字或隸定爲「古」，〔註158〕或隸定「由」。〔註159〕雖隸定字形不同，但都認爲「由于彝」於《禮記・祭統》中的「施于蒸彝鼎」、縣改簋（《集成》04269）銘中「肆敢歔（肆）于彝」等文例相同。唐蘭認爲「古于彝」等於「肆于彝」，是「爲之于彝、陳述之于彝」的意思；陳劍將此字讀爲「道」，釋義爲「陳述」。這句話是說史𣄰把周王誥畢公，並對自己有所賞賜這件事記載在這件銅器上，希望能夠朝夕勉勵自己。根據相關出土文獻的記載，這件器物的年代應在康王時期無疑。

近年，也有學者根據《耆夜》簡以及《書序》和《周本紀》中「作冊畢」或「作策畢公」語提出不同的看法，認爲「『畢公』並非『史𣄰』的直接上級史官，而很可能是執行的人。」〔註160〕畢公在西周初年又被稱爲「公太史」（詳見下文），這與史書中的記載也是相吻合的，我們傾向於贊同郭氏和唐氏的說法。

作冊𩵋卣出土於河南洛陽附近，此卣腹部向下傾垂，圈足，提梁的兩端作兔首狀，蓋上有圈形捉手，蓋的左右有直立的犄角。銘文曰：

唯公太史見服于宗周年。在二月既望乙亥，公太史咸見服于辟
王，辨于多正。雪四月既生霸庚午，王遣公太史。公太史在豐，賞
作冊𩵋馬。揚公休，用作日己旅尊彝。

此卣採用以大事紀年的方式，「見服」乃觀見之禮，公太史在這一年到宗周去謁見天子，聽命受事。「咸」應爲副詞，表示「既、已」，類似於何尊（《集成》06014）中的「王咸誥何，賜貝三十朋」，在二月既望乙亥這天，公太史既已觀見天子之後，又「辨于多正」。「辨于多正」意義不甚明晰，待考。到四月庚午日，王遣送公太史回豐邑，公太史賞賜給作冊𩵋馬匹，作冊𩵋爲答謝公太史的休美，製作了這件彝器。陳夢家認爲此銘文中的「公太史」即畢公。〔註161〕西周初年周公、太保、太史是地位最爲尊貴的人，從文獻來看，畢公常常和召公一起主持政務，輔佐周王。此銘文中公太史觀見周王，時隔兩個

〔註157〕唐蘭：《西周青銅器銘文分代史徵》，北京：中華書局，1986 年 12 月，166頁。

〔註158〕唐蘭：《史𣄰簋銘考釋》，《考古》1972 年第 5 期，47 頁。

〔註159〕陳劍：《釋「由」》，《出土文獻與古文字研究》第三輯，上海：復旦大學出版社，2010 年 8 月，57 頁。

〔註160〕陳穎飛：《清華簡畢公高、畢桓與西周畢氏》，《中國國家博物館館刊》，2012年第 6 期，38 頁。

〔註161〕陳夢家：《西周銅器斷代》，北京：中華書局，2004 年 4 月，56～57 頁。

月後王遣送公太史回到豐地，可見其地位之尊貴。召公被尊稱爲太保或公太保，畢公在康王時期任作冊一職，作冊屬於史官，所以被尊稱爲「公太史」也是很合理的。

獻簋侈口，鼓腹，高圈足，獸首耳下附有方形垂珥，口沿下飾一周雲雷紋組成的連體獸面紋，中間有兩個浮雕獸首，圈足上也飾有三列由雲雷紋組成的連體獸面紋，其形制、紋飾與史話簋類似。銘文曰：

> 唯九月既望庚寅，楷伯于遘王，休，亡尤。朕辟天子、楷伯令
> 厥臣獻金車，對朕辟休，作朕文考光父乙，十枻（世）不忘獻身在
> 畢公家，受天子休。

「楷伯」的「楷」作「![字]」形，李學勤將此字釋爲「楷」字，〔註162〕陳劍認爲這些字都是從「几」得聲的。〔註163〕銘文中的「遘」字，朱駿聲《說文通訓定聲》：「遘，假借爲覯。」《詩經‧大雅‧公劉》曰「乃覯于京」，毛亨《傳》：「覯，見也。」「于遘王即往見王，爲朝覯之儀。」〔註164〕「休，亡尤」是說覯見之儀式進行得很好，沒有不順利的事情發生。「楷伯令厥臣獻金車」中的「令」是「賞賜」義，「厥臣」的「厥」指代楷伯，「厥臣」指作器者獻，楷伯賞賜給獻的是一輛金車，〔註165〕這樣的賞賜物品在金文中並不多見。張懋鎔通過列舉相關銅器銘文，發現能夠受賞金車的多是級別很高的貴族，「這些銅器的年代在西周中晚器，只有獻簋的年代最早。由此可以窺見楷伯的地位與實力。」〔註166〕爲了頌揚家主的美德，獻做了這件用於祭祀其父的祭器，十世不能忘記獻在畢公家所受到天子的休賜。可能這次楷伯覯見周王之所以十分順利，有家臣獻的一份功勞，所以楷伯才對他進行了賞賜。獻不僅稱頌了自己的家主，在銘文末尾還提到了「受天子休」。

獻是楷伯的家臣，後面又說「獻身在畢公家」，說明楷伯和畢公是同一宗族之人。朱鳳瀚認爲楷伯是畢公家族的小宗分支，可從。他說：「伯是爵稱，

〔註162〕 李學勤：《平山三器與中國國史的若干問題》，《新出青銅器研究》，北京：文物出版社，1990 年 6 月，180 頁。原載《考古學報》1979 年第 2 期。

〔註163〕 陳劍：《甲骨文舊釋「昏」和「![字]」的兩個字及金文「覬」字新釋》，《甲骨金文考釋論集》，北京：線裝書局，2007 年 4 月，197～201 頁。

〔註164〕 馬承源主編：《商周青銅器銘文選》第三卷，北京：文物出版社，1988 年 4 月，56 頁。

〔註165〕 金車或認爲是用青銅器裝飾過的車。

〔註166〕 張懋鎔：《新見西周金文叢考》，朱鳳瀚主編《新出金文與西周歷史》，上海：上海古籍出版社，2011 年 7 月，31 頁。

陳夢家以爲即畢公之子畢仲封於楷所稱。此是西周早期器，故知家臣制度於西周早期即以存在。由此銘亦可見，當時家臣雖直接臣服於家主，但仍尊崇天子，奉天子於家主之上。」〔註167〕陳夢家認爲楷伯爲畢公之子封於楷不錯，但他認爲楷伯即段簋中的畢仲，則有失偏頗，段簋是西周中期的器物，此器爲康王時器，年代相差較遠，不可能是同一個人。李學勤提出楷伯或爲楷國的始封君，〔註168〕是也。畢公家族封於楷地的一支西周時期還有一些器物，我們到後面再論。

　　迨甗見於《賈文忠金石傳拓集》，〔註169〕此甗呈甑鬲連體式，侈口，器口沿上有一對索狀立耳，腹部下面微收，鬲部分襠，足的下部呈柱狀，口沿下飾三組雲雷紋組成的獸面紋，鬲的腹部飾牛角獸面紋。這種形制、紋飾的甗從商代晚期就有，西周早期也不乏出現。此甗的形制、紋飾與 1980 年在陝西寶雞竹園溝西周墓地發現的伯甗（《集成》00857）和 2007 年在山西翼城大河口西周墓葬出土的作旅甗（《文物天地》2008 年第 10 期 85 頁）幾乎全同，這兩件甗都是西周早期偏晚階段的器物。綜合各種因素，我們認爲迨甗應是康昭時期的器物。銘文曰：「迨作畢公寶尊彝。」迨所祭祀的畢公從時代來看很可能是第一代畢公，迨應該是畢公諸子中的一子。

（二）西周中期畢氏家族相關器物的梳理

　　西周中期有關畢氏家族的器物主要有倗伯鼎（《近出》第二編 274）、倗伯簋（《近出》第二編 397）、倗仲鼎（《集成》02462）和段簋（《集成》04208）。

　　倗伯鼎和倗伯簋 2005 年出土於山西絳縣橫水鎮西周墓地 M1 號墓，倗伯鼎立耳，腹部向下傾垂，口沿下飾一道弦紋，倗伯簋則是一件方座簋，侈口束頸，鼓腹，圈足，一對獸首耳下附有方形垂珥，口沿下飾弦紋兩道。鼎、簋銘文相同。銘文曰：「倗伯作畢姬寶旅簋。」據《簡報》介紹，臨近的 M2 號墓中的器物則是倗伯自作器，〔註170〕這兩件應是倗伯爲自己的妻子所作器，這兩件銘文也是畢氏爲姬姓的明證。倗仲鼎僅存拓片，銘文曰：「倗仲作畢媿滕鼎，其萬年寶用。」這是倗仲爲其要嫁於畢氏的女兒畢媿所作的滕器，

〔註167〕朱鳳瀚：《商周家族形態研究》（增訂版），天津：天津古籍出版社，2004 年 7 月，316 頁。

〔註168〕李學勤：《菁簋銘文考釋》，《故宮博物院院刊》2001 年第 1 期，2 頁。

〔註169〕賈樹：《賈文忠金石傳拓集》，北京：文物出版社，2012 年 1 月，54 頁。

〔註170〕陝西省考古研究所、運城市文物工作站、絳縣文化局：《山西絳縣橫水西周墓發掘簡報》，《文物》2006 年第 8 期，17～18 頁。

畢媿應是「夫家氏名＋所出姓氏」的稱謂方式。由此可知姬姓的畢氏與媿姓的倗氏有過聯婚關係。

段簋侈口，束頸，一對獸首耳下附有方形垂珥，腹部下垂，圈足較矮，頸部飾回首分尾的夔龍紋一周和兩個浮雕獸首，圈足上飾弦紋兩道。銘文曰：

> 唯王十又四祀十又一月丁卯，王鼏畢烝。戊辰，曾（贈），王蔑段曆，念畢仲孫子，令龔𫖯逨（饋）大則于段，敢對揚王休，用作簋，孫孫子子萬年用享祀，孫子□□。

段簋記載周王十四年十一月丁卯日，王「鼏畢烝」一句，過去常常將 字隸定爲「鼏」，讀爲「在」，或者讀爲「眞」訓爲「至」。陳劍認爲「鼏」與「鼏」爲同一字，相當於文獻中的「肆」字，此句應斷句爲「王鼏畢，烝。」〔註171〕可備一說。《史記·周本紀》曰：「九年，武王上祭于畢。」《集解》云：「馬融曰：畢，文王墓地名也。」《周禮·春官·宗伯》曰：「以烝冬享先王。」由「念畢仲孫子」可知段爲畢仲的後代，因此周王在畢地舉行完祭祀後對段進行了賞賜。從此器物的形制、紋飾和銘文字體看，其年代應該在西周中期前段。

西周中期還有一件永盂（《集成》10322），銘文中有「畢人師同」，相關的銘文曰：「公迺命酉司徒𬤝（溫）父，周人司工眉、𢿐史、師氏、邑人奎父、畢人師同，付永厥田，厥率履厥疆宋句。」在這次王賞賜師永土田的事件中，畢人師同與酉司徒溫父等人在益公的帶領下參與勘界活動。「畢人師同」應是畢地之人名師同者，師同還見於師同鼎（《集成》02779），這件鼎記載師同參與某次戰爭多有俘獲之事，吳鎮烽認爲這兩件器物中的師同或爲同一人。〔註172〕學者或認爲「畢人師同」的參與是要把畢氏之田地給予他人，西周中期開始畢氏家族有所衰弱，陳穎飛已指出此說之繆，〔註173〕茲不贅述。

（三）西周晚期畢氏家族相關器物梳理及其它

西周晚期有關畢氏家族的器物主要有伯夏父鼎（《集成》02584）、伯夏父

〔註171〕陳劍：《甲骨金文舊釋「鼏」之字及相關諸字新釋》，《出土文獻與古文字研究》第二輯，上海：復旦大學出版社，2008年8月，13～47頁。

〔註172〕吳鎮烽：《金文人名彙編》（修訂本），北京：中華書局，2006年8月，260頁。

〔註173〕陳穎飛：《清華簡畢公高、畢桓與西周畢氏》，《中國國家博物館館刊》，2012年第6期，39～40頁。

鬲（《集成》00719～00728）、伯夏父鑺（《集成》00967～00968）、七年師兌
簋蓋（《通鑒》05233）、畢鮮簋（《集成》04061）和畢伯克鼎（《文物》2010
年第6期17頁）。

伯夏父鼎1974年出土於陝西岐山縣賀家村一處西周銅器窖藏中，立耳，
腹部呈半球形，蹄足，口沿下飾一周重環紋和一道弦紋。銘文曰：「伯夏父
作畢姬尊鼎，其萬年子子孫孫永寶用享。」伯夏父鬲寬平沿，弧襠，蹄足，
口沿下飾一周重環紋，腹部飾直線紋。銘文曰：「伯夏父作畢姬尊鬲，其萬
年子子孫孫永寶用享。」伯夏父鑺的肩部飾一周重環紋，腹部飾垂鱗紋。銘
文曰：「伯夏父作畢姬尊鑺，其萬年子子孫孫永寶用。」這幾件器物明顯具
有西周晚期的風格，都是伯夏父爲其妻畢姬所作器，這是畢氏爲姬姓的又一
明證。

七年師兌簋蓋蓋面隆起，沿下折，上有圈形捉手，捉手中間飾重環紋，
蓋面飾瓦紋和兩周重環紋，蓋沿飾一周大小相間的重環紋。銘文曰：

> 唯七年五月初吉甲寅，王在康昭宮，格康廟，即位，畢叔右師
> 兌入門立中庭，王呼內史尹冊賜汝師兌□膺，用事。師兌拜稽首，
> 敢對揚天子丕顯魯休。余用自作寶龤簋，師兌其萬年子子孫孫永寶
> 用。

這件器物記載周王對師兌的賞賜，在這次賞賜儀式上擔任右者的是畢叔，師
兌所作器還有元年師兌簋（《集成》04274～04275）和三年師兌簋（《集成》
04318～04319），這件簋蓋的形制、紋飾和元年師兌簋、三年師兌簋十分近似。
在元年師兌簋中儐佑師兌的是同仲，周王命令師兌輔佐伯龢父管理左右走馬
和五邑走馬，三年師兌簋中周王重申此命，而七年師兌簋中就僅是賞賜師兌
一些東西，讓他執行職事。可見這幾件器物的年代、事件是相連續的。師兌
所作器的時代陳夢家、馬承源定於孝王時期，彭裕商定在宣王時期，王世民
等人定在厲王前後，朱鳳瀚認爲這幾件器物的曆日大致可排入厲王或宣王時
期。〔註174〕同仲也見於幾父壺（《集成》09721～09722），其器形、紋飾與厲

〔註174〕 參見陳夢家：《西周銅器斷代》，北京：中華書局，2004年4月，240～242
頁；馬承源主編：《商周青銅器銘文選》第三卷，北京：文物出版社，1988
年4月，200頁；彭裕商：《西周青銅器年代綜合研究》，成都：巴蜀書社，
2003年2月，422頁；王世民、陳公柔、張長壽：《西周青銅器分期斷代研究》，
北京：文物出版社，1999年11月，97頁；朱鳳瀚：《簡論與西周年代學有關
的幾件器物》，朱鳳瀚主編《新出金文與西周歷史》，上海：上海古籍出版社，

王前後的番匊生壺（《集成》09705）接近。因此，我們更傾向於將師兌諸器定爲屬王前後的觀點。

畢鮮簋僅存拓片，銘文曰：「畢鮮作皇祖益公尊簋，用祈眉壽魯休，鮮其萬年子子孫孫永寶用。」此件簋的具體年代已不可考，是畢氏名鮮者爲其祖先益公所作的器物。馬承源認爲器主稱益公爲皇祖，畢鮮與盉應該是兄弟輩，[註175] 非是。也有學者認爲畢鮮並非畢氏之人，而是益氏的後裔，之所以稱爲「畢鮮」，是因爲益氏的後裔改封到了畢地，改封之後的畢氏與文王之後的畢氏不是同一家族。[註176] 楊亞長已指出其錯誤之處，但楊文認爲此銘文中的益公與佣伯再簋中的益公是同一人，在佣伯再簋中益公嘉勉了畢姬的夫君佣伯再，便推測益公是畢姬的父親、佣伯再的岳父。[註177] 這種理解是不對的。我們認爲佣伯再簋中的「益公」是生稱，與畢鮮簋中的「益公」是死諡是不一樣的，畢鮮和盉的祖父稱「益公」，其中「益」應是他們祖先的諡號，諡號相同只是巧合而已，西周金文中還有一件舉簋（《集成》04153），銘文曰：「舉作皇祖益公、文公、武伯，皇考恭伯𤔲彝，其熙熙，萬年無疆……」。舉的先祖之一也稱作益公，可見諡號爲「益公」者並非一人。

畢伯克鼎 2007 年在陝西韓城市梁帶村兩周墓地 M502 號墓出土，此鼎窄沿方唇，口沿上有一對立耳，腹部呈半球狀，蹄足，口沿下飾一周大小相間的重環紋，腹部飾垂鱗紋。發掘者聯繫墓葬的規格、臨近墓葬之間的關係以及同墓出土的其他器物，認爲 M502 的年代可能屬於宣王早期。這座墓地是芮國的墓地，畢氏的器物卻出土於芮國墓地，可能是芮、畢兩國族關係密切，此器物可能是賵葬之器或其他原因。[註178] 也有學者提出不同的看法，其依據是《史記·魏世家》中「〔畢〕其後絕封，爲庶人，或在中國，或在夷狄。其苗裔曰畢萬，事晉獻公」的相關記載，認爲畢伯克鼎是一件祭器，不可能作爲「賵葬之器」送給別人，她懷疑是因爲畢氏在厲宣時期捲入國人暴動的

2011 年 7 月，38～45 頁。

[註175] 馬承源主編：《商周青銅器銘文選》第三卷，北京：文物出版社，1988 年 4 月，330 頁。

[註176] 韓巍：《眉縣盉器群的族姓、年代及相關問題》，《考古與文物》2007 年第 4 期，17～18 頁。

[註177] 楊亞長：《再說金文所見之益公——兼與韓巍先生商榷》，《考古與文物》2009 年第 5 期，62 轉 67 頁。

[註178] 陝西省考古研究院、渭南市文物保護考古研究所、韓城市文物旅遊局：《陝西韓城梁帶村墓地北區 2007 年發掘簡報》，《文物》2010 年第 6 期，18～19 頁。

政變而被「絕封」時攜帶到芮國的。〔註179〕這種說法也有一定道理，但還需要更多的材料驗證。

畢伯克鼎銘文曰：「畢伯克肇作朕丕顯皇祖受命畢公䵼彝，用追享丂（孝），子孫永寶用。」銘文的特別之處在於稱呼先祖時用的是「受命畢公」，說明「畢公」是受天子之命的，這對研究西周時期受命者的身份以及稱謂的表達很有啓發意義。張天恩認爲銘文中的畢公應指畢公高。〔註180〕陳穎飛對「受命」一詞進行了詳細的闡釋，她認爲此銘文中的「受命」應該是指「周王封邦祚土給畢公的冊命」，與《詩經·韓奕》中的「韓侯受命」、《秦公鎛》中的「朕皇祖受天命，肇有下國」語義相同。〔註181〕這一看法是很正確的，銘文中稱「受命畢公」大概是因爲畢伯克爲了強調自己是爲「受命」畢公而非別的畢公作祭器，那麼這位畢公指畢公高是沒有疑問的。

以上我們討論了西周時期畢氏家族的相關器物，目前所見最早的一件畢氏家族器物應是康王時期的史話簋，畢公任作冊一職，又被稱爲「公太史」，他的兒子楷伯被封於楷地，還有一子造也爲畢公作過祭器。西周中期見於銘文的畢氏人物有楷仲之子孫段，段生活的年代大約在穆王時期。西周晚期銘文中的畢氏人物主要有畢叔、畢鮮和畢伯克。姬姓畢氏在西周早期和媿姓佣氏有聯姻關係。

春秋戰國時期也有一些散見的器物屬於畢氏家族，如春秋晚期的邵黛鐘（《集成》00225～00237），這套編鐘於19世紀在山西榮合縣后土祠村出土，銘文曰：「唯正月初吉丁亥，邵黛曰：余畢公之孫，邵伯之子，余頡岡事君，余戰其武，作爲余鐘，玄鏐鏽鋁。」邵黛說自己是「畢公之孫，邵伯之子」，王國維對此有一段很好的考釋，他說：「余謂邵即《春秋左氏傳》晉呂甥之呂也。呂甥一名瑕呂飴甥，一云陰飴甥，瑕、呂、陰皆晉邑。呂甥既亡，地爲魏氏所有，此邵伯、邵䙡，皆魏氏也。……魏氏出於畢公，此器云畢公之孫，邵伯之子，其爲邵錡後人所作，彰彰明矣。」〔註182〕《史記·魏世家》曰：「畢

〔註179〕陳穎飛：《清華簡畢公高、畢桓與西周畢氏》，《中國國家博物館館刊》，2012年第6期，38頁。

〔註180〕張天恩：《論畢伯鼎銘文的有關問題》，載中國考古學會：《中國考古學會第十一次年會論文集（2008）》，北京：文物出版社，2010年10月，204頁。

〔註181〕陳穎飛：《清華簡畢公高、畢桓與西周畢氏》，《中國國家博物館館刊》，2012年第6期，38頁。

〔註182〕王國維：《觀堂集林·邵鐘跋》，北京：中華書局，2006年8月，891～893頁。

萬事晉獻公……以魏封畢萬爲大夫……魏悼子徙治霍。」《元和郡縣志》云：「悼子徙霍，或治於呂，故遂以呂爲氏。」畢公是呂氏的始祖，邵伯即呂伯，也就是魏悼子呂錡。〔註183〕

　　此外，1996 年洛陽市文物工作隊在洛陽唐宮路小學 C1M5560 的戰國墓地發現了一件畢公的玉戈，這件玉戈援的兩面都刻有銘文，《簡報》的作者將銘文的內容隸定爲「畢公」和「左徒」，并認爲「畢公左徒」是「畢公左軍步卒」，墓主是「畢公左軍的步卒統領」。〔註184〕 左的下一字作「」形，王子揚指出此字應釋爲「御」，「畢公左御」是並列結構，「左御」是畢公的職官名稱。這件玉戈應是畢公擔任左御一職時鑄造的。聯繫畢公左御這個墓主人，這座墓葬所處的位置——東周王城內王陵區域和墓葬中出土的豐富的隨葬品才能得以合理的解釋。〔註185〕 我們很同意他的提法。從以上這兩件器物，可以看出畢氏家族在春秋戰國時期雖不及西周初年那樣顯赫，但依舊擁有較高的權勢和地位。

三、畢公家族封於黎國的一支楷氏

　　「楷」字在金文中作「」（楷仲鼎，《近出》第二編 237）、「」（楷叔㚤父鬲，《集成》00542）、「」（方簋蓋，《集成》04139）、「」（叔㒳觶，《集成》06486）、「」（楷侯壺，《集成》09553）等形，一般隸定爲「楷」或「楷」。2006 年山西省考古研究所在黎城縣西關村發現一座西周中晚器墓葬，其中 M8 出土一件楷侯宰□壺，學者指出「皆」、「稽」、「耆」、「黎」等字在《古文四聲韻》中韻部相同，「楷」與「黎」可以相通假，「楷侯」即「耆侯」或「黎侯」，「楷國」就是後世所稱的「耆國」或「黎國」。〔註186〕 從字的讀音和器物出土地上看是沒有問題的。

　　《（耆）夜》簡的發現爲這一論述增添了新的論證，李學勤認爲簡文「武王八年，征伐（耆），大戡（戡）之」與《尚書‧西伯戡黎》所記應

〔註183〕 參見王輝：《商周金文》，北京：文物出版社，2006 年 1 月，281～283 頁。

〔註184〕 洛陽市文物工作隊：《洛陽唐宮路小學 C1M5560 戰國墓發掘簡報》，《文物》2004 年第 7 期，25 轉 45 頁。

〔註185〕 王子揚：《「畢公左徒」玉戈小考》，《中國文字研究》2008 年第一輯（總第十輯），鄭州：大象出版社，2008 年 6 月，57～61 頁。

〔註186〕 高智、張崇寧：《西伯既戡黎——西周黎侯銅器的出土與黎國墓地的確認》，北京大學震旦古代文明研究中心：《古代文明研究通訊》總第 34 期，北京：北京大學震旦古代文明研究中心，2007 年 9 月，48～50 頁。

是同一件事，「鄯」從旨聲，「旨」是章母脂部字，「耆」是群母脂部字，「黎」是來母脂部字，故「鄯」可讀爲「耆」或者「黎」。《耆夜》簡記載武王戡黎回來後的「飲至」情形，參與者以「畢公高」爲客。正如李先生所說：「飲酒間，武王、周公都先『夜（宄或咤，意爲奠爵）爵醻畢公』，這顯然是由於畢公是伐黎的主將，功績最高。這樣我們不難解釋，周朝建立之後，將畢公一子分封到畢公征服過的黎國，並不是偶然的。」〔註187〕可見，畢公高這一族與周公旦、召公奭一樣，一支分封於外，一支留守王朝爲官。從獻簋中我們瞭解到楷伯是畢公家族分封到楷（黎）地的小宗分支，楷伯概是楷國的始封君，西周金文中還有一些楷氏的器物，下面我們將做一些梳理和討論。

（一）西周早期楷氏相關器物的梳理

西周早期有關楷氏的器物主要有奚方鼎（《集成》02729）、叔墮觶（《集成》06486）、楷叔奻父鬲（《集成》00542）和吹鼎（《集成》02179）。

奚方鼎窄沿方唇，口沿上有一對立耳，腹部呈長方體，柱足，足的上部飾以浮雕獸首和兩周弦紋，腹部四隅和四壁中央各有一條扉棱，并飾以獸面紋，兩耳上各飾一對直立之角的小龍。銘文曰：「唯二月初吉庚寅，在宗周，楷仲賞厥歔䵼（奚）遂毛兩，馬匹，對揚尹休，用作己公寶尊彝。」這件器物的年代學者多定於康王前後，銘文記載楷仲對歔䵼的賞賜，後面「對揚尹休」中的「尹」也應當指楷仲。楷仲的屬下有如此華美的鼎，楷仲的身份和地位就可見一斑了。從時代來看，楷仲應是史話簋中楷伯的弟弟。

叔墮觶器型未見，從銘文的字體看具有西周早期晚段的特徵。銘文曰：「叔墮作楷公寶彝。」楷公是叔墮之父，我們懷疑此處的楷公即楷國的始封君楷伯。

楷叔奻父鬲侈口，束頸，口沿上有一對立耳，分襠，三足下部呈柱狀，通體光素，僅頸部飾弦紋兩道。這件鬲的形制近於西周中期早段的強伯鬲（《集成》00507），但其銘文字體還明顯具有早期的特徵，因此我們認爲這件器物的年代當在昭王前後。銘文曰：「楷叔奻父作鼎。」此鬲是楷叔奻父自作器。叔墮和楷叔奻父生活的年代大約都在康王時期，都是叔字輩，又都是楷氏族人，可能是同一個人，「墮」是其私名，「奻父」是其字，爲父親作器時就直

〔註187〕李學勤：《從清華簡談到周代黎國》，《三代文明研究》，北京：商務印書館，2011年11月，34～35頁。原載《出土文獻》第1輯，中西書局，2010年。

呼其名，而自作器是就稱其字。

吹鼎器呈長方體，窄沿，方唇，立耳，柱足，腹部飾有乳釘紋，爲西周早期的典型器物。銘文曰：「吹作楷妊尊彝。」吹與楷妊的關係暫不能確知，但楷國爲畢公的小宗分支，自然應爲姬姓，金文中亦有明證，此器物就排除了是媵器的可能。吹鼎或者是吹爲其妻子所作器，或者是吹爲其母親所作器。「楷妊」應該是指妊姓女子嫁於楷國者，表明在西周時期姬姓的楷氏與妊姓也有通婚關係。吹應該是楷國的貴族。

（二）西周中期楷氏相關器物的梳理

西周中期有關楷氏的器物主要有楷侯簋蓋（《集成》04139）、楷侯壺（《集成》09553）、菁簋（《新收》1891）、楷仲鼎（《集成》02045、《近出》第二編237）、楷仲簋（《集成》03363）、師趛盨（《集成》04429）、周棘生盤（《集成》10120）和周棘生簋（《集成》03915）。

楷侯簋蓋或稱爲方簋蓋，現藏日本書道博物館。此蓋呈橢方形，上面有圈形捉手，蓋面飾直棱紋，蓋沿飾雲雷紋填地的顧首卷尾夔龍紋。銘文曰：「楷侯作姜氏寶𣪘彝，方〔註188〕事姜氏作寶簋，用永皇方身，用作文母楷妊寶簋，方其日受宝。」由銘文內容可知這位楷侯的名字叫方，其妻子爲姜姓女子，其母親爲妊姓女子。這件簋蓋的年代陳夢家定爲康王時期，張懋鎔定爲穆王前後器，〔註189〕我們認爲張說更爲有理，故從之。楷妊亦見於吹鼎，兩者是否爲同一人闕疑待考。

楷侯壺直口長頸，鼓腹，圈足，頸部有一對貫耳并飾以竊曲紋，蓋上有圈形捉手和較長的榫口。銘文曰：「楷侯作旅彝。」這件器物也是西周中期偏早的器物，與楷侯簋中的楷侯概爲同一人。

菁簋侈口，束頸，獸首耳下附有鉤狀垂珥，腹部向外傾垂，圈足，頸部飾顧首分尾的長鳥紋帶和兩個浮雕獸首，腹部飾顧首分尾的大鳥紋，圈足上飾斜角雲紋。銘文曰：「唯十月初吉壬申，馭戎大出于楷，菁搏戎，執訊獲馘。楷侯釐菁馬四匹、臣一家、貝五朋。菁揚侯休，用作楷仲好寶。」李學勤認爲「馭戎」即「朔戎」，指北方之戎。「好寶」應連讀，「好」字不能理解爲子

〔註188〕此字或釋爲「堯」，可備一說。
〔註189〕陳夢家：《西周銅器斷代》，北京：中華書局，2004年4月，129頁；張懋鎔：《新見西周金文叢考》，朱鳳瀚主編《新出金文與西周歷史》，上海：上海古籍出版社，2011年7月，30頁。

姓，應是修飾「寶」的形容詞，〔註190〕這些意見都是很正確的。銘文記載了北方戎狄侵犯楷地這一事件，著出征與戎狄進行搏鬥并有所斬獲，楷侯賞賜給著馬匹、奴隸等。「著揚侯休」的侯指賞賜他物品的楷侯，著爲了答謝楷侯，製作了這件祭祀楷仲的寶簋。李先生從形制、紋飾、字形等多個角度對這件器物的年代進行了分析，認爲它是穆王時期的器物，并認爲「著簋所祭楷仲，應該就是奚方鼎的器主，而著可能是他的兒子。」〔註191〕從這幾件器物的年代看，這種可能性很大，且這件器物中的楷侯與楷侯簋蓋、楷侯壺中楷侯概是穆王時期的同一位楷侯。

楷仲鼎目前所見有兩件，銘文內容相同，曰：「楷仲作旅彝。」還有一件楷仲簋銘文也與此相類，銘文曰「楷仲作旅。」《近出》237 件存有器型，窄沿，圓唇，索狀立耳，下腹向外傾垂，三柱足，口沿下飾一周獸面紋帶。楷仲簋弇口，附耳，下腹向外傾垂，圈足，蓋上有圈形捉手，蓋上和腹部飾弦紋兩道，圈足飾弦紋一道。這兩件器物從器型、紋飾和字體風格看，屬於西周中期早段的器物，我們暫定爲穆王前後器。他和前文所論的楷侯應是兄弟行。

師趚盨器呈橢方體，附耳，腹部微鼓，圈足下附有四個小足，蓋上有四個卷尾的夔龍形扉，蓋面、頸部和圈足均飾重環紋，腹部飾瓦紋。銘文曰：「唯王正月既朢，師趚作楷姬旅盨，子子孫其萬年永寶用。」師趚所作器還有 1 件師趚鼎（《集成》02713）和 1 件師趚鬲（《集成》00745），兩件器物銘文相差無幾，曰：「唯九月初吉庚寅，師趚作文考聖公，文母聖姬尊彝。其萬年子孫永寶用。⋮。」由銘文可知，師趚之母爲姬姓，則師趚絕非姬姓，亦證明楷氏應爲姬姓。

周棘生盤和周棘生簋銘文相同，曰：「周棘生作楷妘媵簋，其孫孫子子永寶用，⋮。」姛氏爲妘姓，此器物是周棘生爲其嫁於楷國的女兒所作的媵器，表明在西周中期姬姓的楷氏與妘姓的姛氏有過通婚關係。

（三）西周晚期楷氏相關器物的梳理

西周晚期有關楷氏的器物主要有楷侯貞盨（《通鑒》05678）和楷侯宰□壺（《近出》第二編 859），這兩件器物各有 2 件。

兩件楷侯貞盨的形制、紋飾和銘文內容相同，器呈橢圓形，弇口，鼓腹，

〔註190〕李學勤：《著簋銘文考釋》，《故宮博物院院刊》2001 年第 1 期，2～3 頁。

〔註191〕李學勤：《著簋銘文考釋》，《故宮博物院院刊》2001 年第 1 期，2～3 頁。

圈足外撇，獸首半環耳，盨蓋隆起，上有四個不相連接的曲尺形捉手，蓋沿和器口沿飾一周重環紋，蓋面和盨的腹部飾瓦楞紋，圈足上每邊各有一個長方形缺。此盨的形制、紋飾與西周晚期的善夫克盨（《集成》04465）、罟叔奐父盨（《近出》第二編 454）、仲宮父盨（《通鑑》05583）類似，是西周晚期器物無疑，大約屬屬宣時期。銘文曰：「楷侯貞作旅盨，子子孫孫永寶用。」這兩件楷侯盨均爲楷侯自作器。

　　楷侯宰□壺 2006 年出土於山西黎城縣西關村西周墓地 M8 號墓，同墓出土的還有一件楷宰仲考父鼎。楷侯宰□壺器口微微外侈，頸部有一對獸首銜環耳，鼓腹，圈足較矮，蓋上有圈形捉手並飾一周竊曲紋，頸部飾一周環帶紋，腹部整體飾瓦紋，中間間隔一周環帶紋和一周竊曲紋。這件器物的形制、紋飾與山西曲沃北兆晉侯墓地所出的楊姞壺（《近出》960）極爲相似，楊姞壺的年代屬於西周晚期偏晚階段，〔註192〕這件器物的年代應與之相當。銘文曰：「楷侯宰□作寶壺，用永。」這是楷侯之宰自作器，楷侯宰□壺是目前所見西周時期楷國的最晚一件器物。

　　從以上器物來看，目前所見楷（黎）國這一支的族人中，人物稱謂分別有楷伯、楷公、楷侯、楷仲、楷叔等。由《耆夜》簡可知，畢公高在征伐黎地的戰役中立下了赫赫戰功，所以在分封時就將黎地封給了畢公高之子，通過獻簋我們知道楷伯是楷國的第一代國君，獻作爲其家臣受到楷伯的賞賜，并言「十世不忘獻身在畢公家」。由叔徝觶可知楷伯在去世後被尊稱爲楷公。西周早期楷氏家族較爲活躍的人物還有楷仲、楷叔㲉父（叔徝）、吹等，楷仲、楷叔是楷伯的弟弟，但吹目前只能說是楷氏的一個貴族，與楷伯的關係暫不能確知。到了西周中期，楷國的國君稱爲楷侯，他的弟弟稱爲楷仲，目前所見的兩件楷仲鼎都是楷仲自作器。由西周中期的師趛盨、周棘生簋可以看出姬姓的楷氏與妊姓、妘姓的國家有過通婚關係。

　　西周晚期楷氏家族的器物主要是屬宣時期的楷侯貞所作器和楷侯之宰□所作的 2 件器物，楷國有自己的宰說明在西周晚期畢氏的這一支族依然很有勢力。但到了春秋時期就大不如以前了，《詩經》和《左傳》中都有相關記載。春秋戰國之際有一件楷侯遳逆簋，銘文曰：「楷侯遳逆作簋，永壽用之。」這是目前我們所見到的稱作楷侯的器物中最晚的一件。

〔註192〕王世民、陳公柔、張長壽：《西周青銅器分期斷代研究》，北京：文物出版社，1999 年 11 月，135～136 頁。

四、西周金文中畢公家族的世系

通過上面的討論，我們將畢公家族的世系分列兩表。畢公家族畿內一支人物世系如下：

周王世系	畢氏世系		出　　處	備　註
武、成、康	畢公（公太史）		史䉡簋、作冊魋卣、獻簋、逨鑪、畢伯克鼎	
康、昭	畢仲	逨	段簋、逨鑪	
穆王	段		段簋	西周晚期有畢鮮簋，其祖先是益公，由於年代不可確知，暫放於此。
恭、懿、孝、夷				
厲王	畢叔		七年師兌簋	
宣王	畢伯克		畢伯克鼎	

畢公家族封於楷（黎）地一支楷氏的世系：

周王世系	楷氏世系		出　　處	備　註
武、成、康	畢公		獻簋	西周早期楷氏還有一人吹，其與楷伯等人的關係待考。
康	楷伯（楷公）	楷仲	獻簋、叔䝨觶、奚方鼎	
昭	楷叔尕父（叔䝨）	楷仲	楷叔尕父鬲、菩簋	
穆	楷侯方	菩	楷侯簋蓋、楷侯壺、菩簋	
厲、宣	楷侯貞		楷侯貞盨、楷侯宰□壺	

第四節　應　氏

一、應國簡介

據典籍記載，殷時已有應國。此說法出自《竹書紀年》，後來的文獻有所引述，如《史記·梁孝王世家》中《正義》引《括地志》云：「……汲冢古文云：殷時已有應國。」《漢書·地理志》、《水經注》、《輿地廣記》等書中在徵引此條時都大同小異。甲骨卜辭中《合集》36956 曰：「庚寅卜，在䧹貞：王步于䧹，亡災。」丁山指出「䧹」即金文中的「應」字，並認為「殷時應國，

殆受封於武丁之世矣」。﹝註193﹞另有一條卜辭曰：「丙午卜，古貞：令**𢀛𤔲𤔲**王。」（《合集》18219）有學者認爲此條卜辭的「**𤔲王**」應釋爲「應王」，是應國的君長。由卜辭可知，應國和殷王朝有密切的聯繫。﹝註194﹞據此，有學者認爲武王克商後，應地被周兼併，成王封其弟於此處，便成了姬姓封國。﹝註195﹞我們認爲從甲骨卜辭中，暫不能確定殷商時期應國的地望，而且目前還沒有發現強有力的證據證明殷商時期的應國和西周時期的應國有必然的聯繫。兩者之間的關係還有待更多材料的發現和論證。

西周時期的應國，其地理位置文獻中已多有記載。《國語・鄭語》：「當成周者，南有荊蠻、申、呂、應、鄧、陳、蔡、隨、唐。」《左傳》僖公二十四年：「昔周公弔二叔之不咸，故封建親戚以蕃屏周……邗、晉、應、韓，武之穆也。」杜預注：「四國皆武王子，應國在襄陽城父縣西南。」﹝註196﹞《史記・周本紀》：「因以應爲太后養地。」《集解》引徐廣曰：「《地理志》云：應，今潁川父城縣應鄉是也。」《史記・梁孝王世家》：「於是乃封小弟以應縣。」《正義》引《括地志》云：「故應城，故應鄉也，在汝州魯山縣東四十里。」《水經注・滍水》：「……水南注入滍，滍水東徑應城南，故應鄉也，應侯之國。」《太平寰宇記》卷八汝州魯山縣：「應國在襄城父城縣西南。」據這些材料可知，應國的地理位置當在成周的南面，滍水的北面，今河南寶豐、襄城、魯山、葉縣和平頂山市一帶。

1979 年 12 月，河南省平頂山市薛莊鄉北滍村的農民在滍陽嶺的土崗上取土時，發現了一件鄧公簋，從銘文看是鄧國的國君爲嫁到應國的女兒所做的媵器。此後，隨著磚窯廠生產的進行，此處常有銅器出土。從 1986～1997 年，河南省文物考古研究所和平頂山市文物保護管理委員會聯合對這一帶地區進行了大規模的考古發掘，其中屬於應國的墓葬就有 40 餘座，主要分佈在滍陽

﹝註193﹞ 丁山：《甲骨文所見氏族及其制度》，北京：中華書局，1988 年 4 月，125～126 頁。

﹝註194﹞ 齊文心：《關於商代稱王的封國君長的探討》，《歷史研究》1985 年第 2 期，64～65 頁。

﹝註195﹞ 馬世之：《應國銅器及相關問題》，《中原文物》1986 年第 1 期，60 頁。此外，《漢書・地理志》記載：「應鄉，故國，周武王弟所封。」此說法是錯誤的，前人早已指出，茲不贅述。應國的始封君當爲武王子，成王弟。

﹝註196﹞ 杜預此注有誤。此誤胡三省早已發現，他指出「襄陽無城父縣」。據《漢書・地理志》云：「潁川有父城縣，沛郡有城父縣。」這是兩個不同的地名。參見周永珍：《西周時期的應國、鄧國銅器及地理問題》，《考古》1982 年第 1 期，49～50 頁。

嶺一帶，出土的應國具銘青銅器有 40 餘件。古應城的地理位置應在這些貴族墓地的附近，這和典籍中關於應國地望的記載基本吻合。

二、應國青銅器梳理

金文中的「應」字作「」（應公觶，《集成》06174）、「」（應侯壺，《新收》80）等形，一般隸定為「雁」。《說文・隹部》：「雁，鳥也。從隹，瘖省聲。或從人，人亦聲。，籀文雁從鳥。」「」字應為「膺」的指事字，銅器銘文中的「」讀為「應」，主要用為國名。

目前所見的帶有銘文的應國青銅器可分為三類：一類是傳世的應國器物；一類是應國墓地出土的器物；另一類是其他地區出土的應國器物。

（一）傳世的應國器物

傳世的應國器物其中一部份陳夢家在《西周銅器斷代》中已有簡單的介紹〔註197〕。陳氏所列共 12 件，都是應公的器物，包括鼎 5 件（1 件應公方鼎、2 件應公鼎和 2 件十六字應公鼎），簋 2 件，尊 2 件，壺、卣、觶各 1 件。《三代吉金文存》上還著錄有 2 件應國兵器，分別為鷹戈（《三代》）和鷹公圖劍〔註198〕（《三代》20.43.3 和 20.45.3）。另外一件應國兵器著錄於白川靜的《金文通釋》（卷一下，503 頁），名為應公戔。

除此之外，還有一些傳世的應國器物，見下表：

收　藏　地	器　　　　物
原為私人藏品	應公鼎（《新收》1438，現藏上博） 應叔鼎（《集成》02172） 應叔豖鼎（《通鑒》02452） 應鼎（《集成》01975） 應侯視〔註199〕工簋（《首陽吉金》114 頁） 應侯簋（《集成》03860） 應侯簋（《集成》04045） 應侯盨蓋（《收藏界》2005 年第 1 期 60 頁圖 4）

〔註197〕陳夢家：《西周銅器斷代》，北京：中華書局，2004 年 4 月，78 頁。

〔註198〕此兩器的「鷹」字，孫常敘認為「鷹」和「應」字是同一國名的不同寫法，參見孫常敘：《鷹公劍銘文復原和「雁」、「鷹」字說》，《考古》1962 年第 5 期，266～269 頁。

〔註199〕此字有學者讀為「見」，此從裘錫圭的觀點。參見裘錫圭：《甲骨文中的見與視》，《甲骨文發現一百周年學術研討會論文集》，台北：文史哲出版社，1998 年 5 月，1～5 頁。

上海博物館〔註 200〕	應侯視工鼎（《新收》1456） 應侯匜（《新收》1458）
北京保利藝術博物館〔註 201〕	應侯視工簋甲（《新收》78） 應侯視工簋乙（《新收》79） 再簋（《近出》485） 應侯壺（《新收》80） 應侯壺（《新收》81） 應侯盤（《新收》77） 應侯視工鐘（《新收》82） 應侯視工鐘（《新收》83）
南陽市博物館〔註 202〕	丁兒鼎蓋（《近出》351）
日本東京書道博物館〔註 203〕	應侯視工鐘（《集成》00108）

（二）應國墓地出土的器物

應國墓地出土的器物可分為兩類：一類是在北滍村附近偶然所得，另一類是科學考古發掘應國墓地所得。

現將偶然所得的銅器依時間順序列於下表：

時　間	器　　　物	備　　註
1979.12〔註 204〕	邓公簋 A（《集成》03775）	村民在滍陽鎮西門外義學崗取土時出土
1980.5〔註 205〕	邓公簋 B（《集成》03776）	同上
1982.11〔註 206〕	應史鼎（《近出》288）	同上

〔註 200〕 陳佩芬：《夏商周青銅器研究・西周卷》，上海：上海古籍出版社，2005 年 2月，分別爲 413～415、506～507 頁。
〔註 201〕 此項所列器物見於保利藝術博物館：《保利藏金》，廣州：嶺南美術出版社，1999 年 9 月；或《保利藏金》續，廣州：嶺南美術出版社，2001 年 12 月。應侯視工簋，見於《保利藏金》續，122～127 頁；再簋，見於《保利藏金》，73～78 頁；應侯壺，見於《保利藏金》續，148～155 頁；應侯盤，見於《保利藏金》，113～116 頁；應侯視工鐘，見於《保利藏金》續，156～159 頁。
〔註 202〕 徐英俊：《南陽博物館徵集一件應國銅器》，《文物》1993 年第 3 期，93～94頁。
〔註 203〕 韌松：《記陝西藍田縣新出土的應侯鐘》一文補正，《文物》1977 年第 8 期，27～28 頁。
〔註 204〕 平頂山市文管會：《河南平頂山市發現西周銅簋》，《考古》1981 年第 4 期，370 頁轉 314 頁。
〔註 205〕 張肇武：《河南平頂山市又出土一件鄧公簋》，《考古與文物》1983 年第 1 期。
〔註 206〕 平頂山市文管會：《河南平頂山市出土西周應國青銅器》，《文物》1984 年第

	應史簋（《集成》03442） 應史爵（《集成》09048） 應史觶（《集成》06469）	
1984.4〔註207〕	邓公簋 C（《近出》457） 邓公簋 D（《近出》458） 丞虎鼎（《集成》02437）	同上
1985.4〔註208〕	伯鼎（《近出》269） 芧壺（《近出》584）	北滍村村民修魚塘時發現
1988.4〔註209〕	應侯鼎（《新收》61） 應姚鬲（《新收》57） 應姚簋（《新收》58，共 3 件） 應姚盤（《新收》59） 應侯匜（《新收》60）	平頂山市郊區公安局繳獲
2000.9〔註210〕	應侯鼎（《中原文物》2010 年第 2 期 67 頁圖 2） 應侯盨（《中原文物》2010 年第 2 期 68 頁圖 7） 應侯盨（《中原文物》2010 年第 2 期 69 頁圖 11）	河南平頂山市新華區西高皇一魚塘

　　從 1986～1997 年間，河南省文物考古研究所和平頂山市文物保護管理委員會在應國墓地進行了考古發掘，其中兩周時期的墓葬主要分佈在嶺脊上，這條黃土嶺呈南北走向，南北長 2400 米，東西寬 100 米，高出周圍地面 10 米左右。墓葬的分佈有一定的規律，即隨著時代由早到晚，位置由南向北遞進。〔註211〕考古發掘此墓地所得的應國器物見下表：

發掘時間	墓葬編號	出　　土　　器　　物
1988.11〔註212〕	M50	匍盉（《近出》943）

---

12 期，29～32 頁。

〔註207〕張肇武：《平頂山市出土周代青銅器》，《考古》1985 年第 3 期，284～286 頁。

〔註208〕平頂山市文管會：《平頂山市新出土的西周青銅器》，《中原文物》1988 年第 1 期，21～23 頁。同時發現的還有一件具銘的簋，但銘文嚴重殘泐，只能辨識「伯」、「用」兩字。

〔註209〕婁金山：《河南平頂山市出土的應國青銅器》，《考古》2003 年第 3 期，92～93 頁。

〔註210〕平頂山市文物管理局：《平頂山市西高皇魚塘撈出的一批應國銅器》，《中原文物》2010 年第 2 期，66～70 頁。

〔註211〕參見婁金山、王龍正：《應國墓地考古發掘綜述》，《平頂山師專學報》2000 年第 1 期，61～63 頁。

〔註212〕王龍正、姜濤、婁金山：《匍鴨銅盉與覜聘禮》，《文物》1998 年第 4 期，88～91 轉 95 頁。

1989.5〔註213〕	M8	應公鼎（《近出二編》292）
1991.9～10〔註214〕	M95	公作敔鼎（《新收》75，共3件，未全部發表） 公作敔簋（《新收》74，共4件，未全部發表） 應伯壺（《新收》71，共2件） 應伯盨〔註215〕（共2件） 應伯盤（拓片未發表） 侯氏鬲（共4件，拓片未發表）
1992〔註216〕	M84	應侯鼎（《近出》273） 應侯甗（《近出》157） 應侯再盨（《近出》502） 鼐尊（《近出》636） 鼐卣（《近出》601） 作嬰宮盤（《近出》1001） 作嬰宮盉（《近出》939）
1993〔註217〕	M242	柞伯簋（《近出》486）
	M7	應申姜鼎〔註218〕

（三）其他地區出土的應國器物

時　　間	地　　　點	器　　　物
1958.9〔註219〕	江西省餘干縣黃金埠中學	應監甗〔註220〕（《集成》00883）
1974.3〔註221〕	陝西省藍田縣紅星公社紅門寺	應侯視工鐘（《集成》00107）

〔註213〕河南省文物考古研究所、平頂山市文物管理局：《河南平頂山應國墓地八號墓發掘簡報》，《華夏考古》2007年第1期，20～49頁。

〔註214〕河南省文物考古研究所、平頂山市文物管理局：《平頂山應國墓地九十五號墓的發掘》，《華夏考古》1992年第3期，92～103頁。

〔註215〕拓片見王蘊智、陳淑娟：《應國有銘青銅器的初步考察》圖6.3，《中原文物》2008年第4期，65頁。

〔註216〕河南省文物考古研究所、平頂山市文物管理委員會：《平頂山應國墓地八十四號墓發掘簡報》，《文物》1998年第9期，4～17頁。

〔註217〕王龍正、姜濤、袁俊傑：《新發現的柞伯簋及其銘文考釋》，《文物》1998年第9期，53～58頁。

〔註218〕未見拓片，銘文見徐錫臺：《應、申、鄧、柞等國銅器銘文考察》，《容庚先生百年誕辰紀念文集》，廣州：廣東人民出版社，1998年4月，352頁。

〔註219〕朱心持：《江西餘干黃金埠出土銅甗》，《考古》1960年第2期，44頁。

〔註220〕應監甗共有兩件，銘文稍有不同。另一件2008年8月見於西安，未見著錄，《通鑒》編號爲3322。

〔註221〕韌松、樊維岳：《記陝西藍田縣新出土的應侯鐘》，《文物》1975年第10期，68～69頁。

從上表可以看出，在應國具銘的器物中，傳世的器物共 35 件，應國墓地出土的器物共 48 件，其他地區出土的應國器物有 2 件，總計 85 件。

三、應國國君世系的探討

應國的姓氏，《左傳》僖公二十四年載：「……邢、晉、應、韓，武之穆也。」應爲姬姓無異議。以下我們只討論與應國國君世系相關的一些器物。

這些銅器中時代較早的是應監甗和部份應公的器物。陳夢家認爲他所列的應公諸器都是一時所作，當在西周初。〔註 222〕但綜合這些器物各方面的信息，應公器物的時代還是有些許差別的。

關於應監甗，因爲銘文的解讀關係到對西周歷史政治和社會形態的理解，所以討論者眾多，各家眾說紛紜，歸納起來大致有以下幾種觀點：一種認爲應監甗既然出土於江西餘干縣，且古地名相同者頗多，此「應」當與姬姓的應國無涉，是周公定東夷之後，周王在江西北部應地設的監；〔註 223〕另一種認爲應監是周王派往應地的監國者，或認爲應國便是由此發展而來的，後稱爲應公或應侯。〔註 224〕一種認爲應監當是人名或官名，與應侯、應公無關。〔註 225〕

應監甗共有 2 件，其中一件雖在江西發現，但據相關報導該器發現時三款足有一足曾斷，後經焊接。有學者推測該器早年出土於其他地方，經過家藏，後因離開時不便攜帶暫時埋藏於地下。〔註 226〕所以此器的應不一定就指江西的應地。另一件應監甗 2008 年見於西安，銘文曰：「應監作寶尊彝，其萬年永用。」此件器物從器型和字體來看，是西周晚期的器物。如果應監是

〔註 222〕陳夢家：《西周銅器斷代》，北京：中華書局，2004 年 4 月，78 頁。

〔註 223〕李學勤：《應監甗新解》，《江西歷史文物》1987 年第 1 期，23～25 頁。

〔註 224〕徐中舒：《西周史論述（上）》，《四川大學學報》（哲社版）1979 年第 3 期，97 頁；伍仕謙：《論西周初年的監國制度》，《人文雜誌》（叢刊）第二輯，120～129 頁；徐錫臺：《應、申、鄧、柞等國銅器銘文考釋》，《容庚先生百年誕辰紀念文集》，廣州：廣東人民出版社，1998 年 4 月，347～348 頁；任偉：《從「應監」諸器銘文看西周的監國制度》，《社會科學輯刊》2002 年第 5 期，102～105 頁。

〔註 225〕周永珍：《西周時期的應國、鄧國銅器及地理問題》，《考古》1982 年第 1 期，48 頁；耿鐵華：《關於西周監國制度的幾件銅器》，《考古與文物》1985 年第 4 期，57～58 頁；王蘊智、陳淑娟：《應國有銘青銅器的初步考察》，《中原文物》2008 年第 4 期，67 頁。

〔註 226〕朱心持：《江西餘干黃金埠出土銅甗》，《考古》1960 年第 2 期，44 頁。

西周初年周王派往應地的監國者，監視南土與那些商屬舊邦，後來建立應國，改稱號爲應公或應侯，爲何到了西周晚期仍有應監自作的器物？我們認爲應監與應國的國君無涉，也不是人名，最大的可能應該是職官名稱。

金文中稱「某監」的還有一些器物，如庿監鼎（《近出》297）銘曰：「庿（句）監作寶尊彝。」噩監簋（《通鑒》05384）曰：「噩（鄂）監作父辛寶彝。」仲幾父簋（《集成》03954）曰：「仲幾父使幾使于諸侯、諸監。」叔趙父爯（《集成》11719）銘曰：「叔趙父作旅爯，其寶用，榮監。」這些器物有西周早期的也有西周晚期的，我們認爲其中的「某監」都是職官名稱。

西周早期較多的是應公的器物，此處的公不是爵號，而是對國君的一種尊稱。祖先稱公，地位尊貴的人稱公，國君稱公，在銘文中是並存的。〔註227〕

應公尊〔註228〕侈口束頸，鼓腹下垂，圈足，腹部飾獸面紋。此器型與成王時小臣單觶（《集成》06512）的形制非常相似，當爲同一時期的器物。應公壺（《集成》05220）也稱應公卣，直口，鼓腹下垂，圈足，頸部飾兩道弦紋，并雕有一對浮雕羊頭。與成王時期的伯矩卣（《集成》05228）近似，屬於西周早期偏早的器物。應公卣體呈橢圓形，長子口，鼓腹下垂，圈足，頸兩側有一對鈕，套接獏頭扁提梁。蓋上和器的頸部飾夔紋，頸的前後有浮雕犧首，圈足上飾兩道弦紋。此器的形制、紋飾與成王時期的卿卣非常類似，只是蓋的頂部稍有不同。應公觶口呈橢圓形，鼓腹，圈足，有鋬。銘文僅「應公」兩字，從器型和銘文字體看屬於西周偏早階段。

應公鼎（《新收》1438）立耳，方唇，口緣爲圓角三角形，腹作分檔式，腹壁外鼓，柱足，口沿下飾兩道弦紋。與此形制相近的器物有柬鼎（《集成》02682）、獻侯鼎（《集成》02626）和旅鼎（《集成》02728），當爲成康時期的器物。

應公方鼎共有兩件，兩件鼎的器型、銘文相同。器形呈橢方形，立耳，下腹向外傾垂，四柱足，口沿下飾長鳥紋和一道弦紋。形制與北子鼎（《集成》02329）和毛公旅方鼎（《集成》02724）近似。彭裕商將此鼎定爲康王時期。〔註229〕

〔註227〕盛冬鈴：《西周銅器銘文中的人名及其對斷代的意義》，《文史》第十七輯，1983 年 6 月，35 頁。

〔註228〕器型見於黃益飛：《應國具銘銅器研究》（圖 2.1.33），中央民族大學碩士學位論文，2010 年，23 頁，肖小勇、馮時教授指導。

〔註229〕彭裕商：《西周青銅器年代綜合研究》，成都：巴蜀書社，2003 年 2 月，105 頁。

　　另有一件應叔夆鼎，器型與應公方鼎相類，蓋爲同一時期的器物。還有一件應叔鼎，僅存拓片，從字體風格看有一些筆劃還有肥筆，當是西周早期器物。應叔鼎與應叔夆鼎作器時代相近，可能爲同一人所作器，夆是應叔的私名。我們認爲應叔與這一時期的應公蓋指同一人，只是稱呼不同而已。「應公」是對國君的尊稱，「應叔」是從他是武王庶子的角度來稱呼的。

　　十六字應公鼎有兩件，立耳，鼓腹，淺分襠，柱足，腹部飾獸面紋。銘文曰：「應公作寶尊彝，曰：奄以乃弟用夙夕䵼享。」學者將此器定爲西周早期偏晚階段較爲合適。〔註230〕

　　此外還有兩件應公簋，器型相同，唯獨紋飾稍有差別，均爲侈口束頸、鼓腹，圈足，獸首雙兒，下有鉤狀垂珥。與昭王時期的小臣宅簋（《集成》04201）和章伯取簋（《集成》04169）近似，爲西周早期後段無疑。

　　西周中期偏早階段的器物主要是 M84 所出土的。據《簡報》介紹，從該墓葬出土青銅器物的種類和隨葬品來看，該墓應是一座應侯墓。〔註231〕該墓葬共出土 7 件具銘青銅器，其中有兩件器物無作器者名，暫不討論。其餘五件分別爲應侯鼎、應侯甗、應侯再盨、霝尊和霝卣。

　　應侯鼎口微斂，腹部微鼓下垂，立耳，三柱足，口沿下飾兩道弦紋。銘文曰：「應侯作旅。」此鼎與西周中期偏早階段的仲姬鼎（《文物報》2010 年 4 月 6 日圖 2）器形紋飾近同。

　　應侯甗侈口束頸，斂腹，立耳，鬲的部份爲分檔，三柱足，口沿下飾兩道弦紋，鬲上飾獸面紋。銘文曰：「應侯作旅彝。」與此甗相類的有遇甗和 1974 年 12 月陝西寶雞市茹家莊 1 號墓出土的𢎜伯甗等，具有鮮明的穆王時器的特徵。

　　應侯再盨呈橢方體，直口，鼓腹，獸首耳，耳下有垂珥，圈足，器上有子口蓋，蓋上有四個底部相連的矩形捉手，器身和蓋上均飾長尾鳥紋。此種紋飾多見於穆恭時期的器物。銘文曰：

　　　　應侯再肇作厥丕顯文考釐公尊彝，用妥朋友，用寧多福，再其
　　萬年永寶。

再爲應侯的私名，此盨與應侯鼎、應侯甗當爲同一人所作器。從銘文中可以

〔註230〕 朱鳳瀚：《中國青銅器綜論》，上海：上海古籍出版社，2009 年 12 月，1355頁。《通鑒》亦持此觀點。

〔註231〕 河南省文物考古研究所、平頂山市文物管理委員會：《平頂山應國墓地八十四號墓發掘簡報》，《文物》1998 年第 9 期，16 頁。

看出這是應侯再爲他的亡父釐公所做的祭器，釐公是他父親的諡號。

此墓葬中另外兩件有明確作器者的器物是䚷尊和䚷卣，銘文內容相同，曰：「䚷肇諆作寶尊彝，用夙夕享考（孝）。」《簡報》中提到有學者認爲作器者「䚷」从再任聲，應是再字的異體，作器者也是應侯再。〔註232〕這個意見是很正確的。金文中同一個人名用異體字表示的現象較爲常見，如召鼎中有一人名「䟗」，此字在同一篇銘文中又作「䚃」、「䝅」等形。

近年保利藝術博物館收購了一件再簋，腹微鼓傾垂，獸首雙耳下有垂珥，圈足下有三個獸面扁足，器上有子口蓋，圓形捉手。器蓋同銘，銘文曰：

　　唯王十又二月初吉丁亥，王在姑。王弗忘應公室，**淢宝再身**，
　賜貝卅朋，馬四匹。再對揚王丕顯休**宝**，用作文考釐公尊彝，其萬
　年用夙夜明享，其永寶。

「淢」陳劍認爲當與「寵」、「光」、「休」一類字意義相近，「宝」讀爲光寵的「寵」，「淢宝」爲近義連用。〔註233〕李家浩將此銘文內容與盠駒尊（《集成》06011）「王弗忘厥舊宗小子，龏皇盠身」句對讀，認爲「龏皇」和「淢宝」都是周王對臣下的讚美之辭。〔註234〕銘文記述再受到了周王的讚美和賞賜，爲紀念此事，製作了這件用於祭祀他的亡父釐公的彝器。再簋和應侯再盨都是爲亡父釐公所作的祭器，並且都是應國的器物，所以此簋的再即應侯再盨的應侯再。

應侯視工鼎2000年由上海博物館購藏，侈口折沿，腹呈半球形，立耳，蹄足，腹部飾一道弦紋。銘文曰：

　　用南夷屮敢作非良，廣伐南國。王令應侯視工曰：「政（征）伐
　屮。」我□□厰（翦）〔註235〕伐南夷屮，我多孚（俘）戈〔註236〕，

〔註232〕同上，12～13頁。

〔註233〕陳劍：《釋「琮」及相關諸字》，《甲骨金文考釋論集》，北京：線裝書局，2007年4月，285～291頁。

〔註234〕李家浩：《應國再簋銘文考釋》，《文物》1999年第9期，83～84頁。

〔註235〕「厰」字的釋讀較多異議，我們暫從劉釗的觀點。參見劉釗：《利用郭店楚簡字形考釋金文一例》，《古文字研究》第二十四輯，北京：中華書局，2002年7月，278～279頁。

〔註236〕此銘文的隸定參見黃師：《柞伯鼎銘文補釋》，《中國文字》新三十二期，台北：藝文印書館，2005年12月，38頁；謝明文：《攻研雜志（四）——讀〈首陽吉金〉札記之一》，復旦大學出土文獻與古文字研究中心網站，http://www.gwz.fudan.edu.cn/SrcShow.asp?Src_ID=530，2008年10月23日。

余用作朕剌考武侯尊鼎。用祈晹眉壽永令，子子孫孫其永寶用享。
應侯視工應理解爲一代應侯私名叫視工。〔註237〕應侯視工鼎記載因爲南夷屮敢有所不善，大舉進犯周朝的南土地區，王命令應侯視工征伐南夷屮，此次戰爭取得了勝利并多有俘獲。爲了紀念此事，應侯視工製作了這件用於祭祀烈考武侯的鼎。「武侯」是應侯視工亡父的謚號。

《首陽吉金──胡盈瑩范季融中國古代青銅器》一書中著錄了一件應侯視工簋，歛口鼓腹，圈足下有三個獸面扁足，一對獸首耳，下有垂珥，蓋上、器口和圈足上均飾有回紋，腹部還飾有瓦溝紋。銘文可與應侯視工鼎對讀，銘曰：

（器銘）應侯作姬遪（原）母尊簋，其萬年永寶用。

（蓋銘）唯正月初吉丁亥，王若曰：應侯視工，𢀛淮南夷屮敢尃

（薄）厥眾鬵（魯），敢加興作戎，廣伐南國。王命應侯正（征）伐

淮南夷屮。休，克厥（翦）伐南夷，我孚（俘）戈，余弗敢且（沮），

余用作朕王姑單姬尊簋。姑氏用賜眉壽永命，子子孫孫永寶用享。

應侯視工簋蓋銘亦可與師袁簋（《集成》04313）對讀，銘文用詞頗多相似之處。「敢尃（薄）厥眾鬵（魯）」與師袁簋的「敢博（薄）厥眾叚（暇）」意思相近。李學勤認爲「鬵」讀爲「胥」訓爲「皆」，或認爲此字即「鰈」字，我們認爲隸作「鬵」，通「魯」較符合原拓上的字形，至於「魯」上的「目」形，謝明文認爲是受前一「眾」的類化所致，是較符合金文的實際情況的。〔註238〕郭沫若解釋爲「迫其眾使暇」。〔註239〕「余弗敢且（沮）」與師袁簋的「余弗叚（暇）組（沮）」、牆盤（《集成》10175）的「弗敢取（沮）」和耳卣（《集成》05384）「弗敢且（沮）」相近。裘錫圭將「取」、「且」都讀爲「沮」，訓

<hr>

〔註237〕有學者把「應侯視工」釋讀爲「應侯見工」，并認爲「見工」即「見事」，參見靳松、樊維岳：《記陝西藍田縣出土的應侯鐘》，《文物》1975 年第 10 期，69 頁。吳鎮烽、尚志儒已指出其錯誤，參見吳鎮烽、尚志儒：《關於應侯鐘「見工」一詞》的解釋，《文物》1977 年第 8 期，28 頁。

〔註238〕各家觀點分別見於王龍正、劉曉紅、曹國朋：《新見應侯見工簋銘文考釋》，《中原文物》2009 年第 5 期，54～55 頁；趙燕姣：《應侯見工簋銘文補釋》，《新出金文與西周歷史》，上海：上海古籍出版社，2011 年 7 月，294 頁；謝明文：《攻研雜志（四）──讀〈首陽吉金〉札記之一》，復旦大學出土文獻與古文字研究中心網站，http://www.gwz.fudan.edu.cn/SrcShow.asp?Src_ID=530，2008 年 10 月 23 日。

〔註239〕郭沫若：《兩周金文辭大系圖錄考釋》，北京：科學出版社，2002 年 10 月，146 頁。

44

爲「止」、「壞」。〔註240〕有學者認爲「弗叚組」可解釋爲「不敢懈怠」。〔註241〕據此，銘文大意已基本可通，所記內容與應侯視工鼎相似，不過此器是應侯視工爲王姑單姬所做的祭器。

「王姑單姬」一語中，「王姑」修飾「單姬」，單姬是姬姓女子嫁於單氏者。「王姑」這一稱謂金文中還有他例，如：伯庶父簋（《集成》03983）：「伯庶父作王姑凡姜尊簋。」有學者認爲「王姑」爲祖父的妹妹，〔註242〕這是不對的。金文中亦有稱「文姑」者，見於庚嬴卣（《集成》05426）和婦闌鼎（《集成》02403），「姑」前面的詞語當爲修飾語。李學勤認爲「王姑」的「王」通「皇」，訓爲「大」，「姑」爲父之姊妹，名爲「單姬」，我們認爲這個意見是很正確的。但他懷疑「𤰔」字不是「單」字，而是「曽」的省寫，此處指姑姓的曽氏。〔註243〕我們覺得還有可商之處。此簋中「𤰔」字的字形與以往所見稍有差別，金文中以往所見「單」字的寫法大致可歸爲三類字形，𤰔（逑盤，《新收》757）、𤰔（單伯鬲，《集成》00737）、𤰔（王盉，《集成》09438），這些字形所不同的就是橫筆的有無和位置問題，我們認爲這只是書寫時繁簡的差別，當釋爲同一個字。

此簋蓋銘文顯示的是應侯視工爲嫁於單氏的姑母所做的祭器，應國爲姬姓，單氏也是姬姓。但周代實行的是「同姓不婚」的制度，對於這個問題，除了李先生的觀點外，目前還有兩種解釋：一種認爲西周時期存在非姬姓的單氏，另一種認爲雖然是同姓通婚，但單氏與姬姓世族之間的血緣關係比較疏遠。〔註244〕單氏爲姬姓在傳世文獻和出土器物銘文中都能找到證據，《元和

〔註240〕裘錫圭：《史墻盤銘解釋》，《古文字論集》，北京：中華書局，1992年8月，380頁。原載《文物》1987年第3期。
〔註241〕參見孟蓬生：《師袁簋「弗叚（暇）組」新解》，復旦大學出土文獻與古文字研究中心網站，http://www.gwz.fudan.edu.cn/SrcShow.asp?Src_ID=705，2009年2月25日；沈培：《再談西周金文「叚」表示情態的用法》，復旦大學出土文獻與古文字研究中心網站，http://www.gwz.fudan.edu.cn/SrcShow.asp?Src_ID=1186，2010年6月16日。
〔註242〕王龍正、劉曉紅、曹國朋：《新見應侯見工簋銘文考釋》，《中原文物》2009年第5期，56頁。
〔註243〕李學勤：《〈首陽吉金〉應侯簋考釋》，《通向文明之路》，北京：商務印書館，2010年4月，190頁。原載香港浸會大學《人文中國》。
〔註244〕趙燕姣：《應侯見工簋銘文補釋》，《新出金文與西周歷史》，上海：上海古籍出版社，2011年7月，295頁；韓巍：《讀〈首陽吉金〉瑣記六則》，《新出金文與西周歷史》，上海：上海古籍出版社，2011年7月，222～223頁。

姓纂》卷四：「周成王封少子臻於單邑。」2003 年 1 月在陝西眉縣楊家村發現一處西周窖藏，出土了一批逨的器物，也能間接說明單爲姬姓。而非姬姓的單氏則顯得證據不足。同姓不婚的禮制在周代是被較爲嚴格的遵守的，但並不是沒有例外。此處也不排除是這種例外的可能性，至於深層次的原因現在還沒有足夠的材料，我們暫時闕疑待考。

應侯視工簋蓋銘曰：「余用作朕王姑單姬尊簋。」器銘曰：「應侯作姬原母尊簋。」器、蓋都是應侯爲姬姓的女子所做，但兩者是否爲同一人還不能確知。傳世器中有一件應侯簋（《集成》03860），器物已失傳，僅存摹繪的圖形和摹本。從繪圖上看該簋的形制、紋飾與應侯視工簋十分接近，只是圈足下沒有小足，蓋上的紋飾稍有差別而已。器、蓋同銘，銘文曰：「應侯作姬邍（原）母尊簋，其萬年永寶用。」從器型、紋飾到銘文內容來看，此簋與應侯視工簋當爲同一人所作器，應侯即指應侯視工。應侯視工簋器、蓋銘文不同，有可能器、蓋不是原配的，或者因爲器型太過近似而導致錯放。

保利藝術博物館近年也收購了兩件應侯視工簋，形制、紋飾和銘文內容全同。器口微斂，鼓腹，圈足外侈，下面還鑄有三個小足，獸首銜環耳，蓋上有圓形捉手，器和蓋均飾直棱紋。銘文曰（器、蓋同銘）：

> 唯正月初吉丁亥，王在赈，饗醴（醴）〔註245〕。應侯視工會（侑），
> 賜玉五穀（穀），馬四匹，矢三千。敢對揚天子休釐，用作皇考武侯
> 尊簋，用賜眉壽永命，子子孫孫永寶。

銘文記載王在赈地設盛禮宴饗應侯視工，應侯視工與周王相酬酢。事後周王賞賜了應侯視工，爲稱揚答謝天子的賞賜，應侯視工製作了這件祭祀皇考武侯的寶簋。武侯是應侯視工亡父的諡號，亦見於應侯視工鼎。

目前所見應侯視工的器物還有四件應侯視工鐘，其中 1974 年 3 月陝西藍田縣紅星公社紅門寺出土的鐘與保利藝術博物館購藏的鐘除了大小有區別外，器物的形制、紋飾和銘文全同。藍田出土的那件鐘的最末一句和日本書道博物館藏的那件鐘銘文內容正好可以銜接。〔註246〕銘文曰：

> 唯正二月初吉，王歸自成周，應侯視工遺王于周。辛未，王格
> 于康宮，榮伯內（入）右應侯見工，賜弓（彤弓）一、彤（彤矢）百、

〔註245〕此從裘錫圭的觀點，參見裘錫圭：《應侯視工簋補釋》，《文物》2002 年第 7 期，72～74 頁。

〔註246〕靳松：《記陝西藍田縣新出土的應侯鐘》一文補正，《文物》1977 年第 8 期，27～28 頁。

馬四匹。視工敢對揚天子休，用作朕皇祖應侯大𪓐（林）鐘，用賜
眉壽永命，子子孫孫永寶用。

此器記載了周王在宗周賞賜應侯視工，應侯視工爲稱揚天子的賞賜，製作了
這套編鐘。銘文中右者是榮伯，他是西周中晚期的重要大臣，在金文中常常
作右者，如康鼎（《集成》02786，西中）、衛簋（《集成》04209，西中）、永
盂（《集成》10322，西中）等。但金文中的榮伯不止一代，在這裡只能給我
們提供一個大致的期限。

上面我們簡單地介紹了 7 件應侯視工所作的器物，包括 1 件鼎、3 件簋和
4 件鐘。下面我們就這些器物所屬的年代做簡單的討論。

應侯視工鼎腹部呈半球狀，三個蹄足，紋飾非常簡單，這種形制的鼎主
要流行於西周晚期。陳佩芬將其定爲西周晚期器物，李朝遠定爲屬宣之際。
〔註247〕銘文內容記載的是伐淮南夷的戰爭，西周厲王時期多有征伐淮夷的戰
事，所以定爲厲王時期大致不誤。《首陽吉金》所收錄的應侯視工簋與應侯視
工鼎內容近似，年代應該在同一時期。保利藝術博物館收購的兩件應侯視工
簋，從器物的形制來看，與伯幾父簋（《集成》03765，西周中期偏晚）和叔
向父簋（《集成》03870，西晚）相似。紋飾爲直棱紋，這種紋飾西周中晚器
都很常見。銘文記載的是周王宴饗并賞賜應侯視工的事情，可能是因爲應侯
視工在征伐淮南夷的戰爭中取得了勝利，周王就嘉獎了他。它們之間的年代
應該相去不遠。關於應侯視工鐘的年代，比較有代表性的觀點有以下幾家：
馬承源定爲恭王或懿王時期；朱鳳瀚從鐘的紋飾和銘文的分佈等方面考慮將
鐘的年代定爲西周中期偏晚階段；王世民將此器定爲西周中期後段之末，即
接近於厲王的孝王、夷王時期；彭裕商定爲厲王時期，并認爲此器的榮伯與
同簋的榮伯爲同一人，即厲王時期的榮夷公；李學勤定爲厲王的早年。〔註248〕

〔註247〕各家觀點見於陳佩芬：《夏商周青銅器研究·西周篇》，上海：上海古籍出版
　　　　社，2005 年 2 月，414 頁；李朝遠：《應侯見工鼎》，《青銅器學步集》，北京：
　　　　文物出版社，2007 年 8 月，291～292 頁。原載《上海博物館集刊》第 10 期，
　　　　上海：上海書畫出版社，2005 年。

〔註248〕各家觀點分別見於馬承源主編：《商周青銅器銘文選》第三卷，1988 年 4 月，
　　　　163～164 頁。朱鳳瀚：《應侯見工鐘》，《保利藏金》續，廣州：嶺南美術出
　　　　版社，2001 年 12 月，159 頁；王世民：《應侯見工鐘的組合與年代》，《保利
　　　　藏金》續，廣州：嶺南美術出版社，2001 年 12 月，257 頁；彭裕商：《西周
　　　　青銅器年代綜合研究》，成都：巴蜀書社，2003 年 2 月，415 頁；李學勤：《論
　　　　應侯視工諸器的時代》，《文物中的古文明》，北京：商務印書館，2008 年 10

綜合各方面來看，應侯視工鐘的時代要稍早於應侯視工的其他器物，大概定在西周中期偏晚階段較爲合適，約略相當於孝夷時期。而應侯視工的其他器物定在厲王早年可能更接近事實。那麼，應侯視工諸器的時代當在西周中期晚段至西周晚期早段這短時間。

李家浩贊同學者把應侯視工鐘定爲共懿之際的觀點，認爲應侯視工鐘略晚於應侯再盨，應侯視工有可能是應侯再的兒子。那麼，鐘銘所說的「皇祖應侯」就是再簋和應侯再盨所說的「文考釐公」了，也就是說，釐公、再、視工有可能是祖孫三代。〔註249〕我們認爲應侯視工所作器的上限在孝夷時期，下限可能要到厲王早年，與李先生的看法稍有出入。但是因爲懿孝夷三代在位的時間很短，據《夏商周斷代工程》報告三代在位時間相加共 22 年，〔註250〕所以李先生的推論還是可以成立的。若此，應侯視工鼎和應侯視工簋中的「武侯」即應侯再盨中的「應侯再」，這一代應侯名爲再，諡號爲武侯。

應國墓地 M95 是一座有斜坡墓道的甲字型墓，隨葬器物十分豐富，出土有銘青銅器 16 件。《簡報》作者推斷墓葬的年代爲西周晚期偏早階段，後來又加以詳細論證，認爲應當定在厲王時期比較合適，墓主人的身份是諸侯級別的。M95 所涉及的人稱有公、敢、侯氏、姚氏、應伯，只有應伯是自作器，他當是墓主人。〔註251〕這 16 件有銘文的青銅器大致可以分爲 3 組，分別爲應伯作器組（包括 2 件應伯盨、2 件應伯壺和 1 件應伯盤）、侯氏作器組（4 件侯氏鬲）和公作敢器組（包括 3 件鼎和 4 件簋）。每組器物中銘文都差不多。現擇錄於下：

應伯壺：應伯作尊壺。

侯氏鬲：侯氏作姚氏尊鬲，其萬年永寶。

公作敢簋：唯八月初吉丁丑，公作敢尊簋，敢用賜眉壽永命，子子孫孫永寶用享。

月，255 頁。

〔註249〕 李家浩：《應國再簋銘文考釋》，《文物》1999 年第 9 期，95 頁。

〔註250〕 《夏商周斷代工程 1996～2000 年階段成果報告》，北京：世界圖書出版公司，2000 年 11 月，88 頁。

〔註251〕 河南省文物研究所、平頂山市文物管理委員會：《平頂山應國墓地九十五號墓的發掘》，《華夏考古》1993 年第 3 期，102 頁。王龍正：平頂山應國墓地九十五號墓年代、墓主及相關問題，《華夏考古》1995 年第 4 期，68～71 頁。

「應伯」這一稱謂是「國名＋伯」的稱謂方式，金文中的「某伯」究竟是爵稱還是行輩目前還難以判斷。有學者認爲「周代實行嫡長子繼承制，『某伯』一稱往往可兼有諸侯之伯與行輩之伯的兩重意義。金文中的常見的『某伯』，至少相當有一部份是諸侯。」〔註252〕這種意見是很正確的，從 M95 整個墓葬的情況看，確實是諸侯一級的墓葬規格，此處的「應伯」應該就是應國的某一代國君的稱呼。

「侯氏」當是以爵稱爲氏的一種稱呼，也指應國的國君而言。「侯氏作姚氏尊鬲」是應侯爲一名姚姓的女子所做的器物，這裡極可能是應侯爲妻子所作器。

公作敔器中，《簡報》中認爲公是應公的簡稱，但後來又改變了看法，認爲公是十月敔簋中敔的上司武公的可能性更大。〔註253〕爲了便於討論，我們把十月敔簋的銘文也錄於下，銘文曰：

> 唯王十月，王在成周。南淮夷遷殳内（入）伐溜、鼎𠫓泉，裕（欲）
> 敏陰陽洛。王令敔追𢓜（襲）于上洛㥽谷，至于伊。班長榜戴（載）
> 首百，執訊卅，奪孚人四百，嘼于榮伯之所。于㥽辛肂，復付厥君。
> 唯王十又一月，王格于成周太廟，武公入右敔，告擒馘百，訊卅。王
> 蔑敔曆，使尹氏受釐敔圭瓚、□貝五十朋，賜田于敔五十田，于早
> 五十田。敔敢對揚天子休，用作尊簋，敔其萬年子子孫孫永寶用。

銘文記載十月份時由於南淮夷叛亂，王命令敔去追襲，敔克敵制勝，多有俘獲。到了十一月，周王來到成周大廟，武公引導敔，敔向周王報告了戰績，周王對他進行了賞賜。武公在此篇銘文中是右者的角色。西周金文中武公還見於以下諸器：

器 名	著 錄	相關銘文	生稱／諡號
南宮柳鼎	《集成》02805，西晚	武公有（右）南宮柳即立中廷	生稱
禹鼎	《集成》02833，西晚	肆武公亦弗叚忘朕聖祖考幽大叔、懿叔；肆武公廼遣禹率公戎車百乘；雩禹以武公徒馭至于鄂；敢對揚武公丕顯耿光	生稱

〔註252〕俞偉超、高明：《周代用鼎制度研究》，《北京大學學報》1978 年第 2 期，88頁。

〔註253〕河南省文物研究所、平頂山市文物管理委員會：《平頂山應國墓地九十五號墓的發掘》，《華夏考古》1993 年第 3 期，102 頁。王龍正：平頂山應國墓地九十五號墓年代、墓主及相關問題，《華夏考古》1995 年第 4 期，69 頁。

多友鼎	《集成》02835，西晚	告追于王，命武公：「遣乃元士，羞追于京師。」武公命多友率公車，羞追于京師；武公迺獻于王。迺曰武公曰：「汝既靜京師，釐汝，賜汝土田。」丁酉，武公在獻宮	生稱
孟姬𧧧簋	《集成》04071，西晚	孟姬𧧧自作䰍簋，其用追考（孝）于其辟君武公	謚號

　　十月敔簋、南宮柳鼎、禹鼎和多友鼎都是西周晚期的器物，南宮柳鼎中武公亦爲右者，禹鼎中武公爲禹的上司，〔註254〕多友鼎中武公爲多友的上司，均爲生稱。孟姬𧧧簋中的武公有學者認爲當理解爲「孟姬之父祖輩先君，或亦可解爲其丈夫之官號。〔註255〕理解的重點是「辟」字，有學者認爲金文中婦女多稱其夫爲「辟」，義爲君。或直接理解爲「辟」是女子對丈夫的歿稱。〔註256〕我們認爲此器當理解爲孟姬𧧧爲已故的丈夫武公所做的祭器，「武公」是她丈夫的謚號。有學者認爲金文中的武公、穆公、益公、釐公等，「公」前面的字並不是氏名，而是溢美之詞。〔註257〕從上幾例武公的例子來看，我們認爲「武公」如果是生稱，「武」則爲氏名；「武公」若爲謚號，「武」則爲溢美之詞。

　　十月敔簋與禹鼎、多友鼎和南宮柳鼎是同一時期的器物，約爲厲王時器，這些器物中的武公當爲同一人，「武」是氏。〔註258〕我們認爲公作敔簋的公應該指「應公」，與厲王時期的武官武公無涉，應該指應國的國君。公作敔簋是應國國君給敔所作的器物，敔可能是他的兒子。此器的公從器物的時間上來看有可能即應侯視工。

〔註254〕陳英傑根據裘錫圭在《關於商代的宗族組織與貴族和平民兩個階級的初步研究》一文中對「伯氏」和「不其」關係的解讀，認爲「禹鼎中武公很可能是禹的宗子」。參見陳英傑：《西周金文作器用途銘辭研究》，北京：線裝書局，2009年1月，779頁。可備一說。

〔註255〕各家觀點分別見於劉彬徽：《湖北出土的兩周金文國別與年代補記》，《古文字研究》第十九輯，北京：中華書局，1992年8月，182頁。

〔註256〕分別見於李學勤：《秦懷后磬研究》，《文物》2001年第1期，55頁；黃銘崇：《論殷周金文中以「辟」爲丈夫歿稱的用法》，《中央研究院歷史語言研究所集刊》72本2分，2001年6月。

〔註257〕楊亞長：《再說金文所見之益公——兼與韓巍先生商榷》，《考古與文物》2009年第5期，62頁。

〔註258〕李學勤認爲周的武氏在西周晚期業已存在，《春秋》經傳的武氏係其後裔。參見李學勤：《論多友鼎的時代及意義》，《新出青銅器研究》，北京：文物出版社，1990年6月，129頁。原載《人文雜誌》1981年第6期。

　　王龍正認爲公作敔鼎不僅和禹鼎酷似，而且器主與十月敔簋的器主同名，推測二者的敔極可能是同一個人。也有學者認爲從十月敔簋銘文中可以看出，由敔所率領的這場戰役打仗的地方主要環繞平頂山這一帶，兩器中的敔爲同一人的可能性還是很大的。〔註259〕從器物的形制、紋飾到銘文的內容和相關器物的繫聯來看，我們比較贊同這種觀點。

　　若應伯爲 M95 的墓主人不誤的話，正如學者所說，公作敔的器物當屬敔所有，既然隨葬在應伯的墓葬中，敔和應伯當爲同一個人。〔註260〕通過以上的分析，我們認爲 M95 所出土的具銘器物中，敔、應伯、侯氏當指同一人，只是從不同的角度稱呼而已。敔與十月敔簋中的敔很可能是同一個人，屬王時期曾奉王命征伐南淮夷。公指比應伯早一代的國君，從時代上來看，有可能即應侯視工。

　　此外，還有編號爲 PY 臨 M1 出土的一批器物。據《簡報》介紹，PY 臨 M1 與 M95 的墓葬位置很近，兩墓葬的時代大致相當，均屬於西周晚期偏早階段。〔註261〕這批器物是非考古發掘出土的，1988 年 4 月由平頂山市郊區公安局繳獲。其中有銘文的共 8 件，包括 1 件應侯鼎、1 件應侯匜、2 件應姚鬲、3 件應姚簋和 1 件應姚盤，銘文內容依次錄於下：

　　　　應侯鼎：唯□月丁亥，應侯作尊鼎

　　　　應侯匜：應侯作匜，子子孫孫其永寶用。

　　　　應姚鬲：應姚作叔奡（誥）父尊鬲，其永寶用享。

　　　　應姚簋：唯七月丁亥，應姚作叔奡（誥）父尊簋，叔奡（誥）

　　父其用賜眉壽永命，子子孫永寶用享。

　　　　應姚盤：應姚作叔奡（誥）父寶盤，其萬年子子孫孫永寶用

　　享。

此墓葬所出的應侯鼎和應侯匜均爲應侯自作器，此應侯與 M95 出土的侯氏鬲中的侯氏蓋爲同一人。

〔註259〕 參見王龍正：平頂山應國墓地九十五號墓年代、墓主及相關問題，《華夏考古》1995 年第 4 期，68 頁；李學勤在清華出土文獻研究課堂上所講，2010 年 11 月 25 日。

〔註260〕 王龍正：平頂山應國墓地九十五號墓年代、墓主及相關問題，《華夏考古》1995 年第 4 期，71 頁。

〔註261〕 婁金山：《河南平頂山市出土的應國青銅器》，《考古》2003 年第 3 期，93 頁。

其餘 6 件都是應姚為叔誥父所作的器物，有學者認為「應姚」很可能即是 M95 銘文中所記侯氏為姚氏作器之「姚氏」，是姚姓女子嫁給應侯者。臨 M1 所出應姚簋、應姚鬲和應姚盤都是應姚為叔誥父所製，叔誥父是生人，很可能是應姚之子，則此墓的墓主人最大可能即是叔誥父，而不是應姚。此墓中也出有應侯所製器，正是由於叔誥是應侯與應姚之子。〔註262〕也有學者主張「姚」是應侯或應公的私名。〔註263〕另有一種觀點認為「應姚」可能是叔誥父的夫人。〔註264〕我們認為應姚當是姚姓女子嫁於應氏者，PY 臨 M1 與 M95 的時代非常接近，應姚與姚氏為同一人的可能性是比較大的，是同一人的不同稱法。但應姚與叔誥父之間的關係不好判定。金文中女子所作的器物大多為自作器，有一小部份是女子為父親所做的祭器，如祭姬簋（《集成》03978）銘曰：「祭姬作父庚尊簋。」女子為生人作器的例子較少，如吳王姬鼎（《集成》02600），銘曰：「吳王姬作南宮史叔飤鼎。」受器者與作器者之間可能是夫妻關係，也可能是父女、翁媳等關係。因此，應姚與叔誥父之間的關係目前無法確定，此處我們闕疑待考。

M8 出土一件應公鼎，口微斂，平折沿，腹向外傾垂、三蹄足、立耳，口沿下飾一周波曲紋帶，並有六個扉棱，腹部飾垂鱗紋。此鼎的形制與宣王時期的四十二年逨鼎（《近出二編》328）、大克鼎（《集成》02836）形制基本相同。垂鱗紋常見於宣王以後的器物，主要流行於宣幽二世，如虢季鼎（《近出》334）、無叀鼎（《集成》02814）等。所以此應公鼎的年代當定在宣王時期為宜。銘文曰：「應公作尊彝，𪔂珷帝日丁，子子孫孫永寶。」〔註265〕「珷帝日丁」指周武王，「日丁」蓋為武王的廟號。這也印證了《左傳》僖公二十四年的記載：「邗、晉、應、韓，武之穆也。」應公是武王的後代，他製作了這件鼎，用來祭祀自己的先王武王。

〔註262〕朱鳳瀚：《中國青銅器綜論》，上海：上海古籍出版社，2009 年 12 月，1354 頁。

〔註263〕徐錫臺：《應、申、鄧、柞等國銅器銘文考察》，《容庚先生百年誕辰紀念文集》，廣州：廣東人民出版社，1998 年 4 月，351 頁。

〔註264〕王蘊智，陳淑娟：《應國有銘青銅器的初步考察》，《中原文物》2008 年第 4 期，66 頁。

〔註265〕銘文的隸定和句讀主要參照陳絜的觀點，他認為銘文中的「𪔂鼎」當釋為一字，隸定為「𪔂」，是祭祀動詞。參見陳絜：《應公鼎銘與周代宗法》，《南開學報》（哲學社會科學版）2008 年第 6 期，8～15 頁。

四、應氏的世系

通過以上對相關銅器的分析梳理，我們現將應國國君的氏族譜系列於下表：

周王世系	應國國君世系	出　　　　處	備　　　註
成康時期	應公	應公尊、應公壺、應公卣、應公觶、應公鼎、應公方鼎、應叔鼎	或稱應叔
康昭時期	應公	十六字應公鼎、應公簋	
穆王前期	釐公	禹簋、應侯禹盨	應侯視工鐘中被稱爲皇祖應侯
穆恭時期	應侯禹	M84	謚號爲武侯
孝、夷、厲王早期	應侯視工	應侯視工鼎、應侯視工鐘、應侯視工簋	公作敔簋中稱爲公，其姞名爲單姬原母
厲王中後期	應伯	M95	又稱爲侯氏、敔或應侯
宣王時期	應公	M1	

五、餘論

從 1979 年 12 月到 1984 年 4 月期間在平頂山滍陽嶺一帶曾陸續出土了 4 件鄧公簋，銘文相同，唯字體風格稍有差異。銘文曰：「鄧公作應嫚妣媵簋，其永寶用。」鄧公應指鄧國國君，此爲鄧國國君爲嫁到應國的女兒所做的媵器，鄧國嫚姓，妣爲鄧公女兒的私名，「應嫚妣」當屬於「夫家國名＋父家姓＋私名」的結構。可以看出，西周時期應國和鄧國之間有姻親關係。

應國墓地 M7 還出土一件應申姜鼎，銘文曰：「應𤔲（申）姜作寶鼎，子子孫孫永寶。」申爲姜姓國，應申姜爲申國姜姓的女子嫁到應國者，表明應國和申國之間也有聯姻關係。

傳世器中有一件應侯簋，銘文曰：「唯正月初吉丁亥，應侯作生杙姜尊簋，其萬年子子孫孫永寶用。」此器是應國國君爲其夫人生杙姜所作的寶簋，生杙姜是姜姓的女子。只是我們從銘文中看不出該女子出自哪個國家。

目前所發現的應國銅器多屬於西周時期，春秋時期應國的器物目前僅見一件，即丁兒鼎蓋，銘文曰：「唯正七月壬午，應侯之孫丁兒擇其吉金，玄鏐鑪鋁，自作飤盨，眉壽無期，永保用之。」此器是目前所見應國器物中最晚的一件。從前面的分析也可看出，在西周時期，應國與周王朝來往十分頻

繁，並在抵禦淮夷的戰爭中發揮了重要的作用，在當時應該是很重要且頗具地位的一個諸侯封國。但進入春秋以後不僅出土器物急劇減少，經傳中也少有記載。顧棟高在應國條下謂：「不知何年絕封，地入周，後入秦，《史記》赧王四十五年客謂周最以應為秦太后養地是也。」〔註266〕何浩認為「應地與申、繒等地一起，在楚國『封畛於汝』的同一時期內為楚所占，這實際上表明應國已為楚滅。」他把楚國滅應的時間定在楚文王時期。〔註267〕蓋應地先為楚國所滅而後又入於秦國。

第五節　虢　氏

一、虢國簡介

　　虢國是周代重要的姬姓封國，周武王克商以後封文王母弟虢仲、虢叔於東、西兩國。《左傳》僖公五年：「虢仲、虢叔，王季之穆也，為文王卿士，勳在王室，藏於盟府。」《尚書·君奭》曰：「惟文王尚克修和我有夏；亦惟有若虢叔，有若閎夭，有若散宜生，有若泰顛，有若南宮括。」《國語·晉語》：「文王敬友二虢……及其即位也，詢於八虞，而諮二虢。」《逸周書·王會篇》：「天子南面立，絻無繁露，朝服八十物，摺珽。唐叔、旬叔，周公在左，太公望在右……旁天子而立堂上……堂下之東西，郭（虢）叔掌天子菉幣焉，絻有繁露。」虢氏在當時朝中的地位可見一斑。

　　史書中關於虢國的記載頗豐，但抵牾之處也較多。先後出現過東虢、西虢、南國、北虢、小虢五個虢國。相關史料表明，西周初年只有東虢和西虢兩個虢國。學者一般認為東虢的地望在今河南滎陽境內，西虢的地望在今陝西寶雞一帶。後西虢東遷，遷至今三門峽、平陸一帶。西虢東遷以後，由於地跨黃河南、北兩岸，又被稱為南虢和北虢，其實是一個虢國。小虢是指西虢東遷之後的故地〔註268〕。

〔註266〕顧棟高：《春秋大事表·春秋列國及爵姓存滅表》，北京：中華書局，1993年6月，588頁。

〔註267〕何浩：《楚滅國研究·應國興亡史略》，武漢：武漢出版社，1989年11月，169頁。關於應國滅於何時、被何國所滅學術界眾說紛紜，我們比較贊同何浩的說法。各種異說可參見李喬：《應國歷史與地理問題考述》，《中原文物》2010年第6期，40～43頁。此處不一一贅述。

〔註268〕參見于豪亮：《陝西省扶風縣強家村出土虢季家族銅器銘文考釋》，《古文字研

20 世紀 50 年代，考古研究所在河南省三門峽地區發現了虢國墓地，這次考古發掘的成果主要見於《上村嶺虢國墓地》一書。20 世紀 90 年代，河南省文物考古研究所聯合三門峽市文物工作隊對北區的虢國墓地進行了發掘，出土了大量文物。李學勤撰文說：「三門峽這裡的虢是不是源於西虢，可說已有比較明確的答案。……這次新發掘的材料進一步證明這裡虢國公室是季氏，世系和寶雞的西虢顯然是銜接的。至於西虢之君何以稱季氏，過去鄒安曾指出，虢國宗出王季，故亦稱季氏，是可信的。」〔註269〕1974 年 12 月，陝西省扶風縣強家村出土一批西周銅器，出土銅器共計 7 件。〔註270〕2001 年河南省三門峽地區偵破了一起文物盜竊案，追繳了部份在虢國墓地盜竊的文物，這次追繳的文物共有 89 件，其中青銅器 79 件。〔註271〕這些後來又出土的器物爲我們研究虢國的歷史提供了寶貴的資料。

二、虢國相關銅器梳理和各小宗的世系

金文中的「虢」字作 、、 等形。《說文・虎部》：「虎所攫畫明文也。从虎乎聲。」此外，還有一種不太常見的寫法，作「![]」形（《集成》02830），《說文解字》中「𩫏」字既可作爲城郭的「郭」字，也可以作爲「墉」字的古文。李學勤說：「西周金文中的『𩫏』字也有同樣的兩讀，一種如毛公鼎，以『𩫏』爲『庸』，另一種如師訊鼎，應讀爲『郭』。古書常以「郭」、「虢」通用，《左傳》『郭公』即是虢公，《公羊傳》、《逸周書・王會》和《戰國策・秦策》等也都把『虢』寫作『郭』。」〔註272〕其說甚是。

究》第九輯，北京：中華書局，1984 年 1 月，272～273 頁；蔡運章：《虢國的分封與五個虢國的歷史糾葛——三門峽虢國墓地研究之三》，《中原文物》1996 年第 2 期，69～76 頁；任偉：《虢國考》，《史學月刊》2001 年第 2 期，22～27 頁；梁寧森、鄭建英：《虢國研究》，鄭州：河南人民出版社，2007 年 6 月，69～73 頁。

〔註269〕李學勤：《三門峽虢墓新發現與虢國史》，《中國文物報》1991 年 2 月 3 日。

〔註270〕吳鎮烽、雒忠如：《陝西省扶風縣強家村出土的西周銅器》，《文物》1975 年第 8 期，57～62 頁。

〔註271〕三門峽文物考古研究所、三門峽虢國博物館：《三門峽虢國墓地出土的青銅器》，《文物》2009 年第 1 期，48～53 頁。

〔註272〕李學勤：《西周中期青銅器的重要標尺——周原莊白、強家兩處青銅器窖藏的綜合研究》，《新出青銅器研究》，北京：文物出版社，1990 年 6 月，83～93 頁。原載《中國歷史博物館館刊》1979 年第 1 期。

目前所見虢國的器物大都是西虢的器物，下面我們將按虢伯、虢仲、虢叔、虢季這樣的稱謂順序對相關銅器做一梳理。

（一）虢伯諸器和虢伯一支的世系

目前所見虢伯的器物只有 3 件，1 件韋（郭）伯馭簋（《集成》04169）、1 件虢伯甗（《集成》00897）和 1 件虢伯鬲（《集成》00709）。

郭伯馭簋傳出土於西安，弇口束頸，下腹向外傾垂，圈足，獸首雙耳下有鉤狀垂珥，腹部飾以雲雷紋填地的花冠垂尾大鳥紋，圈足上飾斜角目雷紋。此簋形制、紋飾近於季魯簋（《集成》03949），應是昭穆時期的器物。銘文曰：「唯王伐逨魚，徣伐淖黑，至燎于宗周，賜郭伯馭貝十朋。敢對揚王休，用作朕文考寶尊簋，其萬年子子孫孫其永寶用。」王征伐逨魚、淖黑回來以後，對郭伯馭進行了賞賜，可能郭伯馭在這次戰事中有所作爲。

虢伯甗屬於連體式，侈口束腰，腹壁較直，扭索狀立耳，分襠鬲，款足。頸部飾竊曲紋和弦紋，鬲腹所飾獸面紋僅有雙目。屬於西周中期的器物，銘文曰：「虢伯作旅甗用。」

虢伯鬲僅存拓本，銘文曰：「虢伯作姬大母尊鬲，其萬年子子孫孫永寶用。」此器是虢伯爲一名姬姓女子所作的祭器，二者應該是父女關係。從銘文字體來看，此器應屬西周晚期的器物。這兩位虢伯應是虢國不同時代的兩個虢國族國君。

由以上的討論可知，目前所見虢伯的器物郭伯馭生活於昭穆時期，虢伯甗中的虢伯生活於西周中期，虢伯鬲中的虢伯則生活於西周晚期。

（二）虢仲諸器和虢仲一支的世系

銘文中有虢仲這一稱謂的主要有以下諸器：虢仲盨蓋（《集成》04435）、虢仲盨（《近出》第二編 447〔註273〕）、虢仲鬲（《集成》00561～00562）、虢仲鬲（《集成》00708）、虢仲簠（《新收》46）、柞伯鼎（《近出》第二編 327）、公臣簋（《集成》04184～04187）、宛簋（《集成》04202）、虢碩父簠（《近出》520）和國子碩父鬲（《近出》146～147）。

虢仲盨蓋蓋面隆起，上有四個矩形紐，蓋沿飾竊曲紋，紐上飾夔紋。銘文曰：「虢仲以王南征，伐南淮夷。在成周，作旅盨，茲盨友（有）十又二。」「以」訓爲「與」，虢仲與王一起征伐南淮夷。《後漢書・東夷傳》：「厲王無

〔註273〕虢仲盨同墓出土共 4 件，器型、紋飾、大小、銘文基本相同。

道，淮夷入寇，王命虢仲征之，不克。」郭沫若認爲：「本銘所紀即行將出征時事。」〔註274〕此後學者多從此說，認爲此銘中的虢仲即文獻所載周厲王時期的重臣虢仲。

虢仲盨1993年出土於河南三門峽上村嶺虢國墓地，據相關文章介紹，9號虢仲墓出土的青銅禮樂器有120餘件，其中有44件器物爲虢仲自作器。〔註275〕虢仲盨呈橢方形，口微斂，鼓腹圈足，一對獸首耳，蓋上有四個矩形紐，紐上飾夔龍紋，蓋沿、器口沿和圈足上飾竊曲紋，蓋面和腹部飾瓦楞紋。這種形制的盨西周晚期較爲常見。銘文曰：「虢仲作虢改寶盨，子子孫孫永寶用。」此器物是虢仲爲虢改所作的祭器，虢改是妃姓女子嫁於虢國者。吳鎮烽認爲：「由夫家所屬的國氏與女子的姓組成的婦女名，也可以由夫家人稱叫……虢國姬姓，改姓國女子嫁於虢仲爲妻，虢仲可以稱她爲虢改。」〔註276〕吳說甚是。虢改除了見於虢仲所作的器物外，亦見於蘇冶妊鼎（《集成》02526）和蘇冶妊盤（《集成》10118）。蘇冶妊鼎銘曰：「蘇冶妊作虢改魚母媵，子子孫永寶用。」蘇冶妊盤銘文與此稍有差異。蘇冶妊是妊姓女子嫁於蘇國者，這件器物是母親蘇冶妊爲女兒虢改魚母所做的媵器。學者以此類推，認爲虢改當是蘇國的女子。他說：「但此銘中的虢妃與M2009墓出土的虢仲盨中的虢妃不是一人，但應該是一個族姓。因爲凡是嫁到虢國的妃姓蘇國女子都可以成虢妃。」〔註277〕可見虢國與蘇國有互相通婚的傳統。

關於此墓葬的年代有學者認爲在西周晚期，有兩個理由：一是從墓葬的規模、形制以及出土的文物來看，這座墓葬當是一代國君虢仲的墓葬，其下葬的年代當在西周晚期厲宣之際；二是因爲在此墓葬中出土的墨書遣冊發現有「南仲」的字樣。〔註278〕我們也傾向於這種看法，結合上面的虢仲盨蓋，

這幾件器物中的虢仲應該指同一個人。學者或認爲「他就是輔佐周厲王南征
淮夷、釀成國人暴動、被史書稱爲嬖臣的虢公長父。」〔註279〕對照相關文獻，
這種說法還是可信的。

《今本竹書紀年》載：「厲王三年，淮夷侵洛，王命虢公長父伐之，不克。」
《呂氏春秋·當染》：「周厲王染於虢公長父、榮夷終。」周厲王時期，淮夷
經常作亂，周王室與淮夷之間的戰事也十分頻繁，金文中亦有明證。如噩侯
馭方鼎（《集成》02810）記載：「王南征，伐角、遹，唯還自征，在坏，鄂侯
馭方納壺于王。」禹鼎（《集成》02833）曰：「……用天降大喪于下國，亦唯
鄂侯馭方率南淮夷、東夷廣伐南國、東國，至于歷內。王迺命西六師、殷八
師曰：『翦伐鄂侯馭方，勿遺壽幼。』」翏生盨（《集成》04459）：「王征南淮
夷，伐角、溝（津），伐桐、遹。翏生從，執訊折首，俘戎器，俘金。」這幾
件都是厲王時期的器物，〔註280〕在這些周王室和淮夷的鬥爭中，虢仲也經常
被周厲王指派，指揮戰役，這在虢仲盨、柞伯鼎銘文中都有所反映。「南仲」
一名見於《詩經》，《詩經·小雅·出車》載：「王命南仲，往城于方。出車彭
彭，旂旐央央。天子命我，城彼朔方。赫赫南仲，玁狁于襄。」《詩經·大雅·
常武》載：「赫赫明明，王命卿士，南仲大祖，大師皇父。」這兩首詩都作於
宣王時期，南仲是宣王時期的大將。通過這些材料的佐證，我們認爲虢仲盨
中的虢仲即周厲王時期的重臣虢公長父，這個墓葬的年代在厲宣之際的說法
應該是可信的。

虢仲鬲（《集成》00708）寬平沿，束頸，腹較淺，弧襠，三蹄足，腹上
有三道扉棱，腹部飾卷體夔龍紋。此種形制的鬲主要流行於在西周晚期偏晚
階段。銘文曰：「虢仲作虢改尊鬲，其萬年子子孫孫永寶用。」此器是虢仲爲
其妃姓的妻子所作的祭器。〔註281〕

1999 年 11 月 2 日；王龍正、姜濤：《出土器物最多的西周國君墓——三門峽
上村嶺虢仲墓》，李文儒編《中國十年百大考古新發現》，北京：文物出版社，
2002 年 5 月。

〔註279〕 蔡運章：《論虢仲其人》，《中原文物》1994 年第 2 期，86 頁。

〔註280〕 相關討論可參見馬承源：《關於翏生盨和者減鐘的幾點意見》，《考古》1979
年第 1 期，60〜63 頁。

〔註281〕 有學者在討論這篇銘文時認爲虢仲不是虢妃的丈夫，也不是他的子孫輩，而
是她的公公。原因是丈夫稱呼妻子時只稱女子本國國名，不稱女子所適國的
國名；子孫輩作器時前面會有「姓母」的字樣。參見李仲操：《兩周金文中的
婦女稱謂》，《古文字研究》第十八輯，北京：中華書局，1992 年 8 月，402

　　虢仲鬲（《集成》00561～00562）共有兩件，一件出土於陝西省岐山縣京當鄉，一件爲傳世品。兩件器物器型、銘文都相同。器型爲寬平沿，方唇，束頸鼓腹，淺分襠，獸蹄足，內面稍凹，腹部有三道扉棱，腹的上部飾重環紋，下部飾獸面紋。銘文曰：「虢仲作姞〔註282〕尊鬲。」這兩件器物一般認爲是西周晚期厲王時期的器物，是虢仲爲其姞姓的妻子所作。

　　虢仲簠 1992 年出土於河南三門峽市上村嶺虢國墓地，失蓋，長方形口，平沿方唇，腹壁斜收成平底，腹兩側有一對半環狀獸首耳，矩形圈足正中有缺。口沿下和圈足上飾竊曲紋，腹部飾龍紋，器底飾連體竊曲紋。〔註283〕銘文曰：「虢仲作醜（丑）姜寶簠，子子孫孫永寶用。」學者一般認爲丑爲國名或族名，〔註284〕但是也不排除「丑」爲該姜姓女子的名字的可能性，金文中的女子稱謂一般先姓後名，但也有先名後姓的例子，如中伯盨（《集成》04356），銘曰：「中伯作嫚姬旅盨用。」虢仲和丑姜的關係暫不可確知，她可能是虢仲的妻子。發掘者從隨葬器物的組合形式、器物的形制、紋飾等角度考察，認爲此墓葬的年代在西周晚期。〔註285〕

　　柞伯鼎 2005 年由國家博物館購藏，此鼎窄沿方唇，絢索狀立耳，腹似圓盆形，腹部較淺且腹壁較直，下腹略收，底兒近平，三柱足，口沿下飾竊曲紋和一道凸弦紋。結合器型、紋飾、字體和銘文的內容來看，此器物的年代當在厲王時期。〔註286〕銘文曰：

　　　　唯四月既死霸，虢仲令柞伯曰：在乃聖祖周公諆（舊）有共于
　　周邦。用昏無殳〔註287〕廣伐南國。今汝其率蔡侯左，至于昏邑，既

　　　　頁。這種說法是片面的，金文中丈夫稱呼妻子時亦可用「夫（國名或氏名）＋妻姓」的形式，這在金文中已有多例出現。
〔註282〕此字或釋爲「始」字，參見王光永：《介紹新出土的兩件虢器》，《古文字研究》第七輯，北京：中華書局，1982 年 6 月，185 頁。但細審拓片，以釋爲「姞」字爲宜。
〔註283〕參見河南省文物考古研究所、三門峽市文物工作隊：《三門峽虢國墓地 M2013 的發掘清理》，《文物》2000 年第 12 期，24～25 頁。
〔註284〕李清麗、楊峰濤：《三門峽市虢國博物館館藏「虢姜」組器》，《文博》2009 年第 1 期，17 頁；劉社剛：《銘記虢國對外聯姻的青銅器》，《中國文化畫報》2010 年第 9 期，74 頁。
〔註285〕河南省文物考古研究所、三門峽市文物工作隊：《三門峽虢國墓地 M2013 的發掘清理》，《文物》2000 年第 12 期，33～34 頁。
〔註286〕此鼎形制稍有特殊，其詳細討論可參見朱鳳瀚：《柞伯鼎與周公南征》，《文物》2006 年第 5 期，67～68 頁。
〔註287〕「無殳」一詞從季旭升的說法，參見季旭升：《柞伯鼎銘「無殳」小考》，張

　　　　圍城，令蔡侯告徵虢仲、遣氏曰：『既圍昏』。虢仲至。

從銘文內容來看，虢仲在這場攻打昏邑的戰役中起絕對的領導作用，正如李學勤所說：「虢仲身爲王朝卿士，應該是負責軍事的大司馬一類官員，作爲征伐的主將是受王命，所以有權指派柞伯以及蔡侯。」〔註288〕

　　公臣簋於1975年在陝西岐山縣董家村的一處西周銅器窖藏中出土，共有4件，與其同出的還有裘衛諸器。這四件器物的形制、紋飾和銘文內容全同，只是大小稍有出入，有兩件蓋已遺失。弇口，鼓腹，獸首銜環耳，圈足下有三個獸面附足，蓋面隆起，上有圈狀捉手，蓋沿和器沿飾竊曲紋，蓋面和腹部飾瓦紋。〔註289〕此簋的形制、紋飾與1960年在陝西省扶風縣法門公社齊家村一西周銅器窖藏中出土的友父簋（《集成》03726）、1980年在西安市長安區馬王鎮新旺村出土的史夬簋（《近出》463）十分相似，都屬於西周晚期的器物。銘文曰：

　　　　虢仲命公臣：「司朕百工，賜汝馬乘、鐘五、金，用事。」公臣
　　拜稽首，敢揚天尹丕顯休。用作尊簋，公臣其萬年用寶茲休。

在此篇銘文中，虢仲命令公臣管理他的各種從事手工業的工奴，並賞賜他馬、鐘、銅等物品作爲賞賜，執行職事。虢仲有自己的手工業生產規模，其地位可見一斑。有學者指出：「虢仲見於鄭虢仲簋、虢仲盨及何簋，……當係一人。因此，公臣簋應是屬王時期的遺物。」〔註290〕

　　公臣簋銘文中的「天尹」一詞亦見於作冊大鼎（《集成》02758）、𤼈鼎（《近出》第二編324）等。唐蘭在考釋作冊大鼎時說：「天字通大……尹字通君……大君在奴隸制王朝中，除王以外，地位是最崇高的。」〔註291〕𤼈鼎中「天尹」指𤼈的上司，其職官可能是太師。〔註292〕由此可見「天尹」在周王朝有崇高的地位，他們一般都是任六卿一類的職務，公臣簋中「天尹」指虢仲，這和

　　　　光裕、黃德寬主編《古文字學論稿》，安徽：安徽大學出版社，2008年4月，31～39頁。

〔註288〕李學勤：《從柞伯鼎銘談〈世俘〉文例》，《江海學刊》2007年第5期，14頁。

〔註289〕岐山縣文化館、陝西省文管會：《陝西省岐山縣董家村西周銅器窖穴發掘簡報》，《文物》1976年第5期，28頁。

〔註290〕岐山縣文化館、陝西省文管會：《陝西省岐山縣董家村西周銅器窖穴發掘簡報》，《文物》1976年第5期，29頁。

〔註291〕唐蘭：《西周青銅器銘文分代史徵》，北京：中華書局，1986年12月，138頁。

〔註292〕吳鎮烽：《𤼈鼎銘文考釋》，《文博》2007年第2期，16頁。

文獻中虢公長父為周厲王卿士的記載是一致的，也能進一步證明虢仲即虢公長父。

　　珂簋器型、拓片均已不見，僅存圖像和摹本。弇口，鼓腹，一對獸首耳下附有長方形垂珥，圈足下附有三小足，蓋上有圈形捉手，腹部飾瓦紋。此簋與諫簋（《集成》04285）形制、紋飾十分接近。銘文曰：

　　　　唯三月初吉庚午，王在華宮，王呼虢仲入右珂，王賜珂赤市、
　　朱亢、鑾旂。珂拜稽首，對揚天子魯命，用作寶簋，珂其萬年子子
　　孫孫其永寶用。

此篇銘文中虢仲作為儐相入右珂，郭沫若認為「虢仲見虢仲盨，本銘字體、文例亦以屬於厲世為宜。」〔註293〕因為是摹本，所以銘文的字體特徵不足為據。但從器型看，將此器定於西周晚期當問題不大。西周金文中還有一些名珂者所作的器物，如珂簋蓋（《集成》03761）、珂簋（《文物》2009 年第 2 期 55 頁圖 2）、珂尊（《集成》06014）等，與此簋中的珂僅是異人同名。

　　1989 年河南三門峽墓地出土 1 件虢碩父簠和 2 件國子碩父鬲。虢碩父簠銘文曰：「虢碩父作旅簠，其萬年子子孫孫永寶用享。」國子碩父鬲銘文曰：「虢仲之嗣國子碩父作季嬴羞鬲，其萬年子子孫孫永寶用享。」虢碩父簠是虢碩父自作器，國子碩父鬲是碩父為季嬴所作器。由國子碩父鬲可知碩父是虢仲的兒子，「國子」依王龍正等人的說法：「或子即國子，即周代大學裏的貴族子弟，同時也是與太子相對稱的詞，意為庶子。」〔註294〕「碩」字從頁石聲，與「石」字音近可通，虢碩父即文獻中的虢石父。虢石父是周幽王時期的王朝卿士，《史記・周本紀》載：「幽王以虢石父為卿，用事，國人皆怨。石父為人佞巧，善諛好利，王用之。」

　　目前所見有虢仲這一稱謂的器物都是西周晚期的器物，除了柞伯鼎、虢仲鬲（《集成》00651～00652）、公臣簋和虢仲盨蓋可以確定為屬宣時器，虢碩父簠和國子碩父鬲是幽王時期的器物外，其餘諸器由於材料所限，只能粗略的斷在西周晚期階段。因此，柞伯鼎、虢仲鬲、公臣鼎和虢仲盨、虢仲盨蓋中的虢仲應該是同一人，即周厲王時期的重臣虢公長父；虢碩父簠和國子碩父鬲中的碩父指幽王時期的重臣虢石父，其餘諸器中的虢仲與此是否為同

〔註293〕郭沫若：《兩周金文辭大系圖錄考釋・何簋》，北京：科學出版社，2002 年 10 月，121 頁。

〔註294〕王龍正、趙成玉：《季嬴銅鬲與虢石父及虢國墓地年代》，《中國文物報》1998 年 11 月 4 日。

一人還需進一步研究。

（三）虢叔諸器和虢叔一支的世系

西周金文中有虢叔這一稱謂的主要有以下器物：虢叔簋（《集成》03244）、虢叔盂（《集成》10306～10307）、瘨鼎（《集成》02742）、三年瘨壺（《集成》09726～09727）、虢叔鬲（《集成》00524～00525）、虢叔鬲（《集成》00603）、虢叔尊（《集成》05914）、虢叔簋蓋（《集成》04498）、虢叔簋（《集成》04514～04515）、虢叔簋（《金文考說》47）、虢叔盨（《集成》04389）、虢叔旅鐘（《集成》00238～00244）、虢叔大父鼎（《集成》02492）。

虢叔簋侈口，束頸，鼓腹，圈足，一對獸首耳下附有垂珥，頸部飾雲雷紋填地的夔紋和兩個浮雕獸首。此簋與輔師嫠簋（《集成》04286）器型相類，此種形制的簋主要流行於西周中期偏晚階段。銘文僅三個字，曰：「虢叔作。」

虢叔盂傳世共有 2 件，目前器型仍可見者只有 1 件。侈口束頸，折肩斂腹，小平底，肩兩側有獸首耳，肩部飾斜角雷紋。銘文曰：「虢叔作旅盂。」從器型、字體來看當是西周中期的器物。

瘨鼎僅存摹本，銘文曰：「唯三年四月庚午，王在豐，王呼虢叔召瘨，賜駒兩。」金文中「王乎某召某」的句式比較常見，如大師虘簋（《集成》04251）曰：「王呼師晨召太師虘入門」；大簋（《集成》04298）曰：「王呼吳師召大」等。「呼虢叔召瘨」亦見於三年瘨壺，三年瘨壺共有 2 件，1976 年 12 月出土於陝西扶風縣法門公社莊白大隊 1 號西周銅器窖藏。此窖藏出土了大量瘨及其家族的器物，據史墻盤（《集成》10175）和相關銅器銘文的研究，可以得出微史家族七代人的世系：高祖－烈祖－乙祖（乙公）－亞祖祖辛（辛公、作冊折）－乙公（豐）－丁公（史墻）－微伯瘨 [註295]。由史墻盤可知，史墻生活的年代當在恭王時期，那麼他的兒子瘨的生活年代大約在懿孝夷時期。三年瘨壺銘文曰：「唯三年九月丁巳，王在鄭饗醴，呼虢叔召瘨，賜羔俎。」瘨鼎和三年瘨壺的紀年都是「唯王三年」，並且都是「王乎虢叔召瘨」，可以肯定瘨鼎中的瘨與三年瘨壺中的瘨為同一人。虢叔與瘨生活在同一時代，也應是懿孝夷時期的人。

[註295] 陝西周原考古隊：《陝西扶風莊白一號西周青銅器窖藏發掘簡報》，《文物》1978 年 3 月，1～18 頁。

　　虢叔鬲（《集成》00524）寬平沿，束頸圓肩，弧襠，蹄形足，與足對應的腹上各有一道扉棱，肩部飾重環紋，下腹飾細直紋。此器物的形制、紋飾與杜伯鬲（《集成》00698）幾乎全同。杜伯所作諸器學者一般認為在宣王時期，〔註296〕則此器物的年代當與之相距不遠。銘文曰：「虢叔作尊鬲。」虢叔鬲（《集成》00525）僅存器物的圖像和摹本，從圖像看，器型、紋飾與上一件虢叔鬲稍有差別。此器的三足下部呈圓柱狀，肩部沒有紋飾，銘文內容與上器相同，應是同一人所作器。

　　虢叔鬲（《集成》00603）僅存器物的圖像和摹本，器型與虢叔鬲（《集成》00525）相同，銘文有別。銘文曰：「虢叔作叔殷敄尊鬲。」「叔殷敄」這一人名稱謂亦見於虢叔尊，銘文曰：「虢叔作叔殷敄隓朕（尊）〔註297〕。」此外，還見於虢叔簋蓋，此器敞口，折沿，腹壁斜收，腹的兩側有環耳，捉手較寬大，每邊中部有長方形缺口。口沿下飾重環紋，蓋面上飾卷體獸紋，頂上飾獸目交連紋。銘文曰：「虢叔作叔殷敄尊簋。」此三器都是虢叔為叔殷敄所做的祭器，虢叔也應該是同一個人。虢叔所做的簋還有三件（《集成》04514〜04515、《金文考說》47），銘文曰：「虢叔作旅簋，其萬年永寶。」陳佩芬認為虢叔簋蓋和虢叔簋都屬西周晚期的器物。〔註298〕從器型、紋飾和字體特徵來看，此說可從。它們與虢叔鬲（《集成》00534〜00525）一樣，都應該屬於宣王時期的器物。

　　虢叔盨僅存拓本，銘文曰：「虢叔鑄行盨，子子孫孫永寶用享。」從字體風格來看，亦屬於西周晚期的器物。

　　虢叔大父鼎器物的腹部呈半球狀，立耳，蹄足，器表光素，頸部飾兩道弦紋。與大鼎（《集成》02807）、多友鼎（《集成》02835）、南宮柳鼎（《集成》02805）等器型、紋飾十分類似。彭裕商認為這一類型的鼎主要流行於厲世，上限可能到懿世。〔註299〕銘文曰：「虢叔大父作尊鼎，其萬年永寶用。」學者

〔註296〕關於杜伯鬲的年代，學者多依據《墨子·明鬼》「周宣王殺其臣杜伯而不辜」的記載，認為杜伯即此銘文中的杜伯，參見王世民、陳公柔、張長壽：《西周青銅器分期斷代研究》，北京：文物出版社，1999 年 11 月，55 頁。
〔註297〕此從趙平安的說法，參見趙平安：《跋虢叔尊》，《古文字研究》第二十五輯，北京：《中華書局》，2004 年 10 月，186〜188 頁。
〔註298〕陳佩芬：《夏商周青銅器研究·西周篇》，上海：上海古籍出版社，2004 年 2 月，524〜527 頁。
〔註299〕彭裕商：《西周青銅器年代綜合研究》，成都：巴蜀書社，2003 年 2 月，121 頁。

指出「大父系時人所喜用之名，如荀伯大夫盨、魯伯大父簋的器主都以大父為名。」〔註300〕

　　虢叔旅鐘目前所見共有 7 件，傳清朝末年出土於陝西寶雞虢川司。這套編鐘體呈和瓦形，甬上飾環帶紋和重環紋，旋飾目雷紋，篆間飾獸目交連紋，隧部飾鳥體式花冠夔龍紋。銘文曰：

　　　　虢叔旅曰：「丕顯皇考惠叔，穆穆秉元明德，御于厥辟，得純亡慇。」旅敢肇帥型皇考威儀，□御于天子。迺天子多賜旅休。旅對天子魯休揚，用作朕皇考惠叔大林龢鐘。皇考嚴在上、翼在下。數數彙彙，降旅多福。旅其萬年，子子孫孫，永寶用享。

此套編鐘是虢叔旅為他的父親惠叔所作的祭器，他的父親能夠秉承美好的德行，侍奉自己的君主，沒有什麼不順，旅要效法自己的父親，像父親那樣侍奉天子。於是天子給予了旅更多的賞賜，旅為答謝天子的美意，製作了這套編鐘來祭祀自己的父親。

　　曶比鼎（《集成》02818）和曶比簋蓋（《集成》04278）中有一人名為「虢旅」，學者或認為虢旅即此虢叔旅鐘中的虢叔旅。〔註301〕曶比鼎中有關虢旅的銘文曰：「唯卅又一年三月初吉壬辰，王在周康宮徲太室。曶比以攸衛牧告于王，曰：『汝叟我田，牧弗能許曶比。』王令省史南以即虢旅，虢旅乃事（使）攸衛牧誓曰……」這件銘文記載的是曶比和攸衛牧兩個貴族之間關於土地糾紛的訴訟之事，周王派出審理此案件的官員是史南和虢旅。有學者認為：「虢旅則為這一訟事的全權裁決者，由此判定他當是任大司寇之職。《周禮·秋官·大司寇》：『凡諸侯之訴訟，以邦典定之。』……按照周朝制度規定，對於曶比這類諸侯的訴訟，要以邦典為依據判決。所以，先是由史南過問，最後由虢旅判決此事。」〔註302〕曶比鼎銘文中的「唯卅又一年」指周厲王三十一年，那麼虢叔旅鐘的年代也應該與之相當，虢（叔）旅在這一時期可能任朝中司徒、司寇之類的官職。他的父親惠叔則可能主要生活在孝夷時期。

〔註300〕馬承源主編：《商周青銅器銘文選》第三卷，北京：文物出版社，1988 年 4 月，355 頁。

〔註301〕馬承源主編：《商周青銅器銘文選》第三卷，北京：文物出版社，1988 年 4 月，297 頁；李學勤在清華大學的出土文獻研究課上亦持此觀點，2011 年 3 月 16 日。

〔註302〕劉桓：《𣄚攸比鼎銘新釋》，《故宮博物院院刊》2001 年第 4 期，16 頁。

通過以上的分析，我們大致可以繫聯出以下虢叔家族的世系：

周王世系	虢叔家族世系	出　　　　處	備　　註
懿王	虢叔（惠叔）	虢叔盨、瘋鼎、三年瘋壺	西周中期：虢叔盂
孝王			
夷王			西周晚期：虢叔盨
厲王	虢叔（虢叔大父、虢叔旅、虢旅）	虢叔大父鼎、虢叔旅鐘、鬲比鼎、鬲比盨蓋	
宣王	虢叔	虢叔鬲諸器、虢叔尊、虢叔盨蓋、虢叔盨諸器	

（四）虢季諸器和虢季一支的世系

金文中屬於虢季這一支的器物主要有：師丞鐘（《集成》00141）、虢季子白盤（《集成》10173）、虢宣公子白鼎（《集成》02637）、虢季氏子組鬲（《集成》00661〜00662、《彙編》395）、虢季氏子組盨（《集成》03971〜03973）、虢季氏子組壺（《集成》09655）、虢季子組卣（《集成》05376）、虢季氏子鋋鬲（《集成》00683）、虢文公子鋋鬲（《集成》00736）、虢文公子鋋（《集成》02634〜02636）、虢季鼎（《近出》328〜334、《考古與文物》2010年第1期17頁）、虢季鬲（《近出》136〜143）、虢季盨（《近出》439〜444）、虢季盨（《近出》493〜496）、虢季盨（《近出》512）、虢季鋪（《近出》541〜542）、虢季壺（《近出》598〜599）、虢季盤（《近出》1002）、虢季匜（《集成》10192）、虢季鐘（《近出》86〜93）。

師丞鐘於1974年12月出土於陝西省扶風縣強家村的一處西周青銅器窖藏中，此處窖藏共出土青銅器7件，其中有銘文者5件，除師丞鐘以外，還有師𩺣鼎（《集成》02830）、恒盨蓋（《集成》04199〜04200）和即盨（《集成》04250）。〔註303〕

師丞鐘篆間飾S形雙頭獸紋，鼓部飾雲紋和鳥紋，舞上飾竊曲紋。銘文曰：「師丞肇作朕烈祖虢季、亮（兗）公、幽叔，朕皇考德叔大林鐘，用喜侃前文人，用祈純魯永命，用匄眉壽無疆。師丞其萬年永寶用享。」這是師丞為他的祖先所作祭器，他們分別是：虢季、亮公、幽叔和德叔。

〔註303〕吳鎮烽、雒忠如：《陝西省扶風縣強家村出土的西周銅器》，《文物》1975年第8期，57〜60頁。

虢季亦見於師𣝅鼎，師𣝅鼎平沿外折，口微斂，腹微鼓，立耳，蹄足，頸部飾兩道帶狀雷紋，雷紋中間飾陰弦紋，雷紋下面飾一道陽弦紋。現將銘文錄於下：

> 唯王八祀正月，辰在丁卯。王曰：「師𣝅！汝克-盡乃身，臣朕皇考穆王，用乃孔德遜純，乃用心引正乃辟安德。叀余小子肇淑先王德，賜汝玄袞、黼純、赤市、朱橫、鑾旂、太師金膺、鋚勒。用型乃聖祖考，隡明𣝅辟前王，事余一人。」𣝅拜稽首，休伯太師屑冊𣝅臣皇辟。天子亦弗忘公上父胡德，𣝅穫𤲬伯大師，不自作。小子夙夕專由先祖烈德，用臣皇辟。伯亦克馱由先祖墊，孫子一冊皇辟懿德，用保王身。𣝅敢𡛚王，俾天子萬年，朿𩛥伯太師武，臣保天子，用厥烈祖孚德。𣝅敢對王休，用綏作公上父尊于朕考郭（虢）季易父敦宗。

從此銘文「汝克盡乃身，臣朕皇考穆王」句可知前面的「唯王八祀」指恭王八年。銘文的前半部份追述了師𣝅輔佐穆王有功，王賞賜他一些東西，希望他能像輔佐穆王那樣輔佐自己。後面師𣝅讚美伯大師能夠保舉他輔佐君主，天子也沒有忘記公上父的大德。師𣝅頌揚了伯大師的功績，不獨自居功，他從早到晚遵循先祖的美德來臣事君主，伯大師也能夠繼行先祖的事業，伯大師和師𣝅等子孫皆承受先王的美德，𣝅祝福王能夠萬古長存，用烈祖的大德來臣事天子，以伯大師的所作所爲爲規範和法則。爲了稱揚王的美意，師𣝅製作了這件祭祀祖先公上父的器物放置在父親郭季易父的宗廟裏。〔註304〕

這篇銘文有幾個關鍵的人物：師𣝅、伯大師、公上父和郭季易父，師𣝅認爲他之所以能夠臣事天子，是由於伯大師的提拔以及祖先公上父的蔭澤。至於他們之間的關係于豪亮說：「白（伯大師）在後面又稱白（伯），這是伯仲叔季之伯，可見是𣝅的長兄。由於銘文『公上父』和『先祖』並提，可知『公上父』是𣝅和伯大師的祖父。銘文只在最後提到𣝅的父親，在敘述到伯

〔註304〕 此段大意的疏通主要參照于豪亮：《陝西省扶風縣強家村出土虢季家族銅器銘文考釋》，《古文字研究》第九輯，北京：中華書局，1984 年 1 月，251～266 頁；裘錫圭：《說「畟𩂣白大師武」》，《古文字論集》，北京：中華書局，1992 年 8 月，372 頁；李學勤：《師𣝅鼎剩義》，《新出青銅器研究》，北京：文物出版社，1990 年 6 月，94 頁；王輝：《商周金文》，北京：文物出版社，2006 年 1 月，156～161 頁。

大師的時候，總是提到『先祖』，並不涉及𤼈的父親，可見𤼈和伯大師同祖而不同父，因此伯大師是𤼈的從兄。伯大師從公上父那裡繼承了大師的官位，所以𤼈稱之為伯大師。」〔註305〕其說可從。由「小子夙夕專由先祖烈德……用保王身」句可以看出，這句話先說小子（師𤼈的謙稱）怎麼樣，再說伯大師怎麼樣，最後說孫子皆怎麼樣，可知師𤼈和伯大師為同一宗族之人。伯大師的「伯」是他的排行，金文中亦有仲大師之稱，如仲大師鼎（《通鑑》02455）「仲大師作孟姬饋鼎」、仲大師小子休盨（《集成》04397）「仲大師子休為其旅盨」、柞鐘（《集成》00133）「仲大師右柞」等皆為明證。伯大師可能是師𤼈非同母的哥哥，再聯繫整篇銘文可知公上父為其共同的先祖，伯大師和師𤼈可能是大小宗的關係。由這篇銘文可以列出師𤼈家族如下的世系關係：公上父──虢季易父──師𤼈。

有學者認為師𤼈鼎中的公上父即班簋中的虢城公，原因是公上父的「公」是爵稱，「父」是男子的美稱，而「上」與「成」意義相同。〔註306〕班簋與虢城公有關的銘文曰：「唯八月初吉，在宗周。甲戌，王令毛伯更虢馘（城）〔註307〕公服，屏王位，作四方極，秉緐、蜀、巢令。」班簋的年代學者多考證應在穆王時期，穆王某年八月初吉甲戌這一天，王命令毛伯接替掌管虢城公的職務，輔佐周王，作四方的準則，執掌緐、蜀、巢這些地方的政令。從銘文可知，虢城公曾經擔當朝中的重任，管理緐、蜀、巢這些南方的蠻夷之國，成為周王的護衛者，為天下做了表率。「城（成）」應該是謚號，說明此時虢城公已卒，那麼他生活的年代應該在昭穆時期。師𤼈鼎中師𤼈在穆王時期已經是輔佐穆王的重臣了，說他「用乃孔德遜純，乃用心引正乃辟安德」，師𤼈糾正引導穆王使他能夠安於德，這可能和穆王好巡遊有關，那麼到了恭王八年，估計師𤼈的年齡應該比較大了。他的父親虢季易父概是昭穆時人，祖父公上父則可能主要生活在成康時期。這和虢城公生活的年代相差稍遠，概不是同一個人。

冥公也見於師望鼎，銘文曰：「大師小子師望曰：『丕顯皇考冥公，穆穆克明厥心……』用乍朕（朕）皇考冥公作尊鼎。」這是師望為他的父親冥公

〔註305〕于豪亮：《陝西省扶風縣強家村出土虢季家族銅器銘文考釋》，《古文字研究》第九輯，北京：中華書局，1984 年 1 月，258～259 頁。

〔註306〕蔡運章：《甲骨金文與古史新探》，北京：中國社會科學出版社，1996 年 10月，95 頁。

〔註307〕或說讀為「成」。

所做的祭器。此鼎的年代郭沫若定在恭王時期。〔註308〕

同窖藏出土的即簋銘文曰：「唯王三月初吉庚申，王在康官，各大室，定伯入右即。王呼：『命汝赤市、朱黃、玄衣黹純、䜌旂。曰：司𣄰宮人、虢、𤲶，用事。』即敢對揚天子丕顯休。用作朕文考幽叔寶簋，即其萬年子子孫孫永寶用。」這是即為其父親幽叔所做的祭器。這件器物低體寬腹，斂口鼓腹，衔環獸首雙耳，圈足較矮且外撇，通體飾瓦溝紋。其形制和無㠱簋（《集成》04225）、豆閉簋（《集成》04276）、乖伯簋（《集成》04331）幾近相同。這種形制的簋主要流行於西周中期偏晚和西周晚期偏早階段。綜合以上因素，加上銘文的字體特徵來看，李學勤把這件器物的年代定在孝夷時期還是比較合理的。〔註309〕

結合師丞鐘、師𦎫鼎、師望鼎和即簋，學者多作出以下繫聯：〔註310〕

第一代（約生活在昭王時期）：虢季易父

第二代（約生活在穆恭時期）：寏公（師𦎫）

第三代（約生活在懿孝時期）：幽叔（師望）

第四代（約生活在孝夷時期）：德叔（即〔註311〕）

第五代（約生活在夷厲時期）：師丞

近年來也有學者提出不同的觀點，〔註312〕認為從虢季到師丞的宗族世系應該排列如下：

〔註308〕 郭沫若：《兩周金文辭大系圖錄考釋・師望鼎》，北京：科學出版社，2002年10月，80頁。

〔註309〕 李學勤：《西周中期青銅器的重要標尺——周原莊白、強家兩處青銅器窖藏的綜合研究》，《新出青銅器研究》，北京：文物出版社，1990年6月，86頁。原載《中國歷史博物館館刊》1979年第1期。

〔註310〕 以下世系的排列多依據李學勤的說法，參見李學勤：《西周中期青銅器的重要標尺——周原莊白、強家兩處青銅器窖藏的綜合研究》，《新出青銅器研究》，北京：文物出版社，1990年6月，87頁。原載《中國歷史博物館館刊》1979年第1期。

〔註311〕 虢季這支歷任師氏之職，即簋中沒有稱即為「師即」，但從即所職之事來看，仍然是執行師這一職務。王命令他「司𣄰宮人、虢、𤲶」，李學勤認為周、虢、𤲶應是守衛王宮的奴隸的族稱，這和《周禮》師氏「使其屬帥四夷之隸，各以其兵、服。守王門之外，且蹕」的記載是一致的。從賞賜的東西看，和王賞賜師𦎫的差不多，說明他們世代所作的官職應該是差不多的。

〔註312〕 周言：《也談強家村西周青銅器群世系問題》，《考古與文物》2005年第4期，54〜57頁。

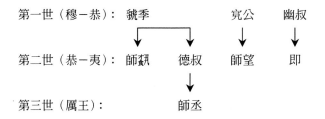

文章中作者認爲師丞鐘中的「烈祖」似不能理解爲「列祖列宗」的「烈祖」，「虢季、宪公、與幽叔皆爲姬姓之後不同宗派大致同輩族系兄弟，皆爲此輩中的顯貴，故一同受祭。」〔註313〕此說似有可商之處。首先，宪公的「宪」應理解爲謚法爲宜；其次，作者在文中認爲望和丞爲父子關係，但從所列的表中我們並不能看出這層關係；再次，作者認爲直系的祖先前面都有代詞「厥」或「朕」。其實，我們大可認爲宪公、幽叔是承前省略了「朕烈祖」。金文中同時列出幾世祖先的還有其他器物，如師𧵩鐘（《新收》657），銘文曰：「師𧵩自作朕皇祖太公、章公、𤔲公、魯仲、憲伯、孝公，朕剌考靜〔公〕寶龢鐘，用喜侃前斁永命義孫子……。」姬奿母豆（《集成》04693），銘文曰：「姬奿母作大公、章公、〔𤔲〕公、魯仲、醫〔註314〕（憲）伯、孝公、靜公豆，用祈眉壽，永命多福，永寶用。」這兩件器物列舉了七世祖考，我們不能因爲後面六世先祖前面沒有「朕」或「厥」字，就認爲他們是同姓但不同宗族之人。〔註315〕

我們認爲李先生的說法還是比較符合實際情況的，只是師望生活的年代似應提前一些。師𧵩在穆王時期已經是朝中重臣了，到恭王八年應該年事已高，可能在恭王中期他的職務已有兒子師望接替，師望鼎本身也屬於恭王時期的器物，這與我們的推斷也正相吻合。

虢季氏子䍙鬲 1956 年在河南三門峽上村嶺的虢國墓地 M1631 中出土，該鬲寬平沿，束頸鼓腹，蹄足，腹部有三條扉棱并飾有獸面紋。銘文曰：「虢季氏子䍙作寶鬲，子子孫孫永寶用享。」

〔註313〕周言：《也談強家村西周青銅器群世系問題》，《考古與文物》2005 年第 4 期，56 頁。

〔註314〕此字概是「𥂗」字的誤摹。

〔註315〕關於這兩件器物的討論可參看劉雨：《師𧵩鐘和姬奿母豆》，《古文字研究》第二十六輯，北京：中華書局，2006 年 11 月，165～171 頁；耿超：《淺議姬奿母豆與師𧵩鐘作器者關係及族姓》，《考古與文物》2011 年第 1 期，100～103 頁。

虢文公子㲃鬲（《集成》00736），其形制、紋飾與虢季氏子段鬲幾乎全同，銘文曰：「虢文公子㲃作叔改鬲，其萬年子孫永寶用亯（享）。」此外，虢文公子㲃所作器還有虢文公子㲃鼎，傳世共有 3 件，除大小有別外，形制、紋飾和銘文相同。平沿，鼓腹圓底兒，腹較淺，立耳、蹄足，口沿下飾竊曲紋，腹部飾環帶紋，中間有一道凸出的弦紋將這兩種紋飾隔開，銘文曰：「虢文公子㲃作叔改鼎，其萬年無疆，子孫孫永寶用享。」虢文公子㲃鬲和鼎是虢文公為他妃姓的妻子所作器。虢文公史書中有載，是宣王時期的重臣。《史記‧周本紀》曰：「十二年，魯武公來朝。宣王不脩籍於千畝，虢文公諫曰不可，王弗聽。三十九年，戰于千畝，王師敗績于姜氏之戎。」由此可知，虢文公名子㲃，虢文公子㲃又稱為虢季氏子㲃，他屬於虢季氏這一支系。郭沫若說：「今知虢季氏子㲃即虢文公，則『虢文公鼎』及『虢季氏子㲃鬲』，均周宣王時器，花紋形制亦甚相近。『簡報』把上村嶺的周墓一律定為『東周墓』是不大正確的。」〔註316〕此說可從。

1990 年 3 月考古人員對三門峽 M2001 號墓進行了發掘，出土各類文物總計 3200 多件，其中青銅器 1700 多件，含青銅禮器 56 件，有銘文者 40 餘件，均有「虢季」兩字。學者多已指出從墓葬的規格和出土的器物來看，這是一座國君的墓葬。〔註317〕至於 M2001 號墓的墓主為什麼稱為「虢季」，李學勤說：「國君多以伯仲叔季為稱，上文已講過東虢的虢叔和可能是西虢的虢仲。《春秋》經傳所見虢君，隱公時為王卿士的是虢公忌父，桓公時是虢公林父，又稱虢仲，莊公至僖公時是虢公丑，又稱虢叔。仲叔季都是國君本人的字，與季氏無關，和周初的虢仲、虢叔二人也沒有關係。」〔註318〕這座墓葬中虢季所作器有以下幾類：

虢季鼎（7 件〔註319〕）：虢季作寶鼎，季氏其萬年子子孫孫永

〔註316〕郭沫若：《三門峽出土銅器二三事》，《文物》1959 年第 1 期，13 頁。

〔註317〕谷文雨、侯紅光：《三門峽虢國墓地出土珍貴文物》，《光明日報》1991 年 1 月 8 日；河南省文物研究所、三門峽市文物工作隊：《三門峽上村嶺虢國墓地 M2001 發掘簡報》，《華夏考古》1992 年第 3 期，104～113 頁。

〔註318〕李學勤：《三門峽虢墓新發現與虢國史》，《中國文物報》1991 年 2 月 3 日。

〔註319〕虢季鼎還有一件出土於陝西韓城梁帶村芮國墓地，據《簡報》介紹，此鼎與 M2001 的虢季鼎十分相似，所不同的是此件鼎的三足較之 M2001 的鼎顯得較為細高，銘文也稍有差異，稱「尊鼎」而非「寶鼎」。參見陝西省考古研究院、渭南市考古所、韓城市文物局：《陝西韓城梁帶村芮國墓地西區發掘簡報》，《考古與文物》2010 年第 1 期，17～21 頁。

寶用享。

　　虢季鬲（8件）：虢季作寶鬲，其萬年子子孫孫永寶用享。

　　虢季簋（6件）：虢季作旅簋，永寶用。

　　虢季盨（4件）：虢季作旅盨，永寶用。

　　虢季簠（2件）：虢季作寶簠，永寶用。

　　虢季鋪（2件）：虢季作鋪，子子孫孫用享。

　　虢季壺（2件）：虢季作寶壺，永寶用。

　　虢季盤：虢季作寶盤，永寶用。

　　虢季鐘（8件）：唯十月初吉丁亥，虢季作爲協鐘，其音雖雍，
用義（宜）其家，用與其邦。虢季作寶，用享追孝于其皇考，用祈
萬壽，用樂用享，季氏受福無疆。

這座墓葬的年代較有爭議，或認爲是春秋早期的墓葬，或認爲是西周晚期的
墓葬。主張春秋早期說的學者一方面是受古書記載「虢國東遷在平王東遷之
時」這一觀點的影響；另一方面是覺得西周晚期和春秋早期的器物沒有明確
的劃分標準。多數學者還是主張此墓葬爲西周晚期墓葬的說法。〔註320〕主要
依據除了《國語·鄭語》中：「王室將卑，戎狄必昌，不可逼也。當成周者……
西有虞、虢、晉、隗、霍、楊、魏、芮……」的這段記載外，主要還是從該
墓葬出土器物的類型、組合方式等方面來判斷。

　　在這批器物中虢季鼎的耳都作附耳狀，附耳與口沿之間以兩個小橫樑相
連，這是比較特別的地方，紋飾上還是西周晚期比較流行的樣式，口沿下飾
竊曲紋，腹部飾垂鱗紋。這與西周晚期較爲流行的鼎的式樣微殊，與虢文公
子㣙鼎、虢宣公子白鼎都十分近似，至於附耳鼎西周晚期亦有，如大鼎（《集
成》02806）。虢季鬲寬平沿，束頸鼓腹，弧襠，三蹄足，腹部有三道扉棱并
飾有兩兩相對的變形大象紋構成的竊曲紋。這種鬲除了在花紋上與虢文公子
㣙鬲稍有差別外，其餘幾乎全同。虢季簋弇口，鼓腹，圈足下附有三個小

<hr>

〔註320〕馬承源、張長壽、《簡報》、蔡運章、張彥修等都持此觀點。參見馬承源：《虢
　　　國大墓參觀記》，《中國文物報》1991 年 3 月 3 日；張長壽：《虢國墓地的新
　　　發現》，《中國文物報》1991 年 3 月 17 日；河南省文物研究所、三門峽市文
　　　物工作隊：《三門峽上村嶺虢國墓地 M2001 發掘簡報》，《華夏考古》1992 年
　　　第 3 期，112 頁；蔡運章：《虢文公墓考——三門峽虢國墓地研究之二》，《中
　　　原文物》1994 年第 3 期，42～45 頁；張彥修：《河南三門峽市虢國墓地 M2001
　　　墓主考》，《考古》2004 年第 2 期，76～78 頁。

足，一對獸首耳下有較短的垂珥，簋蓋隆起，上有圈形捉手，蓋沿和器口沿飾竊曲紋，蓋面和腹部飾瓦楞紋，圈足上飾垂鱗紋。這種簋的形制、紋飾和西周晚期的仲駒父簋（《集成》03937）、𩰬兌簋（《集成》04168）、史頌簋（《集成》04232）等都十分相似。虢季盨口稍斂，腹微鼓，獸首耳，圈足正中有缺，蓋面隆起，上有四個不相連接的矩形鈕，蓋沿和器口沿飾竊曲紋，蓋面和腹部飾瓦楞紋，圈足上飾有雲紋。應該是西周晚期偏晚階段的器物。虢季壺「形制與晉侯邦父、晉叔家父二壺相似，紋飾則不相同。蓋緣、器頸和腹所飾均非竊曲紋，改變爲形狀不同的鳥紋。蓋頂捉手和圈足飾斜角雲紋……其年代應屬西周晚期後段。」〔註321〕虢季盤口沿較窄，腹較淺，一對附耳，圈足下附有三個小足，口沿下飾竊曲紋，圈足上飾垂鱗紋。此盤的形制類似於西周晚期的薛侯盤（《集成》10133）。「至於編鐘的形制與銘文字體及書寫方式與陝西齊家村窖藏中所出的柞鐘、中義鐘以及梁其鐘、師𢆉鐘相同或相近。」〔註322〕

　　從這些器物的形制、紋飾、字體特徵來看，把該墓葬虢季所屬器物的年代定在西周晚期較晚階段還是比較符合實際情況的。《簡報》作者認爲 M2001 出土的實用器上大都鑄有『虢季』的字樣，其墓主爲虢季應該是無疑的。「就該墓所隨葬的銅禮器、樂器、兵器、車馬器、玉器來說，其數量之多，規格之高，遠非 M1052 號墓所能相比。且編鐘銘文中有虢季作器，『用義其家、用與其邦』之語，儼然出自宗主國君之口。因而該墓主人的身份當即某一代虢國之君。」〔註323〕這一意見是十分正確的。有學者進一步提出 1956 年在 M1631 出土了虢季氏子䍙鬲，此墓葬與 M2001 虢墓僅百餘米。通過對比繫聯，我們已知虢季氏子䍙即虢文公子䍙，那麼從墓葬的規格、器物的出土地與形制、銘文的內容中也可以推斷「M2001 號墓主人『虢季』就是古器銘中的虢文公。」〔註324〕虢季鼎銘曰：「虢季作寶鼎，季氏其萬年子子孫孫永寶用

〔註321〕王世民、陳公柔、張長壽：《西周青銅器分期斷代研究》，北京：文物出版社，1999 年 11 月，139 頁。

〔註322〕河南省文物研究所、三門峽市文物工作隊：《三門峽上村嶺虢國墓地 M2001 發掘簡報》，《華夏考古》1992 年第 3 期，112 頁。

〔註323〕河南省文物研究所、三門峽市文物工作隊：《三門峽上村嶺虢國墓地 M2001 發掘簡報》，《華夏考古》1992 年第 3 期，112 頁。

〔註324〕蔡運章：《虢文公墓考——三門峽虢國墓地研究之二》，《中原文物》1994 年第 3 期，44 頁；張彥修亦持此觀點，參見張彥修：《河南三門峽市虢國墓地 M2001 墓主考》，《考古》2004 年第 2 期，77 頁。

享。」虢季氏子𠃊銘曰：「虢季氏子𠃊作寶鬲。」可見，虢季是氏名，可稱爲「虢季氏」或省稱「虢季」、「季氏」。

虢季子白盤傳清道光年間出土於陝西寶雞虢川司，此盤體型碩大，呈圓角長方形，直口方唇，下腹收斂，平底下有四足，四壁上各有一對龍首銜環耳。口沿下飾竊曲紋，腹部飾波曲紋。銘文曰：

> 唯十又二年正月初吉丁亥，虢季子白作寶盤，丕顯子白，壯武于戎工，經維四方，搏伐玁狁，于洛之陽，折首五百，執訊五十，是以先行。趄趄子白，獻馘于王，王孔嘉子白義，王格周廟宣榭，爰饗，王曰：「白父，孔覷有光。」王賜乘馬，是用左王。賜用弓，彤矢其央。賜用鉞，用政（征）蠻方。子子孫孫萬年無疆。

銘文記載虢季子白征伐玁狁、大有斬獲之事。從器物的形制、紋飾、銘文的字體和內容來看，學者多認同此器物作於宣王時期。銘文開頭稱「虢季子白」，後面講述有關虢季子白的事情時直接稱呼「子白」，足證子白是其名字，而不能理解爲虢季之子白。

虢宣公子白鼎平沿方唇，立耳，腹部呈半球形，蹄足，口沿下飾鳳鳥紋，腹部飾鱗紋，中間有一道凸出的弦紋。銘文載：「虢宣公子白作尊鼎，用卲享于皇祖考，用祈眉壽，子子孫孫永用爲寶。」虢宣公子白即虢季子白。陳夢家說：「若依《周語》，虢文公於宣王初即位時見存；若依《史記》虢文公至宣王十二年猶在位。虢文公與虢宣公皆屬虢季氏，應爲父子先後世襲王官爲『虢公』。」〔註325〕學者或認爲「虢季子白盤爲其未即公位時所作，虢宣公子白鼎則爲其已即公位時所作，略晚，應是西周晚期的後段。」〔註326〕若此說不誤，則虢文公主要生活在宣王時期的前半葉，虢宣公主要生活在宣王時期的後半業乃至幽王時期。

虢季氏子組所作器目前所見共有8件，包括3件鬲、3件簋、1件壺和1件卣。銘文錄於下：

> 鬲銘曰：虢季氏子組作鬲，子孫永寶用享。〔註327〕
> 簋銘曰：虢季氏子組作簋，其萬年無疆，子子孫孫永寶用享。

〔註325〕陳夢家：《西周銅器斷代》，北京：中華書局，2004年4月，327頁。
〔註326〕陳平：《頤和園藏商周銅器及銘文選析》，《古文字研究》第二十四輯，北京：中華書局，2002年7月，165頁。
〔註327〕《集成》00661銘文曰：「虢季子組作鬲，子孫永寶用享。」相較其他兩鬲，少了一個「氏」字。

壺銘曰：虢季氏子組作寶壺，子子孫孫永寶其用享。

卣銘曰：「虢季子組作寶彝，其萬年子子孫孫永寶用。」

虢季氏子組鬲寬平沿，束頸，弧襠，蹄足，腹部飾有用三道扉棱隔開的鳥紋。其形制和虢季鬲、虢季氏子𣪕鬲相似，也應該是西周晚期晚段的器物。虢季氏子組𣪕傳出陝西鳳翔，弇口，鼓腹，圈足下附有三個卷鼻獸面足，蓋隆起，上部有圈形捉手，蓋沿和器口沿飾竊曲紋，蓋面和器的腹部飾瓦楞紋，圈足上飾垂鱗紋。這種近似形制、紋飾的𣪕西周晚期較為常見，如元年師旋𣪕（《集成》04280）、邢姜太宰巳𣪕（《集成》03896）等。虢季氏子組壺的形制類似於虢季壺，虢季氏子組卣直口，鼓腹，圈足的兩側有半環形鈕，器身用半環銜接扭狀提梁，器物的頸部與圈足飾回紋帶，頸部還飾有兩個浮雕獸首。這組器物的形制、紋飾和字體風格與虢季組和虢季氏子𣪕組很接近，應該都屬於西周晚期宣王時期的器物。虢季氏子組與虢季氏子白為同宗之人。

由以上的分析可以看出，虢季氏這支為周王朝的興盛安定立下了汗馬功勞。學者認為「在周厲王時期、宣王早期，西虢的政治、經濟、文化中心已經開始由陝西寶雞東遷到三門峽、平陸一帶，在上村嶺建立了宗廟、社稷等相應的虢國公墓」〔註328〕從我們上面對相關銅器的討論來看，這種說法是可信的。在厲宣時期，一方面虢季氏一支在三門峽一帶的虢國擔任國君一職，另一方面也在周王朝任卿士之職，輔佐周王建功立業。朱鳳瀚說：「虢季易父如是虢季氏始祖，則此一支從虢叔氏分出時間當在西周早期康、昭時，而公上父即是西虢本家，即虢叔氏。伯大師屬虢叔氏，此說明虢叔氏曾一度出任王朝大師，而虢季氏為其小宗，世為王朝之師，歸大師管轄，表現出宗法關係與政治等級的統一。師望鼎中師望自稱『大師小子師望』，此大師未必是上述伯大師，也有可能是伯大師之子。大約在西周晚期中葉以後，虢季氏坐大，其勢力之強見於宣王時的虢季子白盤，而虢文公能直接諫宣王，亦可想見虢季氏當時在王朝中地位之高。〔註329〕他說虢季易父是虢叔氏的分支，未必學者都同意此觀點，但認為虢季氏這一小宗在西周中晚葉時期有較高的政治地位卻是不爭的事實。我們將虢季氏這一小宗的世系列於下表：

〔註328〕李久昌：《虢國墓地墓葬制度述論》，《考古與文物》2003年第6期，54頁。

〔註329〕朱鳳瀚：《商周家族形態研究》（增訂本），天津：天津古籍出版社，2004年7月，263頁。

周王世系	虢季氏世系	出　　　　　處	備　　註
成康	公上父	師𩵋鼎	虢季氏是從公上父分出的小宗
昭穆	虢季易父	師𩵋鼎、師丞鐘	
穆恭	師𩵋（宲公）	師𩵋鼎、師丞鐘	
恭懿	師望（幽叔）	師望鼎、師丞鐘	
孝夷	即（德叔）	即簋、師丞鐘	
夷厲	師丞	師丞鐘	
宣王	虢文公子𬳵	虢季氏子𬳵鬲、虢文公子𬳵鬲、虢文公子𬳵鼎、三門峽虢國墓地 M2001 所出虢季諸器	虢季氏子組與虢季子爲同宗人，但關係暫不可考。
	虢宣公子白	虢季子白盤、虢宣公子白鼎	

三、餘論

（一）關於「城虢」和「鄭虢」

金文中所見除了有虢伯、虢仲、虢叔、虢季等稱謂的虢國器物外，還有稱爲「城虢某」和「鄭虢某」的器物，它們分別是城虢仲簋（《集成》03551）、城虢遣生簋（《集成》03866）、鄭虢仲悆賊鼎（《集成》02599）和鄭虢仲簋（《集成》04024～02026）。

> 城虢仲簋：城虢仲作旅簋。
> 城虢遣生簋：城虢遣生作旅簋，其萬年子孫永寶用。
> 鄭虢仲悆賊鼎：鄭虢仲悆賊用作皇祖文考寶鼎，子子孫永寶用。
> 鄭虢仲簋：唯十又一月既生霸庚戌，鄭虢仲作寶簋，子子孫孫
> 级永用。

城虢仲簋出土於陝西鳳翔，直口有頸，附耳，鼓腹，圈足下附有四個小足，頸部和圈足上飾弦紋。城虢遣生簋僅存拓片，城虢遣生表明器主是遣氏的外甥。鄭虢仲悆賊鼎呈半球形，口折沿，立耳，三蹄足，三足內側有凹陷，口沿下飾重環紋和一道弦紋。鄭虢仲簋弇口，鼓腹，一對獸首耳下有較小的垂珥，圈足，口沿下飾竊曲紋，腹部飾瓦楞紋，圈足上飾垂鱗紋。這件器物從器型、紋飾和字體特徵看，都屬於西周晚期的器物。

郭沫若在考證班簋時認爲「虢城公當即下文『遣令曰』之遣，別有鈢虢

遣生簋者可爲證……是知城虢即西虢」，〔註330〕蔡運章認爲「西虢稱爲『城虢』、『鄭虢』，是因西周晚期西虢疆域接近或占有周都『鄭宮』的緣故」。〔註331〕也有學者認爲「城虢中、奠虢中的城、奠或指成皋與東土之鄭。班簋的毛公更虢城公之服，據《廣韻·豪部》毛公避讎滎陽，即在東虢。」〔註332〕後有學者在此基礎上作了進一步的論證。〔註333〕我們認爲班簋中的虢城公與城虢公應該沒有什麼關係，虢城公的「城」是謚號。既然城虢仲簋出土於陝西鳳翔，其所指還應是西虢。至於城虢仲與城虢遣生是否指同一人，還需進一步的驗證。鄭虢仲悆戲鼎，陳佩芬說「虢仲，虢氏之一支，虢仲冠以『鄭』字，名其居鄭爲官時所作。」〔註334〕我們比較同意這種看法，認爲城虢仲、鄭虢仲是虢氏的分支在城地和鄭地爲官時所作。

（二）表明與虢國有聯姻的青銅器

2008 年河南三門峽虢國博物館徵集到 15 件青銅器，包括 6 件虢姜鼎、4 件虢姜鬲、1 件虢姜甗、2 件虢姜圓壺、1 件虢姜盤和 1 件虢姜匜。〔註335〕鼎銘曰：「虢姜作旅鼎永保用。」鬲銘曰：「虢姜作旅鬲永保用。」甗銘曰：「虢姜作旅甗永保用。」壺銘曰：「虢姜作旅壺永保用。」盤銘曰：「虢姜作旅盤永保用。」匜銘曰：「虢□□父作□匜，其萬年永寶用。」這次徵集的這 15 件器物出土於一座被盜的墓葬中，這座墓葬位於 M2009 虢仲墓西側 3 米處，從墓葬出土器物的組合形式、器物的形制和紋飾看，學者認爲這座墓葬應是虢國國君虢仲夫人的墓葬。出土的這 15 件器物，除匜銘稍有殘泐外，其餘皆可明證爲虢姜自作器，虢姜應是姜姓女子嫁於虢氏者，姬姜兩姓通婚已由來

〔註330〕 郭沫若：《兩周金文辭大系圖錄考釋·班簋》，北京：科學出版社，2002 年 10 月，21 頁。

〔註331〕 蔡運章：《虢國的分封與五個虢國的歷史糾葛——三門峽虢國墓地研究之三》，《中原文物》1996 年第 2 期，74 頁。他還認爲「西虢的名號冠以『城』字而成爲『城虢』，當與冠以『鄭』字含義相同，都是爲了顯示虢國地近鄭宮，地位崇高的意思。」城、鄭雖然讀音較爲接近，但放在「虢」前含義是否相同還有待研究。

〔註332〕 陳夢家：《西周銅器斷代》，北京：中華書局，2004 年 4 月，394 頁。

〔註333〕 參見岳連建、王龍正：《金文「城虢」爲東國考》，《文博》2003 年第 6 期，33～36 頁。

〔註334〕 陳佩芬：《夏商周青銅器研究·西周篇》，上海：上海古籍出版社，2004 年 2 月，423 頁。

〔註335〕 李清麗、楊峰濤：《三門峽市虢國博物館館藏「虢姜」組器》，《文博》2009 年第 1 期，14～17 頁。

已久。

　　除了這次徵集的 15 件器物外，虢姜所作器傳世的還有 1 件虢姜鼎（《集成》02472），銘文曰：「虢姜作寶尊鼎，其萬年永寶用。」2 件虢姜簋，《集成》03820 件銘文曰：「唯王四年，虢姜作寶簋，其永用享。」《通鑒》04463 件銘文曰：「虢姜作旅簋永保用。」這件簋可能是從上面所講被盜的墓葬中流出的。1 件虢姜鋪（《新收》1460），銘文曰：「虢姜作鋪，□其永寶用。」這三件也是虢姜自作器。此外，還有一件虢姜簋蓋（《集成》04182）是虢姜爲他人所作器，銘文曰：「虢姜作寶尊簋，用禪追孝于皇考惠仲，祈匄康虩、純祐、通祿、永命。虢姜其萬年眉壽，受福無疆，子子孫孫永寶用享。」此器是虢姜爲已去世的父親惠仲所做的祭器。以上諸器中的虢季可能並非指同一人，但足以證明姜姓女子嫁於姬姓虢國這一現象。除了虢姜的器物證明姜姓和姬姓虢國同婚外，還有一件器物亦可證明，即虢仲簋（《新收》46），銘文曰：「虢仲作毓（丑）姜寶簋，子子孫孫永寶用。」

　　虢國與姞姓也有通婚現象，見於以下器物。虢姞鬲（《集成》00512），銘文曰：「虢姞作鬲。」虢仲鬲（《集成》00561～00562），銘文曰：「虢仲作姞尊鬲。」這兩件器物是虢仲爲其姞姓妻子所作器。遣叔吉父盨（《集成》04416～04418）銘文曰：「遣叔吉父作虢王姞旅盨，子子孫永寶用。」這是遣叔吉父爲嫁於虢國的姞姓女兒所做的器物。遣氏金文中習見，有遣伯、遣仲、遣叔等，「其國君曾與毛公、虢公、井伯等人同朝爲官，在西周王朝中擔任僅次於『公』的職務，在征伐東夷戰爭中立有大功。」〔註336〕城虢遣生簋也可以作爲姞姓女子嫁於虢國的旁證。1993 年三門峽市上村嶺虢國墓地 M2006 出土 2 件罌叔奐父盨（《新收》41），銘文曰：「罌叔奐父作孟姞旅盨，用鑵稻饎糯粱，嘉賓用饗，有飤，則萬年無疆，子子孫孫永寶用。」這件器物應是罌叔奐父爲姞姓大女兒所作的媵器，之所以出土在虢國墓地，當是女兒嫁到虢國時攜帶過來的。

　　1989 年出土於上村嶺虢國墓地的國子碩父鬲，銘文曰：「虢仲之嗣國子碩父作季嬴羞鬲，其萬年子子孫孫永寶用享。」這是虢仲的兒子碩父爲其嬴姓的妻子所作器。學者或認爲虢國墓地 M2012 出土的梁姬罐（《近出》1046）爲 M2001 號墓主虢季的夫人，并認爲：「姬姓梁國之女嫁於虢國國君虢季爲妻，

〔註336〕劉社剛、王延敏：《趙、趙氏與虢氏關係考》，《文博》2008 年第 1 期，35 頁。

是為同姓通婚。」〔註337〕《元和姓纂》記載:「梁,嬴姓,伯益之後。」此處
的梁姬蓋指姬姓女子嫁於嬴姓梁國者,但為何出土於虢國墓地還待進一步考
證。〔註338〕

此外,虢國還與妃姓女子有聯姻關係,除上文所講到的虢文公子毀鼎、
虢文公子毀鬲、虢仲鬲(《集成》00708)、虢仲鎣、蘇冶妊鼎有證據可尋外,
還見於虢國墓地 M1820 出土的虢姪妃盤,盤銘曰:「虢姪妃作寶盤,子子孫孫
永寶用。」而同墓出土的另一件鋪銘文曰:「蘇貉作鋪。」蘇國為妃姓國見於
文獻記載,如《國語·鄭語》:「己姓昆吾、蘇、顧、溫、董。」這些銘文均
能證明虢國與妃姓的蘇國有過通婚關係。

綜上所述,姬姓的虢國貴族曾與姜姓、姞姓、嬴姓、妃姓的國家有過聯
姻。

第六節　滕　氏

一、滕國簡介

《左傳》僖公二十四年記載:「管、蔡、郕、霍、魯、衛、毛、聃、郜、
雍、曹、滕、畢、原、酆、郇,文之昭也。」《世本·姓氏篇》:「滕氏,周文
王第十四子滕侯之后,子孫以國為氏。」滕國是周文王之子錯叔繡的封邑。
關於滕國的地望,典籍中多有記載。《左傳》隱公七年「滕侯卒」,杜注:「滕
國在沛郡公丘縣東南。」《史記·陳杞世家》云:「滕、薛、騶、夏、殷、周
之間封也,小不足齒列。」《索隱》云:「滕不知所封,蓋軒轅氏有滕姓,是
其祖也。後周封文王子錯叔繡於滕,故宋忠云:今沛國公丘是滕國也。」《漢
書·地理志》:「沛郡公丘,故滕國。」《元和郡縣志》徐州滕縣下云:「按古
藤國在縣西南十四里滕縣是也。」《讀史方輿紀要》記載「公丘縣在唐代滕縣
西南十五里」。以後的學者根據相關材料對此問題多有論述,〔註339〕考古資料

〔註337〕 河南省文物考古研究所、三門峽市文物工作隊:《三門峽虢國墓》第一卷,北
京:文物出版社,1999 年 2 月,第 313 頁。

〔註338〕 學者曾提出了一些假設,或認為是梁伯夫人饋贈虢季夫人的;或認為是梁國
國君夫人專門為嫁到虢國的女兒所做的媵器,或是梁國國君夫人把自己的嫁
妝送給了女兒。參見李建生:《「梁姬」、「楊姞」及其相關問題》,《中國歷史
文物》,2009 年第 5 期,46 頁;劉社剛:《銘記虢國對外聯姻的青銅器》,《中
國文化畫報》2010 年第 9 期。

〔註339〕 陳公柔:《滕國、邾國青銅器及相關問題》,《中國考古學研究——夏鼐先生考

表明古滕國就在滕縣西南十四里的滕城。〔註340〕近些年來滕縣莊里西遺址附近經常出土滕國的器物，滕城與莊里西相毗鄰，也證實了這一帶確實爲滕國的封邑。

二、滕國青銅器梳理及滕國的世系

　　滕國的「滕」字金文中一般作「」（滕侯簋，《集成》03670）、「」（滕侯蘇盨，《集成》04428）等形，从火从朕。孫詒讓曰：「金文滕字皆作塍，如滕侯簋作，又鼁伯御戎鼎『滕姬』作，皆从火。」〔註341〕王國維曰：「經典滕薛皆作滕，从水朕聲，上虞羅氏藏塍虎敦，其銘曰『塍虎敢肇作厥皇考公命中寶尊彝』，塍字舊釋爲然，余謂此字从火朕聲，即滕薛之滕字也。《禮記·檀弓上》『滕伯文爲孟虎齊衰，其叔父也，爲孟皮齊衰，其叔父也』，然則虎爲滕伯文叔父，其父本是滕君。此敦云塍虎敢肇作厥考公命中寶尊彝，是此敦之塍虎即《檀弓》之滕孟虎之證，亦塍即滕字之證也。」〔註342〕

　　1978 年 3 月，滕縣莊里西村的村民在平整土地時發現了三件銅簋，經考古專家考證，此三件器物當出土於同一墓葬中。包括一件吾鬲（或稱滕公鬲，《集成》00565）和 2 件新孯簋（《集成》03439～03440）。〔註343〕

　　吾鬲侈口、束頸、立耳，分襠鼓腹，柱足，口沿下飾兩道弦紋，腹部飾獸面紋。此形制與魯侯熙鬲（《集成》00648）相近，這種形制的鬲主要流行於西周早期偏早階段，大致在成康時期。銘文曰：「吾作滕公寶尊彝。」李學勤認爲此鬲銘文中的滕公乃滕國始封之君錯叔繡。〔註344〕新孯簋侈口，束頸，鼓腹，獸首耳下有垂珥，下有方坐，頸部飾兩道弦紋，中間有兩個獸首。明

古五十年紀念論文集》，北京：文物出版社，1986 年 8 月，176～180 頁；王恩田：《滕國考》，《東夷古國史研究》第一輯，西安：三秦出版社，1988 年 10 月，260～269 頁；何光岳：《滕國考》，《益陽師專學報》1996 年第 2 期，65～68 頁；陳偉：《竹書〈容成氏〉共、滕二地小考》，《文物》2003 年第 12 期，89～91 頁；張志鵬：《滕國新考》，《河南大學學報》2011 年第 4 期，75～81 頁。

〔註340〕中國科學院考古研究所山東工作隊：《山東鄒縣滕縣古城址調查》，《考古》1965 年第 12 期，631～635 頁。

〔註341〕孫詒讓：《名原·下卅·》，1905 年玉海樓刻本。

〔註342〕王國維：《觀堂集林·釋塍》，北京：中華書局，1961 年 6 月，289～290 頁。

〔註343〕萬樹瀛、楊孝義：《山東滕縣出土西周滕國銅器》，《文物》1979 年第 4 期，88～89 頁。

〔註344〕李學勤：《東周與秦代文明》，上海：上海人民出版社，2007 年 11 月，116 頁。

顯呈現出西周早期簋的典型特徵，也當是西周早期器物無疑。黃盛璋認爲兩簋在鬲的左右兩側，新覺必爲吾的配偶，〔註345〕這只是一種推測，器物的擺放與人物的關係並沒有絕對的聯繫，吾和新覺之間的關係暫不可知。

1989 年 1 月，滕州市莊里西遺址出土一批周初青銅器，整理後編號爲89M7，共出土具銘青銅器 6 件，其中有 4 件銘文皆作「史🔶作父簋寶尊彝」，一件對卣銘曰：「亞（中）昊對作父癸尊簋。」還有 1 件🔶鼎，銘文較長錄於後。2002 年范季融在《首陽吉金》一書中公佈了 3 件器物，包括一件🔶觚、1 件🔶觶和一件🔶簋。學者均認爲這兩批銅器蓋出於同一座墓葬。〔註 346〕現將銘文錄於下：

🔶鼎：唯正月辰在壬申，公令獸（狩）□□，🔶獲瓏□，公賞🔶貝二朋。公□□□□□休，用作父癸寶尊彝。

🔶觚：🔶作父癸尊彝。

🔶觶（器蓋同銘）：唯伯初令于宗周，史🔶賜馬二匹，用作父癸寶尊彝。

🔶簋：唯九月，者（諸）子具服，公迺命，在廅，曰：凡朕臣興晦，🔶敢對公休，用作父癸寶尊彝。

從以上銘文可以看出🔶任史官之職，這些器物多是爲他的父親父癸所作，據張懋鎔「周人不用日名說」的觀點，〔註347〕🔶概是殷商後裔。🔶觶中的「伯」和🔶簋中的「公」當指同一人，是宗子之稱，〔註348〕與🔶鼎中的「公」也應該是同一個人，即滕公。這種同一個人稱謂上前後有所變化的原因，學者認

〔註345〕黃盛璋：《山東諸小國銅器研究──〈兩周金文大系續編〉分國考釋之一章》，《華夏考古》1989 年第 1 期，91 頁。

〔註346〕參見李魯滕：《🔶鼎及其相關問題》，《齊魯文博──山東省首屆文物科學報告月文集》，濟南：齊魯書社，2002 年 8 月，111～119 頁；王峰、李魯滕：《近見🔶器銘文略考》，《中國國家博物館館刊》2012 年第 1 期，107～111 頁；上海博物館編：《首陽吉金──胡盈瑩、范季融藏中國古代青銅器》，上海：上海古籍出版社，2008 年 11 月。李魯滕在《🔶鼎及其相關問題》一文中將 M4 出土的父癸爵誤認爲是 89M7 的器物，在《近見🔶器銘文略考》一文中給予了糾正，故 89M7 所見的具銘銅器應爲 6 件。

〔註347〕張懋鎔：《周人不用日名說》，《歷史研究》1993 年第 5 期，173～177 頁。

〔註348〕陳英傑：《讀〈首陽吉金〉箚記》，《文字與文獻研究叢稿》，北京：社會科學出版社，2011 年 6 月，49 頁。關於金文中的「公」可用爲宗子之稱可參見陳英傑：《西周金文作器用途銘辭研究》，北京：線裝書局，2009 年 1 月，67 頁；陳絜：《商周姓氏制度研究》，北京：商務印書館，2007 年 6 月，365 頁。

爲應是此人的社會地位發生了改變，類似于班簋中的「毛伯」受封後稱作「毛公」之例。〔註349〕𣾧觶銘文曰：「唯伯初令于宗周」，指滕伯初次在宗周接受任命或職事。朱鳳瀚對這些器物的形制、紋飾等逐一進行了分析，將𣾧觶、𣾧簋、𣾧鼎的年代定在康王中葉。并根據陳絜的考證——滕侯初封於衛，後遷於山東的滕縣，認爲此滕侯應是成康之際二次受封遷徙到山東滕州之滕侯。〔註350〕此說可從。結合銘文的內容來看，滕伯在宗周接受的任命概是徙封一事，受封之後，便被改稱爲「滕公」了。

　　1982 年 3 月，滕縣莊西里村的村民在取土時發現 6 件青銅器，此 6 件器物也出土於同一座墓葬。包括 2 件鼎、1 件簋、2 件鬲和 1 件壺，其中具銘者 3 件。〔註351〕滕侯鼎（《集成》02154）整體呈圓角長方形，鼓腹、附耳、柱足，蓋上有四個卷龍狀的小鈕，蓋和口沿下飾有夔龍紋和鳥紋，腹部飾四組饕餮紋。銘文曰：「滕侯作寶尊彝。」

　　滕侯簋（《集成》03670）圓唇，鼓腹，獸首形耳下有卷龍狀珥，圈足下有方座，口沿和圈足飾夔龍紋，腹部和方座飾乳釘紋。銘文曰：「滕侯作滕公寶尊彝。」另外，張連航公佈了一件傳世的滕侯簋，〔註352〕僅見拓片，銘文與此墓葬出土的滕侯簋相同，大概是同墓葬中流散出去的器物，滕侯簋是滕侯爲滕公所做的器物。

　　𥅾鬲（《集成》00631）圓唇，侈口，束頸，鼓腹，頸部飾斜角雷紋。銘文曰：「𥅾作寶尊鼎，其萬年用饗各。」朱鳳瀚認爲此墓規格比較小，出土器物也較少，不像是侯一級的墓葬，可能作器者𥅾是該墓葬的墓主人。〔註353〕李魯滕等人結合此墓葬出土的其他器物的特徵，把墓葬的年代定在西周早期。〔註354〕從此墓葬出的器物的器型和紋飾來看，屬於西周早期偏晚階段的

〔註349〕王峰、李魯滕：《近見𣾧器銘文略考》，《中國國家博物館館刊》2012 年第 1 期，108～109 頁。
〔註350〕朱鳳瀚：《滕州莊里西滕國墓地出土器研究》，《中國古代青銅器國際研討會論文集》，上海博物館、香港中文大學文物館，2010 年 11 月，20～24 頁。
〔註351〕滕縣博物館：《山東滕縣發現滕侯銅器墓》，《考古》1984 年第 4 期，333～337 頁。
〔註352〕張連航：《讀新出土銘文箚記三則》，《古文字學論稿》，合肥：安徽大學出版社，2008 年 4 月，147～148 頁。
〔註353〕朱鳳瀚：《中國青銅器綜論》，上海：上海古籍出版社，2009 年 12 月，1381 頁。
〔註354〕滕縣博物館：《山東滕縣發現滕侯銅器墓》，《考古》1984 年第 4 期，337 頁。

器物。〔註 355〕

傳世的滕國器物有 4 件滕虎簋（《集成》03828〜03832），4 件器物銘文相同（其中兩件器、蓋同銘），器形稍有差別，其中滕虎簋（《集成》03832）僅存拓片。滕虎簋（《集成》03828、03831）侈口，束頸，鼓腹，獸首耳下有鉤狀珥，圈足下連鑄方座，頸上有兩個獸頭，頸部和方座上均飾垂冠回首分尾大鳥紋，圈足上飾斜角雷紋。滕虎簋（《集成》03829〜03820）侈口，束頸，鼓腹，獸首耳下有方垂珥，圈足下連鑄方座，蓋上和頸部都有兩個浮雕獸頭，蓋的頂部有圈足形捉手，蓋上、頸部和方座上都飾以垂冠回首分尾大鳥紋，圈足上飾斜角雷紋。與滕侯簋形制較爲接近的是伯簋（《集成》03542），只是方座較伯簋矮了一些。銘文曰：「滕虎敢肇作厥皇考公命仲寶尊彝。」是滕虎爲他的父親公命仲所做的祭器。王國維認爲滕侯簋銘中的滕虎即《檀弓》中的滕孟虎，此簋屬於周中葉以後的器物。〔註 356〕容庚認爲王氏將此器定爲西周中葉以後，未免過晚，以花紋來看或屬於前期。〔註 357〕陳公柔認爲方座上的大鳥紋垂尾分披，形體已成細線條，應是西周中期偏早的風格，約爲昭穆時器。〔註 358〕綜合器物各方面的信息來看，定在西周中期偏早階段還是比較合適的。滕虎稱其父爲公命仲，公爲尊稱，或其父生前就有比較尊貴的地位。張志鵬認爲若銘文中的滕虎確實是《禮記·檀弓上》中的「孟虎」，銘文中的滕虎之父、滕伯文之祖父命仲應是一代滕君，那麼命仲之子、滕伯文之父也應是一代滕君。〔註 359〕

2002 年山東棗莊市山亭區東江小邾國墓地出土一件滕侯蘇盨，與傳世的滕侯蘇盨（《集成》04428）銘文近同，只是傳世的這件僅存拓片，「孫」字的下面沒有重文號。滕侯蘇盨呈橢方形，附耳，圈足四邊中間有缺口，蓋上有四個扁夔龍扉，可以卻置，蓋沿和器口沿均飾竊曲紋，蓋上和器腹上飾瓦溝紋，圈足上飾雲紋。從器型、紋飾和字體風格來看，屬於西周晚期較晚階段的器物，銘文曰：「滕侯蘇作厥文考滕仲旅簋，其子子孫（孫）萬年永寶用。」

〔註 355〕 朱鳳瀚：《中國青銅器綜論》，上海：上海古籍出版社，2009 年 12 月，1381 頁；吳鎮烽：《商周金文資料通鑒》光盤版，編號 01534、02839 和 04453。
〔註 356〕 王國維：《觀堂集林·釋滕》，北京：中華書局，1961 年 6 月，290 頁。
〔註 357〕 容庚：《商周彝器通考》，上海：上海人民出版社，2008 年 8 月，266 頁。
〔註 358〕 陳公柔：《滕國、邾國青銅器及相關問題》，《中國考古學研究——夏鼐先生考古五十年紀念論文集》，北京：文物出版社，1986 年 8 月，179 頁；吳鎮烽：《商周金文資料通鑒》光盤版亦持此說，編號 04661〜04664。
〔註 359〕 張志鵬：《滕國新考》，《河南大學學報》2011 第 4 期，79 頁。

此器是滕侯爲他的父親滕仲所作的器物，馮峰認爲諸侯的父親一般也是諸侯，金文中常稱爲某公或某侯，此器中卻稱爲「滕仲」，滕仲不會是一位諸侯，他的兒子能夠繼承侯位，可能是旁支入繼大統者。在註釋中他提出另一種可能認爲滕仲並非滕侯之生父，而是其叔父或伯父〔註360〕。我們認爲還有一種可能滕仲和滕侯是父子關係，滕仲雖然排行爲仲，但可能因爲他的兄長滕伯因某種原因未能即位，他代替長兄繼承了侯位。

　　結合以上分析，我們將西周時期滕國的世系列於下：

周王世系	滕君世系	出　　　處	備　　　註
武、成時期	滕公	吾鬲	
成康之際	滕公	🔲簋、🔲鼎、滕侯簋	也稱爲「伯」（🔲觶）
康、昭時期	滕侯	滕侯簋	也稱爲「命仲」（滕虎簋）
昭、穆時期	命仲之子		與滕虎爲同時期人
宣王時期	滕仲	滕侯蘇盨	
幽王時期	滕侯蘇	滕侯蘇盨	

〔註360〕　馮峰：《棗莊東江墓地出土金文人名釋解（三則）》，復旦大學古文字與出土文獻中心網站，http://www.gwz.fudan.edu.cn/SrcShow.asp?Src_ID=1020，2009 年 12 月。

第三章　族源不甚明晰的姬姓諸氏

　　上一章我們主要討論了西周時期有明確族源的姬姓諸氏。這一章所討論的幾個氏族也屬於姬姓，但是族源不甚清晰，學者或認爲他們是姬姓周王室的支庶，或認爲他們的祖先在西周初年因功而被賜姓，其族源的眞正歸屬待進一步研究。

第一節　召　氏

一、史書記載的召公家族及相關問題

　　召公奭是西周初年周王朝的重要功臣，他爲周王朝的建立、發展和穩定做出了傑出的貢獻，典籍中或稱爲保、或稱太保等。史書中關於召公奭的記載頗豐，關於召公奭的豐功偉績，《逸周書·作雒》載：「周公、召公內彌父兄，外服諸侯。」《尙書·君奭》曰：「召公爲保，周公爲師，相成王左右。」《尙書·召誥》：「成王在豐，欲宅洛邑，使召公先相宅，作《召誥》。」《論語·泰伯》曰：「武王曰：『予有亂臣十人』」邢昺疏曰：「亂，治也。周武王曰：我有治官之臣十人者，謂周公旦也，召公奭也，太公望也，畢公也，榮公也，太顛也，閎夭也，散宜生也，南宮适也，其一人謂文母也。」《史記·周本紀》載：「武王即位，太公望爲師，周公旦爲輔，召公、畢公之徒左右王，師脩文王緒業。」召公輔佐西周的幾世周王，爲西周王朝奔命，立下了赫赫功勞。

　　關於周初對召公的分封，史書中也有一些記載。如鄭玄《詩·周南召南譜》曰：「文王受命，作邑於豐，乃分岐邦周召之地爲周公旦、召公奭之采

地，施先公之教於所執之國。」《史記‧周本紀》載：「武王追思先聖王，乃
襃封神農之後於焦……於是封功臣謀士，而師尙父爲首封。封尙父於營丘。
曰齊。封弟周公旦於曲阜，曰魯。封召公奭於燕。」《史記‧燕世家》曰：「召
公奭與周同姓，姓姬氏。周武王之滅紂，封召公於北燕。其在成王時，召王
爲三公：自陝以西，召公主之；自陝以東，周公主之。」這些文獻多是記載
召公分封之事，但對召公奭這一支的起源卻沒有詳細的說法。後來的學者
或認爲召公奭是文王的兒子，如皇甫謐《帝王世紀》曰：「邵公爲文王之庶
子。」另一種看法認爲召公奭是「周之分子」，如《穀梁傳》載：「燕，周之
分子也。」《左傳》僖公二十四年記富辰的一段話：「昔周公弔二叔之不賢，
故封建親戚以藩屏周。管、蔡、郕、霍、魯、衛、毛、聃、郜、雍、曹、
滕、畢、原、酆、郇文之昭也。」杜預注：「十六國皆文王子。」這十六個國
中並沒有提到燕國，說明召公奭爲文王子的可能性是比較小的。任偉通過對
相關文獻及出土銘文的詳細論證，認爲「召公奭是周的支族的觀點」更爲準
確。〔註1〕但實際情況究竟怎樣，還需要進一步的研究。召氏家族的分封與魯
國分封的情況相似，鄭玄《詩‧周南召南譜》載：「周公封魯死謚曰文公，召
公封燕死謚曰康公，元子世之，其次子亦世守采地，在王官，春秋時周公、
召公是也。」西周時期，召氏家族一支就封於燕，世代爲諸侯；另一支留守
朝內輔佐周王。

二、召氏青銅器的梳理及召氏家族的世系

召氏的「召」字金文中常作「■」（憲鼎，《集成》02749）、■（琱生尊，
《近出》第二編 587）、■（《通鑒》02298）、■（召仲鬲，《集成》00673）等
形，或繁或簡，銘文中多數情況下用其較繁者。

（二）克盉、克罍及相關問題的討論

燕國青銅器在上個世紀 30 年代到 80 年代，已有學者陸續發表一些研究
性的文章，其主要內容是圍繞「梁山七器」和太保諸器的討論。〔註2〕1986
年北京房山區琉璃河燕國 M1193 號墓地出土了克盉（《近出》942）、克罍（《近

〔註 1〕 任偉：《西周金文與召公身世之考證》，《鄭州大學學報》（哲學社會科學版）
　　　　2002 年 9 月，59〜62 頁。
〔註 2〕 參見陳平：《傳世西周燕器銘文研究綜述》，《黃盛璋先生八秩華誕紀念文集》，
　　　　廣州：中國教育文化出版社，2005 年 6 月，189〜195 頁。

出》987）等器物，〔註3〕由於事關燕國的分封問題，掀起了新一輪的燕國青銅器研究熱潮。

克盉侈口，方唇，頸部較長，分檔式，襠的底部近平，下有四條柱形足，有鋬有流，流呈管狀，鋬上有一獸首，蓋上有半環形紐，蓋的沿上另有一鈕套接鏈條與鋬相連，蓋沿和頸部飾鳥紋。克罍平沿方唇，束頸圓肩，鼓腹圈足，腹的下部收斂，底兒呈圓形，圈足外撇，肩上有一對獸首銜環耳，蓋面隆起，上有圈狀捉手，腹部的下方有一個獸首鈕。頸部飾兩道弦紋，蓋上和器肩部均飾圓渦紋。克盉、克罍器蓋均有銘文且相同，銘文曰：

　　　王曰：「太保，唯乃明乃心，享于乃辟。余大對乃享，令克侯于匽（燕）。旃羌、兔、虘、雩、馭、微。」克宷〔註4〕匽（燕），入土眔厥〔註5〕司。用作寶尊彝。

銘文中的「王曰」的王，究竟指哪一位王呢？這直接關涉到銘文的時代以及下面問題的討論。從上面對克盉、克罍的形制、紋飾和銘文字體風格看，此兩件器物一定是西周早期的器物。學者或認為這兩件器物的年代應在武王時期，〔註6〕另一種觀點認為此處的王應該指成王。我們同意後一種觀點，銘文的後面有「太保」的稱謂，太保在西周時期地位顯赫，「他既是周王的輔弼重臣，又是最高的執行官。」〔註7〕《尚書·君奭》曰：「召公為保，周公為師，相成王左右。」這裡的太保應該指召公奭。此外，M1193 還出土有一件銅戈，上有「成周」的字樣，《簡報》的作者認為：「『成周』戈的出土說明此墓的年代上限不得早於成王時期，但其它器物也不會晚於康王時期。」〔註8〕此足以證克盉、克罍中的王應當指成王。

〔註3〕　中國社會科學院考古研究所、北京市文物研究所：《北京琉璃河 1193 號大墓發掘簡報》，《考古》1990 年第 1 期，20～31 頁。

〔註4〕　此字從黃德寬的說法，參見黃德寬：《釋琉璃河太保二器中的「宷」字》，張光裕、黃德寬主編《古文字學論稿》，合肥：安徽大學出版社，2008 年 4 月，27～30 頁。

〔註5〕　此字克盉銘文作「又」形，金文中「厥」、「又」兩個字形常常相混，概應為同一個字。

〔註6〕　張亞初：《太保罍、盉銘文的再討論》，《考古》1993 年第 1 期，64～65 頁。作者在《北京琉璃河出土西周有銘銅器座談紀要》一文中已發表此觀點，詳見《考古》1989 年第 10 期，957 頁。

〔註7〕　張亞初、劉雨：《西周金文官制研究》，北京：中華書局，1986 年 5 月，1 頁。

〔註8〕　中國社會科學院考古研究所、北京市文物研究所：《北京琉璃河 1193 號大墓發掘簡報》，《考古》1990 年第 1 期，31 頁。

　　「乃明乃心」中的「心」字有學者釋爲「𥄫」，此字在銘文中作「▨、▨」形，金文中「𥄫」字作「▨、▨」等形，雖然字形有類似之處，但從金文習用語的角度看，實爲「心」字。金文中習見「明」與「心」連用的例子，如師望鼎（《集成》02812）「克明厥心」，師詢簋（《集成》04342）「敬明乃心」等。第一個「乃」指太保，「乃辟」陳平認爲不能理解成先王，「而只能是銘文中的時王周王，而『乃辟』前的那個『享』，其施用對象自然也就是生人時王無疑了。」〔註9〕這一意見是很正確的。則「乃明乃心，享于乃辟」句是說希望太保能夠很好地侍奉你的君主成王。

　　「余大對乃享」的「對」字有學者釋爲「封」，仔細審查拓片，此字爲「對」字無疑。「對」字金文中常作「稱頌、報答」義，此處是說成王要大大的報答太保的奉獻。

　　「令克侯于燕」這樣的句式亦見於覎公簋（《近出》第二編415）「令唐伯侯于晉」，潘司土送簋（《集成》04059）「令康侯鄙于衛」等，「克」應該是人名，而不是當能夠講的副詞「克」。「侯」在這裡用爲動詞，此句是說成王命令克到燕地稱侯。

　　「𢂴羌、兔、虘、雩、馭、微」句學者或斷句爲「𢂴、羌、兔、虘、雩、馭、微、克、宰、匽入土眔厥司」，並指出「『侯于匽』後面的𢂴、羌、兔、虘、雩、馭、微、克、宰九個字與燕一樣，均爲國名或族氏名。」〔註10〕也有學者認爲「𢂴」字是動詞，讀爲「事」或「使」，是任使、管理的意思。〔註11〕我們比較同意後一種說法，若按前一種斷句和詞義的理解，從𢂴到匽這幾個過去殷代的方國或燕附近的地區都要歸入西周的土地，而由召公奭來管轄，這與前面的「令克侯于燕」句則銜接不上。「羌、兔、虘、雩、馭、微」或認爲是六個不同的族名，或認爲是羌人馬虘和雩者微兩個人。林澐認爲這句話應讀爲「使羌、狸、虘于御髟」，意思是說「封建燕侯的任務是使羌、狸、虘三個方國共同抵禦髟人。」〔註12〕今以林說爲是。

〔註 9〕　陳平：《再論克罍、克盉銘文及其有關問題——兼答張亞初同志》，《考古與文物》1995 年第 1 期，62 頁。

〔註10〕　殷瑋璋：《新出土的太保銅器及其相關問題》，《考古》1990 年第 1 期，68 頁。

〔註11〕　在《北京琉璃河出土西周有銘銅器座談紀要》一文中陳公柔、李學勤、張亞初、杜廼松均持此說，詳見《考古》1989 年第 10 期，954～960 頁。

〔註12〕　林澐：《林澐學術文集》，北京：中國大百科全書出版社，1998 年 12 月，180 頁。

「克宲燕」句的「宲」字較難釋讀，克罍的拓片上可以看出此字下面有「止」形，但克盉的拓片上此字下面沒有，可見有無「止」字偏旁並不影響。黃德寬認爲此字可讀爲「次」，此句可以理解爲「居次於匽」。〔註13〕「入」有「納」義，《玉篇》：「入，納也。」李仲操認爲：「入土即納土，與銘辭封土地之事相照應⋯⋯是封納土地及屬官的意思。」〔註14〕可從。最後一句「用作寶尊彝」的主語是克還是太保呢？陳平從語法的角度對此句進行了分析，他說：「這是以最前句的『克』帶『宲匽』、『入土』和『用作寶尊彝』三個動賓結構分句的並列複句。其第一分句爲主、謂、賓皆有的完全句，第二、第三兩分句則爲承先省略主語僅存謂、賓的不完全句。二、三兩分句的主語，只能是第一分句的主語『克』。」〔註15〕克在受到成王的分封以後，製作了這件彝器。

通過上面對克盉、克罍銘文字詞的梳理，銘文的大意已基本可通。這篇銘文主要講述的是周成王封克到燕國做諸侯這件事情，而周王之所以封克於燕是感念於召公奭對周王朝的貢獻。銘文前段主要寫成王對召公奭的讚揚，後段寫成王對克的分封，而所封的地點就在今天的北京地區。《史記・燕召公世家》索隱云：「召者，畿內菜地⋯⋯後武王封之北燕，在今幽州薊縣故城是也。亦以元子就封，而次子留周室代爲召公。」據這段史料記載，〔註16〕聯繫這篇銘文，克應該是召公奭的長子。王世民說：「考慮到出土二器的墓，在琉璃河墓地中規格最高，有四條墓道，地處顯著位置；與其他墓地相比，此墓的規模僅次於浚縣新村一號墓（該墓兩條墓道），是目前所知有數幾座西周時期身份最高的貴族墓葬之一。因此，斷定其爲第一代燕侯的墓葬，應該沒有什麼疑問。」〔註17〕1193 號大墓的發掘者亦認爲「此墓必是地位顯赫的一代燕侯之墓」。〔註18〕綜上所述，我們認爲克應該是代召公就封的第一代燕國

〔註13〕 黃德寬：《釋琉璃河太保二器中的「宲」字》，張光裕、黃德寬主編《古文字學論稿》，合肥：安徽大學出版社，2008 年 4 月，30 頁。

〔註14〕 李仲操：《燕侯克罍盉銘文簡釋》，《考古與文物》1997 年第 1 期，71 頁。

〔註15〕 陳平：《克罍、克盉銘文及其有關問題》，《考古》1991 年第 9 期，854 頁。

〔註16〕 《史記》中「周武王之滅紂，封召公於北燕」句，說明所謂的召公封北燕是在武王滅紂之後，並不代表燕國一定是武王所封，據克盉、克罍銘文，燕國所封時間應在成王時期。

〔註17〕 《北京琉璃河出土西周有銘銅器座談紀要》，《考古》1989 年第 10 期，955頁。

〔註18〕 參見中國社會科學院考古研究所、北京市文物研究所：《北京琉璃河 1193 號

諸侯。〔註19〕

在克盃克罍出土之前，學者通過對「梁山七器」和太保諸器的研究，認為燕侯旨是燕國的第一代國君，他是召伯父辛（召公奭）的兒子。下面我們就來看看相關器物記錄了怎樣的事情以及這些器物中人物的關係。西周金文中有「燕侯」字眼的還見於以下器物：燕侯旨鼎（《集成》02628）、燕侯旨鼎（《集成》02269）圉鼎（《集成》02505）、堇鼎（《集成》02703）、伯矩鬲（《集成》00698）、燕侯盉（《集成》03614）、燕侯盂（《集成》10303～10305）、復尊（《集成》05978）和亞盉（《集成》09439），我們先討論其中的幾件。

燕侯旨所作鼎有 2 件，《集成》02628 著錄的這件平沿方唇，立耳，淺分襠，三柱足，器身飾三組與三足對應的獸面紋。此鼎的形制、紋飾與旅鼎（《集成》02728）幾乎全同。銘文曰：「燕侯旨初見事于宗周，王賞旨貝廿朋，用作有姒寶尊彝。」銘文記載燕侯旨初次到宗周謁見天子聽命受事之事，王賞賜給他二十朋貝，他製作了這件祭祀母親有姒的寶鼎。另一件燕侯旨鼎立耳，腹部下垂底兒呈圓形，三柱足，頸部飾目紋。銘文曰：「燕侯旨作父辛尊。」屬於西周早期偏晚時期的器物，約屬康王時期。這件器物是燕侯旨為其亡父父辛所做的祭器。與燕國有關同時又有「父辛」稱號的還有以下諸器：

> 憲鼎（《集成》02749）：唯九月既生霸辛酉，在燕，侯賜憲貝、金，揚侯休，用作召伯父辛寶尊彝，憲萬年子子孫孫寶光用。太保。

> 伯憲盉（《集成》09430）：伯憲作召伯父辛寶尊彝。

> 穌爵（《集成》09089）：穌作召伯父辛寶尊彝。

> 伯穌鼎（《集成》02407）：伯穌作召伯父辛寶尊鼎。

憲鼎索狀立耳，腹部向下傾垂，三柱足，頸上飾一道弦紋。這段銘文曰：「在燕，侯賜……」，說明此處的侯應該指燕侯。此器物是憲為召伯父辛所做的祭

大墓發掘簡報》，《考古》1990 年第 1 期，31 頁。

〔註19〕 琉璃河燕國墓地還出土有幾件燕侯戈、燕侯戟和燕侯舞錫泡等，因上面有「燕侯舞」的字樣，學者或認為這座墓葬和燕侯舞有一定關係，而「舞」字有可能是字形與之接近的「奭」字，進而推斷這座墓葬應該是召公奭的墓葬。有學者認為這個「舞」字不一定是燕侯的私名，而可能是用來修飾戈或錫的字。參見孫華：《匽侯克器銘文淺見——兼談召公建燕及其相關問題》，《文物春秋》1992 年第 3 期，35～36 頁。

器。伯憲盉傳出山東梁山，體呈橢方形，管狀流，獸首鋬，四柱足，蓋上有半環鈕，蓋上和頸部各飾弦紋兩道。該器是伯憲爲召伯父辛所做的祭器。盛冬鈴指出：「按慣例，凡『伯某父』或『伯某』的『伯』，必指行第而非爵稱。」〔註20〕伯憲與憲鼎中的憲爲同一人。李學勤指出「這幾件祭召公的銅器，都不早於康昭之際。」〔註21〕這種看法是比較符合實際的。龢爵腹較深，近流處有兩個菌狀柱，獸首鋬，三個刀狀足外撇，腹部飾獸面紋。伯龢鼎方唇外折，絇狀立耳，鼓腹，柱足，口沿下飾一周獸面紋和四個圜渦紋。龢爵和伯龢鼎都是龢爲召伯父辛所作器，且都是西周早期的器物，龢和伯龢也應該是同一個人。這幾件器物從器形、紋飾和字體特徵看都屬於西周早期偏晚階段的器物。

　　這幾件器物中作器者有燕侯旨、伯憲和伯龢，他們的父親或稱爲父辛、或稱召伯父辛。此外，銘文中還有包含「召公」字樣的器物，爲方便與以上諸器放在一起討論，我們也將相關器物的銘文錄於下面：

　　　　小臣𤔲鼎（《集成》02556）：召公建〔註22〕燕，休于小臣𤔲貝五朋，用作寶尊彝。

　　　　太史友甗（《集成》00915）：太史友作召公寶尊彝。

　　　　叔造父尊（《新收》349）：叔造父作召公宗寶尊彝，父乙。

　　　　師衛鼎（《通鑒》02298〔註23〕）：豐公使衛陟于厥𡨦臨，射于□□城，召公賚衛貝廿朋、臣廿，厥牛廿、禾卅車。師衛用作厥祖寶彝。

小臣𤔲鼎僅存拓片，從字體特徵看屬於西周早期前段的器物。由「召公建燕」可知「周代初年封北燕時，雖然實際上由召公的元子當燕侯，但是在初封之際，召公確曾親自蒞燕，安排建國大事。」〔註24〕此說可從。

　　太史友甗是十八世紀末山東壽張梁山所出七器之一，此器爲連體式，侈

〔註20〕盛冬鈴：《西周銅器銘文中的人名及其對斷代的意義》，《文史》第17輯，北京：中華書局，1983年6月，36頁。

〔註21〕李學勤：《北京、遼寧出土青銅器與周初的燕》，《新出青銅器研究》，北京：文物出版社，1990年6月，51頁。原載《考古》1975年第5期。至於這幾件器物的祭祀對象「召伯父辛」是不是「召公」我們下文再做討論。

〔註22〕從裘錫圭的說法，詳見裘錫圭：《釋建》，《古文字論集》，北京：中華書局，1992年8月，353～356頁。

〔註23〕《通鑒》還著錄有兩件師衛簋，銘文與此相同。

〔註24〕裘錫圭：《釋建》，《古文字論集》，北京：中華書局，1992年8月，356頁。

口束腰，立耳，鬲部分襠，三足下端呈柱狀，口沿下飾以由夔龍紋組成的獸面紋，鬲部飾牛角獸面紋。這是太史友給召公所作的祭器，一般認爲此器的年代當在康王晚期，太史友應是召公奭的子輩。

叔造父尊 1964 年出土於河南洛陽北窰村龐家溝西周墓地，喇叭口，頸部較長，鼓腹，圈足，頸下部和圈足上各飾一道弦紋，腹部飾兩組夔龍紋，上面一組的夔龍紋上還飾有兩個浮雕獸首。此器物的年代也當屬於西周早期後段。叔造父屬於召公的其中一支，父乙是他父親的廟號。

師衛鼎立耳，鼓腹，三柱足，口沿下飾三列雲雷紋組成的獸面紋。與之同銘的師衛簋侈口圓唇，腹部較深，圈足，獸首耳下附有垂珥，口沿下飾三列雲雷紋組成的獸面紋，夔龍紋的中間飾有兩個浮雕獸首，圈足飾斜角目雷紋。銘文中的召公爲生稱，其作器時代也在成康時期。

召公和召伯父辛是否爲同一人？父辛與召伯父辛是否爲同一人？指的又是誰呢？他們之間又有怎樣的關係呢？

我們先來討論召公和召伯父辛是否爲同一人。陳夢家、陳平、朱鳳瀚等人持他們爲同一人的說法，〔註 25〕唐蘭、何幼琦、張亞初、馮蒸等人認爲他們並非同一個人。〔註 26〕我們傾向於後一種說法。持第一種說法的學者認爲《詩經》中的《甘棠》、《黍苗》、《崧高》等篇中有召伯，而《江漢》篇中稱召公，他們都指召公奭。實際上《甘棠》、《黍苗》、《崧高》篇中的召伯指的是召伯虎，他是宣王時期的大臣，是召公奭的後人，並非召公奭本人。另一方面他們認爲在「梁山七器」中，憲鼎、伯憲盉銘文中稱「召伯父辛」，而太史友鼎稱「召公」，所以召伯父辛即召公。其實，這並不能作爲召伯父辛正是召公的證據，這幾件器物爲什麼會出土於梁山地區現在還不清楚，只是有各種各樣的猜測，包括它們之間的關係我們並不知道。遍撿金文中關於召公的銘文，目前我們還沒有發現一例「召公」稱爲「召伯」的明證。因此，我們認爲召伯父辛與召公並不是同一個人，以上小臣邐鼎、太史友甗、叔造父尊、

〔註25〕 陳夢家：《西周銅器斷代》，北京：中華書局，2004 年 4 月，96～97 頁；陳平：《燕史紀事編年會按》，北京：北京大學出版社，1995 年 7 月，161～162 頁；朱鳳瀚：《房山琉璃河出土之克器與西周早期的召公家族》，《遠望集——陝西省考古研究所華誕四十周年紀念文集》，西安：陝西人民美術出版社，1998 年 12 月，307 頁。

〔註26〕 唐蘭：《西周青銅器銘文分代史徵》，北京：中華書局，1986 年 12 月，99 頁；何幼琦：《召伯其人及其家世》，《江漢考古》1991 年第 4 期，58 頁；張亞初：《太保罍、盉銘文的再討論》，《考古》1993 年第 1 期，66 頁。

師衛鼎中的召公才指召公奭，而其餘諸器中的召伯父辛並不是召公奭。

　　既然召伯父辛與召公並非同一人，那麼，召伯父辛又是指誰呢？學者或認為召伯父辛就是指第一代燕侯克，唐蘭說「召伯父辛應是第一代燕侯，當時的禮制有所謂『別子為祖』，燕侯旨是繼承燕侯這一宗的，所以只說父辛而不說召伯了。龢、憲等則是繼承召國的宗，即太保氏，所以說召伯父辛。」〔註27〕另一種觀認為召伯父辛與父辛並不是同一個人，召伯父辛很可能是太史友，他承襲召公的爵號稱為「召伯」，在王朝任太史的職務，死後用「父辛」作為廟號。而燕侯旨鼎中的「父辛」應該是指已死去的第一代燕侯的廟號。〔註28〕李學勤則認為召伯父辛應該理解為兩代人，讀為「召伯、父辛」。他說「如『召伯父辛』為一人，則燕侯旨只能是克之弟，此與《世本》所載燕自宣侯以上『皆父子相傳，無及』相悖。或以克、旨為一名一字，但另一燕侯旨鼎云『燕侯旨初見事於宗周，王賞旨貝二十朋』，於例又必是名。」〔註29〕

　　從上文我們對克盉（罍）的分析來看，這件器物作於成王時期，燕侯旨鼎是康王時期的器物，從時間上來說完全可能是燕侯克之後的第二代燕國國君。通過燕侯旨鼎的銘文「燕侯旨作父辛尊」，可知燕侯旨父親的廟號是父辛，即克的廟號是「父辛」。那麼，「父辛」和「召伯父辛」是否為同一人呢？稱呼「召伯父辛」的器物共有4件，其中憲鼎銘文曰：「唯九月既生霸辛酉，在燕，侯賜憲貝、金。」銘文言「在燕」，「說明憲本人並非屬就封於燕的作為燕侯召公元子一支」，〔註30〕憲鼎的年代約在康昭之際，那麼銘文中的侯很可能就是指燕侯旨。銘文的後半段說：「揚侯休，用作召伯父辛寶尊彝，憲萬年子子孫孫寶光用。太保。」銘文末尾署「太保」，「也說明他屬於留居王朝世襲『召公』的一支，此一支仍稱召氏，但亦可以召公官職『太保』為稱。」〔註31〕前文已論述召伯與召公不是一人，此處召伯父辛與太保見於同件器

〔註27〕唐蘭：《西周青銅器銘文分代史徵》，北京：中華書局，1986年12月，99～100、148頁。

〔註28〕劉啓益：《西周紀年》，廣州：廣東教育出版社，2002年4月，158～159頁。

〔註29〕李學勤：《克罍克盉的幾個問題》，《走出疑古時代》，瀋陽：遼寧大學出版社，1997年12月，161頁。

〔註30〕朱鳳瀚：《房山琉璃河出土之克器與西周早期的召公家族》，《遠望集——陝西省考古研究所華誕四十周年紀念文集》，西安：陝西人民美術出版社，1998年12月，306頁。

〔註31〕朱鳳瀚：《房山琉璃河出土之克器與西周早期的召公家族》，《遠望集——陝西

物，所指也不是同一個人。由憲鼎我們可知，賞賜憲的燕侯是燕侯旨，憲是
召伯父辛的兒子，召公奭的孫子。

通過以上的討論可以看出燕侯克、燕侯旨是就封於燕國的一支，而憲則
是留守王朝爲官的一支。他們稱呼亡父時稍有差別，就封於燕的一支稱爲
「父辛」，而留守王朝爲官的一支稱爲「召伯父辛」。任偉指出：「燕侯既然是
由周天子『胙之土而命之氏』，那麼自封燕之日起按理就不能再用父氏『召』
來命名了。『召氏』之號只能由繼承其父召公封爵、世爲王官的其他兄弟蔭
襲。」〔註 32〕因此，我們比較贊同劉啓益的觀點，認爲「父辛」和「召伯父
辛」所指並非同人，父辛是燕侯旨之父克的廟號，召伯父辛是憲的父親的廟
號。但是他覺得召伯父辛可能是太史友的觀點，則缺乏依據。「召伯父辛」這
一稱謂，正如任偉所言，「伯」是爵稱。〔註 33〕

還有一個問題是伯憲和伯龢的關係，兩人都爲召伯父辛做祭器，金文中
「伯某」伯一般都是指排行，召伯父辛不可能有兩個稱「伯某」的長子，如
何解釋這個問題呢？張亞初認爲伯憲和伯龢並不是兄弟輩，兩者是一名一字
的關係。〔註 34〕朱鳳瀚言：「……而且伯龢所作器中尚未有署「太保」氏名的，
則伯龢或可能是召公諸子中燕侯、召氏以外另一自立分支家族之長。」〔註 35〕
張氏的觀點並沒有太可靠的依據，伯龢爲燕侯、召氏以外另一自立分支家族
之長的可能性還是很大的，「召伯父辛」可能是伯龢的「諸父」一輩，此器物
是伯龢爲他的伯父所作的祭器，伯憲和伯龢可能是堂兄弟的關係。

召公家族爲姬姓家族，從上面我們對相關銅器銘文的討論來看，他們在
稱呼亡父時卻使用的是日名，這和「周人不用日名說」似乎有些違背。張懋
鎔對此有很好的解釋，他說：「周人使用殷人的日名形式，主要在成康時期。
作爲殷商時期的侯國之一，周人在武王滅商之前受殷商文化的影響自不言
待……成康時期是殷周文化相互影響、交流、融合最快的時期。」〔註 36〕這

省考古研究所華誕四十周年紀念文集》，西安：陝西人民美術出版社，1998
年 12 月，306 頁。

〔註 32〕 任偉：《西周封國考疑》，北京：社會科學文獻出版社，2004 年 8 月，177 頁。
〔註 33〕 任偉：《西周封國考疑》，北京：社會科學文獻出版社，2004 年 8 月，177 頁。
〔註 34〕 張亞初：《太保罍、盉銘文的再討論》，《考古》1993 年第 1 期，64～65 頁。
〔註 35〕 朱鳳瀚：《房山琉璃河出土之克器與西周早期的召公家族》，《遠望集——陝西
省考古研究所華誕四十周年紀念文集》，西安：陝西人民美術出版社，1998
年 12 月，306 頁。
〔註 36〕 參見張懋鎔：《再論「周人不用日名說」》，《文博》2009 年第 3 期，28 頁；張

幾件有日名的器物都作於西周早期，受殷人文化的影響而使用日名也是正常的。

（二）西周時期燕國的其他器物及其世系

前文討論的關於燕國的器物主要是克盉、克罍和兩件燕侯旨鼎，下面我們主要討論除此之外的其他器物。這些器物主要包括圉鼎、堇鼎、伯矩鬲、亞盉、復尊、燕侯簋和燕侯盂。

圉鼎出土於琉璃河西周墓地 M253 號墓，此鼎直口，腹微鼓，附耳，四柱足，整體呈橢方形，有蓋，蓋上有「凹」字形捉手，蓋沿和器口沿均飾雙身軀體龍紋。銘文曰：「休朕公君，燕侯賜圉貝，用作寶尊彝。」這裡的公君與燕侯應該指同一個人，「公」表明地位之崇高，與「君」相連更表明他是一位有尊貴地位的一國之君。

堇鼎也出土於 M253 號墓，口沿較窄，立耳，腹微鼓，底部呈圓形，口沿下飾卷角的獸面紋帶，圈足的上端飾浮雕獸面紋，中部飾三道弦紋。此鼎的形制、紋飾均似於西周早期的德鼎（《集成》02405）。銘文曰：「燕侯令堇飴（飴）太保于宗周。庚申，太保賞堇貝，用作太子癸寶尊鬻（餗），𤔲。」「飴」與《說文》「飴」字的籀文的寫法相同，唐蘭指出《說文》中「飴」字的釋義是錯誤的，他認為此字是「饋貽」之專字。〔註37〕可從。銘文記燕侯派遣堇到宗周給太保饋贈東西，此器中燕侯與太保共見，也說明太保當是在朝廷任職，並未就封於燕地。

伯矩鬲出土於琉璃河 M231 號墓，立耳，平折沿，束頸，腹部由三個袋足構成，器蓋和腹部均飾牛頭浮雕，牛角翹起，頸部飾以夔龍紋。銘文曰：「在戊辰，燕侯賜伯矩貝，用作父戊尊彝。

亞盉侈口束頸，鼓腹圓底兒，三柱足，管狀流，獸首鋬，蓋上有半環形鈕，蓋與鋬用鏈條連接，蓋沿和頸部飾三組由雲雷紋組成的獸面紋。銘文曰：「異侯亞㠱，燕侯賜亞貝，作父乙寶尊彝。」銘文中「父乙、尊」等字具有典型的西周早期偏早階段的特徵。

以上三件器物綜合各種因素來看，都屬於成王時期的器物，〔註38〕那麼

張懋鎔：《周人不用日名說》，《歷史研究》1993 年第 5 期，173～177 頁。

〔註37〕唐蘭：《西周青銅器銘文分代史徵》，北京：中華書局，1986 年 12 月，96 頁。

〔註38〕參見唐蘭：《西周青銅器銘文分代史徵》，北京：中華書局，1986 年 12 月，96～104 頁；劉啟益：《西周紀年》，廣州：廣東教育出版社，2002 年 4 月，158

銘文中的燕侯應該指第一代燕侯克。

復尊出土於琉璃河西周墓 M52 號墓，喇叭口，鼓腹，圈足，腹部飾兩道隔開的夔紋帶，頸部和圈足各飾兩道弦紋。其器型、紋飾和耳尊（《集成》06007）幾乎近同。銘文曰：「燕侯賞復冂衣、臣妾、貝，用作父乙寶尊彝，🐦。」此器物的年代有成王和康王兩說。所賞「冂衣」見於康王時期的大盂鼎，同墓出土的還有一件復鼎，結合復鼎和其他因素來看，還是定於康王時期爲宜。

燕侯盉侈口束頸，鼓腹圈足，獸首耳下附有鉤狀垂珥，頸部和圈足各飾兩道弦紋，頸部還飾有兩個浮雕獸首。銘文曰：「燕侯作姬丞尊彝。」此盉是燕侯爲姬姓名丞的女子所作器，蓋是爲女兒所作器。燕侯盂有兩件，銘文相同，都是燕侯自作器，曰：「燕侯作旅彝。」這幾件器物從器形、紋飾，尤其是字體風格來看，都應屬西周早期偏晚階段，我們也將此定爲康王時器。

除以上器物外，還有一件攸簋（《集成》03906），雖未言明燕侯，但銘文中的侯應是指燕侯。攸簋出土於琉璃河西周墓 M53 號墓，侈口束頸，鼓腹，器的兩側有一對象首卷鼻形耳，圈足下面附有三個站立狀虎形小足，蓋呈半球形，上有圈形捉手，蓋面和器的腹部飾垂冠回首大鳥紋，此外還各飾有兩個浮雕獸首。此簋器蓋同銘，銘文曰：「侯賞攸貝三朋，攸用作父戊寶尊彝，肇作禩。」這種垂冠回首的大鳥紋主要從西周早期偏晚階段開始流行，結合銘文的字體，我們也將此器定於康王時期的器物。

（三）召公家族畿內一支的相關青銅器梳理
1、關於召公奭的器物以及西周早期的召公家族

召公奭是西周初年的功臣，前面已有所簡介。《尚書·顧命》載：「成王將崩，懼太子釗之不任，乃命召公、畢公率諸侯以相太子而立之。成王既崩，二公率諸侯，以太子釗見於先王廟，申告以文王、武王之所以爲王業之不易，務在節儉，毋多欲，以篤信臨之，作《顧命》。」《尚書·顧命》曰：「乃同召大保奭、芮伯、彤伯、畢公、衛侯、毛公、師氏、虎臣、百尹、御事。」由這兩段記載可知太保在康王初即位時仍稱爲大保，召公奭的長壽在銘文中也有記載，者減鐘（《集成》00193）銘文曰：「用祈眉壽繁釐，于其皇祖皇考，

～159 頁；彭裕商：《西周青銅器年代綜合研究》，成都：巴蜀書社，2003 年 2 月，230～235 頁；陳佩芬：《夏商周青銅器研究·西周篇》，上海：上海古籍出版社，2004 年 12 月，203 頁。

若召公壽，若參壽。」

　　上個世紀 70 年代在陝西岐山鳳雛村發現了西周甲骨，其中 H11：15 片曰：「太保今二月往……」，還有一片 H11：50 上也有「太保」的字樣，發掘者認爲太保即指召公奭。〔註 39〕銘文中關於他的事蹟也不乏記載，上文已提到的不再重複，下面僅錄銘文中之要者。

　　召公自作器的主要有以下幾件：

　　　　太保鼎（《集成》01735）：太保鑄

　　　　大保卣（《集成》05018）：太保鑄。

　　　　召卣（《集成》04868）：六一八六一一〔註 40〕，召。

　　銘文內容關於召公的器物主要有：

　　　　太保簋（《集成》04140）：王伐彔子𣄨，𢛳厥反，王降征令于太保，太保克敬亡𥃝（遣），王侃太保，賜休余土，用茲彝對令。

　　　　太保玉戈（《考古與文物》1986 年第 1 期 71 頁圖 2）：六月丙寅，王在豐，令太保省南國，帥漢，徣殷南，令屬侯辟，用𪊕走百人。

　　　　旅鼎（《集成》02728）：唯公太保來伐反夷年，在十又一月庚申，公在𤔲師，公賜旅貝十朋。旅用作父尊彝，𠂤。

　　　　作冊大鼎（《集成》02758～02761）：公來鑄武王、成王異鼎，唯四月既生霸己丑，公賞作冊大白馬，大揚皇天尹太保室，用作祖丁寶尊彝，鳥冊。

　　　　臣楬簋（《集成》03790）：太保賜厥臣楬金，用作父丁尊彝。

　　　　御正良爵（《集成》09103）：唯四月既望丁亥，尹太保賞御正良貝。用作父辛尊彝。

　　　　叔簋《集成》04132～04133）：唯王䆆于宗周，王姜使叔使于太保，賞叔鬱鬯、白金、雛牛。叔對太保休，用作寶尊彝。

　　銘文結尾以「太保」爲氏名的器物有：

〔註 39〕　參見陝西周原考古隊：《陝西岐山鳳雛村發現周初甲骨文》，《文物》1979 年第
　　　　　　10 期，40 頁；汪濤：《陝西周原甲骨刻辭中的「太保」》，《遠望集——陝西省
　　　　　　考古研究所華誕四十周年紀念文集》，西安：陝西人民美術出版社，1998 年
　　　　　　12 月，335～337 頁。

〔註 40〕　張政烺指出「蓋作邑時遇此卦，即以爲邑」，詳細可參見張政烺：《試釋周初
　　　　　　青銅器銘文中的易卦》，《考古學報》1980 年第 4 期，403～415 頁。

　　　　遘鼎〔註41〕（《集成》02157）：遘作尊彝，太保。

目前發現的召公自作器並不是太多。相對而言，記載召公有關事蹟的銘文比較多。太保簋是「梁山七器」中的一件，銘文記載彔子耴反叛，王命令太保征伐彔子耴，太保能夠順利的完成任務，王嘉獎賞賜給太保余地之土地。銘文中的彔子耴或認爲是武庚祿父，可備一說。太保玉戈銘記六月丙寅王在豐地，命令太保沿漢水南下省察南土之國，「厲侯」據李學勤考證當是「今湖北隨州以北的厲國」。他說：「成王命召公巡視南國，沿漢而下，是爲了召集當地諸侯來朝之事。由當時歷史情況來看，這件事可能發生在周公平征三監以後，是鞏固王朝南方統治的一項措施。」〔註42〕旅鼎採用大事紀年的方式，這一年公太保征伐叛變的淮夷之人，後面講公賞賜旅貝十朋，這個公應該是承前省略仍是指太保召公奭。這幾件器物都是成康時期的器物，可見西周早期召公在平定叛亂、穩定西周的政治局面方面立下了汗馬功勞。

　　作冊大鼎中召公被稱爲皇天尹太保，「皇」是稱美之詞，「天尹」就是指大尹，唐蘭說「大尹等於大君……大君在奴隸制王朝中，除王以外，地位是最崇高的。」〔註43〕在御正良爵中召公又被稱爲「尹太保」。以上所列後面有幾件器物都是記載召公對其屬下的賞賜之事，而這些被賞賜的人，在接受召公的賞賜後，多是爲其祖或父製作祭器，他們父或祖的稱謂往往使用日名，或者在銘文結尾處再加以他們的族徽，也能從一個側面反映召公家族與這些殷民族的後裔有較多的聯繫，他們的文化習俗相互影響。所以，在姬姓的召公家族的銅器上有使用日名的稱謂方式也就不奇怪了。

　　遘所作器有好幾件，人名的書寫和銘文內容都稍有差異。遘鼎方沿平折，立耳，腹部呈長方槽形，槽的下部有所收斂，四條鳥形扁足，口沿下飾夔紋。這件器物的年代屬於西周早期偏晚階段，約屬康王時期。銘文末尾的「太保」是遘的族氏名，當是以祖先的官職爲氏。馮蒸在考釋帶的一件戈時

〔註41〕器主名「𧻕」字的考釋從裘錫圭、徐寶貴的觀點，參見：裘錫圭：《也談子犯編鐘》，臺北《故宮文物月刊》第 13 卷第 5 期，115 頁；徐寶貴：《金文考釋兩篇》，《考古與文物》2003 年第 5 期，78～80 頁。遘鼎目前所見共有 6 件，其中有一件銘文與其他 5 件稍有不同，在《集成》中的編號爲 02372，銘文曰：「太保，遘作宗室寶尊彝。」遘所作器還有 1 件壺、1 件戈和 1 件戟，銘文略微不同。「遘」或寫作「帶」，字體稍有不同，當是同一人所作器。

〔註42〕李學勤：《太保玉戈與江漢的開發》，《走出疑古時代》，瀋陽：遼寧大學出版社，1997 年 12 月，139 頁。

〔註43〕唐蘭：《西周青銅器銘文分代史徵》，北京：中華書局，1986 年 12 月，138 頁。

認為帶可能是太公奭兒子一輩。〔註44〕從帶所作器物的時代看，此說可從。

結合以上的討論，召公家族畿內一支西周早期的情況如下。召公在武、成、康時期一直擔任朝中重臣，他為西周的建立、鞏固和發展做出了傑出的貢獻。他的次子召伯父辛留在畿內任周王朝的官員，其子為伯憲。伯龢也為伯父召伯父辛作過祭器，召公的子輩還有太史友、父乙和帶，父乙的兒子叔造父與伯憲、伯龢一樣是召公的孫子輩。

2、西周中期召氏家族器物梳理

西周中期召氏家族的器物較少，目前所見僅有生史簋（《集成》04100～14101），生史簋侈口束頸，鼓腹，圈足，一對獸首耳下附有方形垂珥，頸部上下各有兩道弦紋，中間飾以兩組雲雷紋填地的分尾鳥紋，頭與頭相對的兩鳥之間飾以浮雕獸頭，圈足上飾兩道弦紋。此簋的形制與西周中期的輔師嫠簋（《集成》04286）、段簋（《集成》04208）器形、紋飾相似，結合本銘文的字體，此器物的年代當屬於西周中期早段，約為穆王時期。銘文曰：「召伯令生史使于楚，伯賜賞，用作寶簋，用事厥叔（祖）日丁，用事厥考日戊。」召伯派生史出使楚國，此召伯從時代上看可能為伯憲之子，在王朝繼任父職。

3、西周晚期召氏家族器物梳理

目前所見西周晚期召氏家族的器物主要有：五年琱生簋（《集成》04292）、琱生尊（《近出》第二編587～588）、六年琱生簋（《集成》04293）、召伯虎盨（《近出》497）、召伯毛鬲（《集成》00587）和召仲鬲（《集成》00672～00673）。

五年琱生簋和六年琱生簋均為傳世器，2006年陝西扶風縣城關鎮五郡村西周銅器窖藏出土兩件琱生尊，研究者發現琱生尊與已出土的琱生簋在內容上有密切聯繫，且紀年時間正處在五年琱生簋和六年琱生簋之間。為方便討論，我們將這幾件器物的銘文錄於下：

> 五年琱生簋：唯五年正月己丑，琱生有事，召來合事。余獻婦
> 氏以壺，告曰：「以君氏令曰：『余老止，公僕庸土田多諫（剌），弋
> （式）伯氏從詰。公宕其參，汝則宕其貳，公宕其貳，汝則宕其一。』」
> 余𪔂〔註45〕于君氏大璋，報婦氏帛束、璜，召伯虎曰：余既訊，㦰

〔註44〕馮蒸：《關於西周初期太保氏的一件青銅兵器》，《文物》1977年第6期，52頁。

〔註45〕有學者將此字釋為「𪔂」字，可備一說。參看袁金平：《新見西周琱生尊銘文

我考我母令，余弗敢亂，余或至我考我母令，琱生則覲圭。

　　琱生尊：唯五年九月初吉，召姜以琱生[戈五][尋（尋）、壼兩，以君氏命曰：「余老之，我僕庸土田多諫（刺），弋（式）[話]，勿使散亡。余宕其叄，汝宕其貳。其訊（兄）公，其弟乃。」余[龜]大璋，報婦氏帛束、璜一，有司眾[辞]兩[屏]。琱生對揚朕宗君休，用作召公尊[彝]，用祈通祿、得純、靈終，子孫永寶用之享。其有敢亂茲命，曰：汝事召人，公則明[吸]（殛）。

　　六年琱生簋（《集成》04293）：唯六年四月甲子，王在[莽]。召伯虎告曰：「余告慶。」曰：公厥稟貝用獄諫（刺），爲伯有祗有成。亦我考幽伯、幽姜令。余告慶！余以邑訊有司，余典勿敢封。今余既訊，有司曰：厚令。今余既一名典，獻伯氏，則報璧。琱生對揚朕宗君其休，用作朕烈祖召公嘗簋，其萬年子孫寶，用享于宗。

五年琱生簋侈口，腹部較淺，下部向內收斂，圈足較高，足沿兒外撇，鳳首形雙兒下附有卷狀垂珥，腹部和圈足飾獸面紋，并各有兩道扉棱。六年琱生簋與此簋形制相仿，唯獨垂珥已經殘缺。琱生尊寬沿外侈，侈口束頸，肩部稍鼓，自肩部向下開始收斂，平底兒，尊的肩部飾一周重環紋，腹部飾以直線紋填地的三角紋。

　　林澐在《琱生簋新釋》一文中指出五年琱生簋和六年琱生簋爲同一篇銘文分成的兩段，此兩簋應該結合起來通盤考慮。〔註46〕琱生尊出土後，學者根據這三件器物所記日期，認爲三件器物應該以五年琱生簋——琱生尊——六年琱生簋這樣的順序連讀。〔註47〕我們也比較贊同三器連讀的觀點。五年琱生簋銘文曰：「公宕其叄，汝則宕其貳，公宕其貳，汝則宕其一。」而到了

考釋》，中國社會科學院歷史研究所先秦史研究室網站，http://www.xianqin.org/xr_html/articles/jwyj/436.html，2006 年 12 月 9 日；方稚松：《甲骨文考釋四則》，復旦大學古文字與出土文獻研究中心網站，http://www.gwz.fudan.edu.cn/SrcShow.asp?Src_ID=778，2009 年 5 月 1 日。

〔註46〕林澐：《林澐學術文集》，北京：中國大百科全書出版社，1998 年 12 月，159頁。

〔註47〕支持這一觀點的主要有陳昭容、李學勤等人，參見陳昭容、内田純子、林宛蓉、劉彥斌：《新出土青銅器〈琱生尊〉及傳世〈琱生簋〉對讀——西周時期大宅門土地糾紛協調事件始末》，《古今論衡》2007 年第 16 期，31～52 頁；李學勤：《琱生諸器銘文聯讀研究》，《文物》2007 年第 8 期，71～75 頁。

琱生尊時，銘文曰：「余宕其參，汝宕其貳。」李學勤說：「召姜也就是婦氏此次所傳之命，是在上次兩種劃分方案中決定了一種。」〔註48〕由此處可知，雖然琱生尊與五年琱生簋的內容有重複之處，但琱生尊的內容明顯是在五年琱生簋的基礎上又遞進了一步，這也可作爲三器應該連讀的旁證。關於這幾件銘文的討論，文章頗多，〔註49〕我們在下面討論時若有引用的觀點只寫出提觀點者的名字，不是特別需要不再重複出處。

　　五年琱生簋記周王五年正月己丑這日，琱生有事，召來和他合議此事。「有事」一詞或認爲是祭祀之事，或認爲是附庸土田的爭訟之事。雖然文獻中的「有事」多指祭祀和戰爭，但從通篇的主要內容來看，還是理解爲附庸土田的爭訟之事較爲合宜。「召」依據後面的銘文提示，應該指「召伯虎」。「余獻伯氏以壼，告曰」句或有人斷句爲「余獻，伯氏以壼告曰」。參照琱生尊「召姜以琱生戕五龢（尋）、壼兩」句，我們認爲還是第一種斷句更符合銘文的實際，可以看出此處的「余」應該指琱生，而不是有些學者所認爲的是指召伯虎。下面是琱生引君氏的命令的話，「余老止……汝則宕其一」句中的

〔註48〕李學勤：《琱生諸器銘文聯讀研究》，《文物》2007 年第 8 期，73 頁。

〔註49〕關於這幾件器物的討論，較有代表性的文章有郭沫若：《兩周金文辭大系圖錄考釋‧召伯虎簋》，北京：科學出版社，2002 年 10 月，142～144 頁；陳夢家：《西周銅器斷代》，北京：中華書局，2004 年 4 月，231～235 頁；譚戒甫《周召二簋銘文綜合研究》，《江漢學報》1961 年第 2 期，43～52 頁；朱鳳瀚《琱生簋銘新探》，《中華文史論叢》1989 年第 1 期，79～96 頁；王玉哲：《琱生簋銘新探跋──兼論本銘無關訴訟問題》，《中華文史論叢》1989 年第 1 期，97～101 頁；方述鑫：《召伯虎簋銘文新釋》，《考古與文物》1997 年第 1 期，61～69 頁；劉桓：《五年琱生簋、六年琱生簋銘文補釋》，《故宮博物院院刊》2003 年第 3 期，48～52 頁；李學勤：《琱生諸器銘文聯讀研究》，《文物》2007 年第 8 期，71～75 頁；陳昭容、內田純子、林宛蓉、劉彥斌：《新出土青銅器〈琱生尊〉及傳世〈琱生簋〉對讀──西周時期大宅門土地糾紛協調事件始末》，《古今論衡》2007 年第 16 期，31～52 頁；王占奎：《琱生三器銘文考釋》，《考古與文物》2007 年第 5 期，105～108 頁；陳英傑：《新出琱生尊補釋》，《考古與文物》2007 年第 5 期，109～111 頁；林澐：《琱生三器新釋》，復旦大學古文字與出土文獻研究中心，http://www.guwenzi.com/SrcShow.asp?Src_ID=286，2008 年 1 月 1 日；王輝：《琱生三器考釋》，《考古學報》2008 年第 1 期，39～64 頁；王進峰、邱眅海：《五年琱生簋與琱生器人物關係新論》，《寶雞文理學院學報》（社會科學版）2008 年第 6 期，45～49 頁；朱鳳瀚：《琱生簋與琱生尊的綜合考釋》，朱鳳瀚主編《新出金文與西周歷史》，上海：上海古籍出版社，2011 年 7 月，71～81 頁；陳絜：《琱生諸器銘文綜合研究》，朱鳳瀚主編《新出金文與西周歷史》，上海：上海古籍出版社，2011 年 7 月，82～105 頁。

「止」或釋爲「之」,過去有學者認爲「止公」是人名,琱生尊出土後,與尊銘對比,學者多改變此前的錯誤說法,將「止公」處進行斷句,認爲「止」是句末語氣詞。「余老止」的余應該指君氏。「仆庸土田」學者多有討論,認爲即文獻中的「土田附庸」或「土田培敦」,「僕庸」是指被奴役者,裘錫圭進一步論證了西周春秋時期「僕」和「庸」的區別。〔註50〕我們認爲此處的「土田附庸」指土田和服役的奴隸。「多」的下一字作「𧦅」形,學者或認爲此字從言從柔,此字在琱生尊中不從言,僅作「𤛒」形,林澐已指出釋「柔」之不妥,可參看。此字當隸定爲「諫」,《廣雅・釋詁》:「諫,怨也。」王念孫疏證:「諫,通作刺。」「弋」字讀爲「式」,是句首虛詞。〔註51〕「詐」字李學勤認爲:「『詐』是『許』字異構,又見曶鼎,古音曉母魚部,讀爲心母鐸部的『訴』,《說文》:『告也。』」〔註52〕「宕」字《說文・宀部》:「宕,過也。」王占奎認爲「宕」可以與「宅」陽入對轉,「宅」又可與「度」相通,並舉戔鼎(《集成》02824)「永宕乃子戔心」爲例,認爲「宕」有居(佔有)之義,今從之。「鼀」字郭沫若認爲即蠪字,讀爲「惠」,有賞賜的意思,此處是指余鼀於大璋。「報」爲報答義。「戾」字一般從楊樹達的說法,他將此字釋爲「侯」,讀爲「惟」,「惟命」類似於今天所言「如命」、「從命」。〔註53〕「覬」字可讀爲「見」。

琱生尊銘文中「𢦏」字,諸家說法不一,多釋爲不同意義的名詞,陳英傑將此字讀爲「蔑」,認爲在此處有「饋贈、進獻」之義,〔註54〕從整個句子看,將此字釋爲動詞更合語法要求,但這個字形是否可以解釋成「蔑」還待考證。「勿使散亡」句,「散亡」的主語應該是從前省略的「仆庸土田」,是說不要使這些土地流散、服役的奴隸流亡。「其兄公,其弟乃」中的「公」字學者一般釋爲「公平」義,「乃」字讀爲「仍」,訓爲順從義。「𧴪」字釋法較多,或讀爲「注」、或讀爲「賜」、或讀爲「益」字,暫無定論。「𡰨」字從尸從辛,學者或認爲是「璧」字的省寫,也有人不同意這種看法。我們認爲這

〔註50〕 裘錫圭:《說「僕庸」》,《古代文史研究新探》,南京:江蘇古籍出版社,1992年6月,366~384頁。

〔註51〕 裘錫圭:《史墻盤銘解釋》,《古文字論集》,北京:中華書局,1992年8月,380頁。

〔註52〕 李學勤:《琱生諸器銘文聯讀研究》,《文物》2007年第8期,72頁。

〔註53〕 楊樹達:《六年琱生簋跋》,《積微居金文說》(增訂本),北京:中華書局,1997年12月,248頁。

〔註54〕 陳英傑:《新出琱生尊補釋》,《考古與文物》2007年第5期,109頁。

個字可能不是「璧」字的省寫，六年琱生簋中有「報璧」一語，「璧」字作「」形。

六年琱生簋中兩次出現「余告慶」語，或認爲「慶」是人名，陳夢家認爲「告慶」即「告成」，林澐、朱鳳瀚等人認爲「告慶」有「告喜」的意思。聯繫上下文來看，召伯虎告的對象應該是琱生，「慶」是召伯虎要告訴琱生的事件的總稱，「余告慶」後面「曰」的內容是「慶」的具體所指。「獄訊」應該是指「仆庸土田多刺」一事。「祇」字訓爲定也、安也。「有祇有成」是說這件獄訟之事得以平息，有了結果。「邑」字郭沫若認爲即「所授之土田」，林澐認爲「邑」指前面的「仆庸土田」，根據文意來看，林說較勝一籌。「典」是記錄土地四至、人口數量書冊，此處的「典」用爲動詞，有「記錄、登記」義。「既一名典」，楊樹達、李學勤、王輝等認爲「一」訓爲副詞「皆」，是也。這種用法亦見於師𩰬鼎（《集成》02830）「孫子一卹皇辟懿德」，此句是說「已經都登錄成冊」。

對於以上三器所記銘文內容，目前主要有三種觀點：一種認爲此三器所記之事與土地爭訟無關，實際上是召氏家族內部土田的分配問題；〔註 55〕另一種認爲琱生三器記載了土地爭訟這一事件。〔註 56〕朱鳳瀚提出琱生三器「所記述的事件似還是與獄訟有關，獄訟自然不是發生在宗族內部，而是整個召氏家族訴訟有損於其土田附庸的其他周人貴族。」〔註 57〕我們比較贊同朱先生的看法，這種解釋更全面的揭示了琱生三器所反映的事實。

下面我們主要通過銘文內容討論下這幾件器物中人物之間的關係。這三件器物中出現的主要人名稱謂有：琱生、婦氏、君氏、伯氏、召伯虎、召姜、宗君、召公、幽伯、幽姜等。

〔註 55〕王玉哲：《琱生簋銘新探跋——兼論本銘無關訴訟問題》，《中華文史論叢》1989 年第 1 期，97～101 頁。王輝亦有類似的看法，他認爲此三器所反映的是召伯虎主持分割家族財產，處理家族土地糾紛之事。參見王輝：《琱生三器考釋》，《考古學報》2008 年第 1 期，59～60 頁。陳昭容也認爲此三器反映的是召氏家族財產分割時召氏兼顧大小宗的利益之事，參見陳昭容、內田純子、林宛蓉、劉彥斌：《新出土青銅器〈琱生尊〉及傳世〈琱生簋〉對讀——西周時期大宅門土地糾紛協調事件始末》，《古今論衡》2007 年第 16 期，31～52 頁。

〔註 56〕林澐：《林澐學術文集》，北京：中國大百科全書出版社，1998 年 12 月，159頁。

〔註 57〕朱鳳瀚：《琱生簋與琱生尊的綜合考釋》，朱鳳瀚主編《新出金文與西周歷史》，上海：上海古籍出版社，2011 年 7 月，73 頁。

　　琱生是這三件器物的作器者，五年琱生簋曰：「余獻婦氏以壺，告曰：以君氏令曰……」；琱生尊曰：「召姜以琱生𢦏五𩏌（尋）、壺兩，以君氏命曰……」，可以看出婦氏與召姜指同一人。「君氏」除了見於這兩句銘文外，還見於「余氒于君氏大璋，報婦氏帛束、璜」語，這句話是說琱生受到君氏賜予的大璋，報答給婦氏的是一束絲帛、一件玉衡。說明「君氏」和「婦氏」有密切的關係，兩人蓋爲夫妻關係。「伯氏」在銘文中兩見，一是見於「余老止，公僕庸土田多諫（刺），弋（式）伯氏從許」句，另外一處見於「今余既一名典，獻伯氏，則報璧。琱生對揚朕宗君其休。」在第一句中「余老止」的余是君氏自稱，君氏說我已經老了，公家（族）的土田、奴隸有很多責怨等麻煩事，希望伯氏能夠將其亂事兒訴訟於王朝的有司。這是婦氏轉告給琱生的話，此處的伯氏應該指琱生。第二句「今余既一名典」中的余指召伯虎，召伯虎把所需登記之事一一載於名冊上，並把他奉送給伯氏一份，後面「則報璧」承前省略主語伯氏，伯氏回報給召伯虎的是一塊玉璧。後面是琱生對其宗君的讚美和感謝。召伯虎送給伯氏典冊，伯氏送以玉璧作爲報答，琱生感恩自己的祖先。可見，伯氏指琱生無疑。「幽伯、幽姜」見於六年琱生簋，這件銘文中召伯虎稱「亦我考幽伯、幽姜令」，可知幽伯、幽姜爲召伯虎的父親和母親，也即五年琱生簋中的君氏和婦氏。通過銘文亦可知召伯虎和琱生是大小宗的關係，其共同的祖先是召公。宗君在銘文中也出現了兩次，分別在琱生尊和六年琱生簋中，尊銘曰：「琱生對揚朕宗君休，用作召公尊鑪。」簋銘曰：「琱生對揚朕宗君其休，用作朕烈祖召公嘗簋。」金文中「揚某某休」者，一般都是此人曾給予作器者某些好處，或是賞賜過作器者，或是提拔過作器者等。對照五年琱生簋可知琱生尊中的「余氒大璋」是「余氒于君氏大璋」的省略，君氏賞賜了琱生大璋，後面講「琱生對揚朕宗君其休」，可知此處的宗君應該指君氏，即召伯虎的父親幽叔。六年琱生簋主要記載訴訟之事獲得勝利，而這件事情之所以能夠勝利，其關鍵因素之一便是「我考我母令」，或稱「我考幽伯、幽姜令」，琱生自然要感謝讚揚他們。所以，我們認爲此處的宗君指君氏（幽叔）。

　　琱生亦見於師嫠簋（《集成》04325）和琱生鬲（《集成》00744）。師嫠簋弇口鼓腹，圈足下附有三個獸面扁足，一對獸首耳下附有方形垂珥，蓋上有圓形捉手，蓋沿和器口沿飾竊曲紋，蓋面和腹部飾瓦溝紋，圈足上飾重環紋。在此銘文中琱生被稱爲「宰琱生」，銘文曰：「唯十又一年九月初吉丁亥，王

在周，各于太室，即位，宰琱生入右師㲃，王呼尹氏冊命師㲃……」，宰琱生是右者的身份，此件器物作於王十一年九月，在琱生諸器之後，此時琱生已做到了宰的職位。琱生鬲是陝西省博物館徵集的一件器物，侈口束頸，兩耳立於口沿上，平襠，三實足呈馬蹄形，口沿下飾竊曲紋，腹部飾夔紋。銘文曰：「琱生作文考宲仲尊鬲（鬻），琱生其萬年子子孫孫永寶用享。」此鬲乃琱生爲其父宲仲所作。

琱生據張亞初的考證指琱氏的外甥，琱爲妘姓，金文可證。函皇父鼎（《集成》02745）曰：「函皇父作琱嬀（妘）盤盉尊器，鼎簋〔一〕具，自豕鼎降十又〔一〕、簋八、兩罍、兩壺。琱嬀（妘）其萬年子子孫孫永寶用。」林澐云：「琱生當由其母爲琱氏之女而得名。函皇父簋銘（《三代》8.40.2）有『琱嬀』，又另有『周棘生作楷妘媵簋〔註58〕膳簋』（《三代》7.48.2），均可證琱（周）氏爲妘姓，自然可以和姬姓的召公之後通婚。」〔註59〕

琱生諸器的年代稍有爭議，一種認爲這些器物都是西周中期的器物，陳夢家、王世民、馬承源等人持此觀點。〔註60〕王世民等人在考訂五年琱生簋和六年琱生簋所屬時代時說：「但從器型和紋飾考察，他們不能晚至宣王時期，從雙兒的鳥頭造型、分解的獸面紋以及銘文涉及的內容而論，宜定爲西周中期器。」〔註61〕也有一些學者將此器物定爲厲宣時期，主要是和文獻的記載相結合，認爲銘文中的召伯虎即史書記載中的召穆公，他是厲宣時期的重臣。《史記·周本紀》曰：「王行暴虐侈傲，國人謗王。召公諫曰：『民不堪命矣。』王怒，得衛巫，使監謗者，以告則殺之。其謗鮮矣，諸侯不朝。三十四年，王益嚴，國人莫敢言，道路以目。厲王喜，告召公曰：『吾能弭謗矣，乃不敢言。』召公曰：「是鄣之也……。」《詩經·大雅·崧高》曰：「亹亹申伯，王纘之事。于邑于謝，南國是式。王命召伯，定申伯之宅。登是南邦，世執其功。」《詩經·大雅·江漢》曰：「江漢之滸，王命召虎：『式辟四方，

〔註58〕此處少一「嬀」字，應作「周棘生作楷妘嬀膳簋」，「嬀」是該女子的私名。

〔註59〕林澐：《林澐學術文集》，北京：中國大百科全書出版社，1998年12月，159頁。

〔註60〕陳夢家：《西周銅器斷代》，北京：中華書局，2004年4月，231～235頁；王世民、陳公柔、張長壽：《西周青銅器分期斷代研究》，北京：文物出版社，1999年11月，101頁；馬承源主編：《商周青銅器銘文選》第三卷，北京：文物出版社，1988年4月，208～211頁。

〔註61〕王世民、陳公柔、張長壽：《西周青銅器分期斷代研究》，北京：文物出版社，1999年11月，101頁。

徹我疆土。匪疚匪棘，王國來極。于疆于理，至於南海。』」召伯虎在這一時期任王朝卿士，是屬王和宣王的得力助手。由五年琱生簋和琱生尊銘文可知，此時召伯虎的母親還在世，召伯虎的年紀還不會太大。有琱生名字的另一件器物師㝬簋從形制、紋飾和銘文字體、內容看應屬於西周晚期的器物，王世民等人將此器物定爲厲王時器。〔註 62〕雖然在器形和紋飾上琱生簋有西周中期的特徵，但綜合以上因素，我們認爲琱生所作諸器還是置於厲王時期較爲適宜。

以上是關於召氏家族琱生所作器的討論，目前所見召伯虎所作器僅有一件，即召伯虎盨（《近出》497），此器物 1993 年出土於河南洛陽市東郊，器呈橢圓形，斂口鼓腹，附耳，柱狀足，蓋面上有兩對相連接的矩尺形扁紐，紐部、蓋沿和器口沿均飾竊曲紋，蓋面和腹部飾瓦紋，蓋的扉上飾夔龍紋，四條柱足的上部飾浮雕獸首。銘文曰：「召伯虎用作朕文考。」《簡報》的作者認爲：「此盨是召伯虎爲其亡父所作的祭器，故這座墓很可能是召伯虎之父幽伯之墓，則作器的時間必晚於琱生簋。綜合分析墓中的銅器，約在宣王前後。」〔註 63〕

西周晚期召氏家族的器物還有幾件，如召伯毛鬲，此器寬平沿，束頸鼓腹，平襠，三蹄足，與足對應的位置有三條扉棱，肩部飾重環紋，腹部飾直線紋。此器物的形制、紋飾與杜伯鬲（《集成》00698）幾乎近同，銘文曰：「召伯毛做王母尊鬲。」杜伯鬲是宣王前後的器物，此器物的年代也當在宣王前後，召伯毛可能是召伯虎的子輩。還有 2 件召仲鬲，1 件存有圖像和拓本，1 件僅存拓片。從圖像來看，召仲鬲的形制、紋飾與召伯毛鬲幾乎全同，應是同一時期的器物。銘文曰：「召仲作生姑尊鬲，其子子孫孫永寶用。」從時代上來看，他與召伯毛可能是兄弟行。

（四）召氏家族的世系

通過上面的討論，我們把召氏家族的世系列於下表：
召氏家族封於燕國一支的世系：

〔註 62〕 王世民、陳公柔、張長壽：《西周青銅器分期斷代研究》，北京：文物出版社，1999 年 11 月，90 頁。

〔註 63〕 洛陽市文物工作隊：《洛陽東郊 C5M906 號西周墓》，《考古》1995 年第 9 期，791 頁。

周王世系	召氏家族世系	出　　　　處
武、成、康王	召公	小臣𧻓鼎
成王	燕侯克（父辛）	克盉、克罍、圉鼎、𦰩鼎、伯矩鬲、亞盉
康王	燕侯旨	燕侯旨鼎、復尊、燕侯簋、攸簋

召氏家族畿內一支的世系：

周王世系	召氏家族世系				出　　　　處	備　註
武、成、康王	召公				師衛鼎、太保鼎、太保簋、太保玉戈、旅鼎、作冊大鼎等	
成王	召伯父辛		父乙	太史友　帶	伯憲諸器、伯龢諸器、太史友甗、叔造父尊、帶諸器	部份器物的年代在康昭之際
康、昭王	伯憲	伯龢	叔造父			
穆王	召伯				生史簋	
厲王	幽伯（君氏、宗君）		亮仲		五年琱生簋、琱生尊、六年琱生簋、師㝨簋、召伯虎盨	幽伯妻爲幽姜（婦氏、召姜）
	召伯虎（召）		琱生（伯氏）			
宣王	召伯毛	召仲			召伯毛鬲、召仲鬲	

第二節　榮　氏

一、榮氏簡介

榮氏家族是西周時期的重要貴族，《國語・晉語》曰：「文王諏於蔡、原，訪於辛、尹，重之以周、召、畢、榮。」《論語・泰伯》載：「武王曰：予有亂臣十人。」馬融注曰：「治官者十人，謂周公旦、召公奭、太公望、畢公、榮公、太顛、閎夭、散宜生、南宮适，其一人爲文母。」通過這兩段記載即可知榮氏在西周早期就和周公、召公等一起輔佐周王，並有較爲崇高的地位。《史記・周本紀》曰：「成王既伐東夷，息慎來賀，王賜榮伯作《賄息慎之命》。」馬融注曰：「榮伯，周同姓，畿內諸侯，爲卿大夫也。」《史記・周本紀》載：「厲王即位三十年，好利，近榮夷公。大夫芮良夫諫厲王曰：『王室其將卑乎？夫榮公好專利而不知大難。夫利，百物之所生也，天地之所載也，而有專之，其害多矣。天地百物皆將取焉，何可專也？所怒甚多，而不備大難。以是教王，王其能久乎？夫王人者，將導利而布之上下者也。使神

人百物無不得極，猶日怵惕懼怨之來也。故頌曰『思文后稷，克配彼天，立我蒸民，莫匪爾極』。大雅曰『陳錫載周』。是不布利而懼難乎，故能載周以至於今。今王學專利，其可乎？匹夫專利，猶謂之盜，王而行之，其歸鮮矣。榮公若用，周必敗也。『厲王不聽，卒以榮公為卿士，用事。」榮夷公為周厲王的卿士，好專利，大夫芮良夫進諫周厲王，周厲王並不聽從，仍重用之，最終導致國人暴動。

二、西周金文中的榮氏

金文中「榮」字作 （榮子鼎，《集成》02206）、（古盃，《通鑒》14792）、（榮簋，《集成》04121）、（同簋，《集成》04271）、（宰獸簋，《近出》490）、（叔趞父卣，《集成》11719）、（榮子盃，《集成》09391）等形。〔註64〕此字像兩把火炬交叉之形，火炬之形或有點，或無點。從上面所列形體可以看出，「榮」字還有在兩個火把下加「」的形體。「」形體並非有些學者所說的那樣是「口」形，下面有「」的「榮」字多出現在榮子（旅）所作的器物中，榮子也有加「」和不加「」兩種寫法，如榮子旅鼎（《集成》02503）中「榮」字作「」形，榮子旅所作的另一件鼎（《集成》02320）中「榮」字作「」形，說明「」可能只是一筆羨劃。

（一）西周早期榮氏相關器物梳理

西周早期榮氏家族的器物主要是榮子（旅）所作諸器，榮子所作器包括榮子鼎（《集成》02206）、榮子方彝（《集成》09880～09881）、榮子尊（《集成》05843）、榮子盤（《集成》10069）、榮子盃（《集成》09390～09391）和榮子戈（《集成》10888），共計 8 件。為討論方便我們將銘文錄於下：

榮子鼎〔註65〕：榮子作寶尊鼎。

榮子盃：榮子作父戊。

榮子戈：榮子。

榮子鼎只存拓片。榮子方彝呈長方體，侈口方唇，鼓腹圈足，蓋作四坡式屋頂形，蓋上的鈕也作屋頂形，蓋鈕、蓋面和腹部飾獸面紋，器口沿下飾鳥紋帶。此器物的形制、紋飾與矢令方彝（《集成》09901）極為相似。榮子尊出土於河南洛陽，器口為圓形，腹部和圈足呈方形，口沿下飾仰葉狀鳥紋，頸

〔註64〕 金文中有一個從熒從糸的「縈」字，學者或認為此字也是「榮」字，目前我們還沒確切的證據證明此字一定是「榮」字，故闕疑待考。

〔註65〕 榮子方彝、榮子尊、榮子盤與榮子鼎銘文相同，不再一一寫出。

部飾長冠垂尾的鳳鳥紋，腹部飾獸面紋，圈足上飾夔紋。榮子尊的風格特徵與令方尊也極爲相似，王世民等人將此器物的年代定於康王時期。〔註66〕榮子盉有兩件，器型和紋飾稍有差異。其共同的特點是侈口，束頸，鼓腹，分檔，袋狀足，不同之處是《集成》09390 這一件蓋沿和口沿下飾兩道弦紋，《集成》09391 這件蓋沿和器口沿飾一周雲雷紋塡地的鳥紋帶。榮子盉是榮子爲其亡父父戊所作的祭器。

　　榮子諸器從器型、紋飾到銘文字體來看，其時代應屬於西周早期偏晚階段。劉啓益將此組器物的年代定於康王時期，〔註67〕可從。

　　榮子旅所作器主要有榮子旅鼎（《集成》02320、02503）、榮子旅簋（《集成》03584）、榮子旅鬲（《集成》00582～00583）、榮子旅甗（《集成》00930）和榮子旅卣（《集成》05256），共計 7 件。現將銘文錄於下：

　　　　榮子旅鼎（《集成》02320）：榮子旅作父戊寶鼎。

　　　　榮子旅鼎（《集成》02503）：榮子旅作父戊寶尊彝，其孫子永保。

　　　　榮子旅簋：榮子作寶簋。

　　　　榮子旅鬲：榮子旅作父戊寶彝。

　　　　榮子旅甗：榮子旅作祖乙寶彝，子孫永保。

　　　　榮子旅卣：榮子旅作旅彝。

榮子旅鼎（《集成》02503）平沿方唇，束頸，腹部下垂，立耳，三柱足，口沿下飾夔龍紋。榮子旅甗爲甑鬲分體式，甑部呈橢方形，侈口直壁，腹較深，一對獸首耳下附有方形垂珥，鬲分襠，附耳，四條足的下部呈圓柱形，甑的頸部飾竊曲紋，鬲的腹部飾牛角獸面紋。榮子旅卣呈橢方形，直口，腹部下垂，圈足外侈，頸部飾長鳥紋，蓋上和腹部飾三角紋，三角紋內還飾有昂首卷尾的大鳥紋。劉啓益認爲這種三角紋內又有大鳥紋的紋飾也見於旨仲尊（《集成》05881），旨仲尊與啓尊器型相似，此兩器的年代都在昭王時期，所以榮子旅器的年代也應在昭王時期。〔註68〕榮子旅鼎的形制與庚嬴鼎（《集成》02748）形制、紋飾很相似，這種形制的鼎多見於昭穆時期。綜合各種因素來看，將這組器物的年代定於昭王時期還是可信的。

　　榮子旅所作的這幾件器物，或是自作器，或是爲其父父戊作器，或是爲

〔註66〕　王世民、陳公柔、張長壽：《西周青銅器分期斷代研究》，北京：文物出版社，1999 年 11 月，112 頁。

〔註67〕　劉啓益：《西周紀年》，廣州：廣東教育出版社，2002 年 1 月，117 頁。

〔註68〕　劉啓益：《西周紀年》，廣州：廣東教育出版社，2002 年 1 月，117 頁。

其祖祖乙作器。上面所論的榮子諸器中也有榮子爲其父父戊作器的，這兩組器物作器時代接近，其父都稱爲父戊，我們認爲榮子和榮子旅應該是同一個人。榮子旅的生活年代主要在康王晚期至昭王時期，其父爲父戊，其祖爲祖乙。

西周早期有一件榮仲方鼎〔註 69〕（《新收》1567），器身呈長方體，窄折沿，立耳，直壁，四柱足，腹部四隅和中部有平直的扉棱。銘文曰：

> 王作榮仲宮，在十月又二月生霸吉庚寅，子加榮仲𩰍瓚一、牲大牢。己巳，榮仲速芮伯、胡侯、子，子賜白金鈞，用作父丁𪔴彝。史。

這件鼎的銘文末尾有一個「史」字，學者或認爲這個「史」字可能是「史官所紀」，或「史官所書之下款」，「或許曾任史職的家族即可署有『史』字，有『史』的不見得屬於同一家族。」〔註 70〕也有學者提出「史」字應該是族氏銘文。〔註 71〕我們同意後一種說法，認爲「史」應該是族氏銘文，表明榮仲出於史族，與姬姓的榮氏並非同一宗族。

關於銘末的「史」可能是職官名的說法，何景成指出「職名或爵名必須與族氏銘文相結合，才能說明其族屬的身份或地位。」〔註 72〕「史」這個氏族的器物在薛城遺址附近的滕州前掌大墓葬群中多有出土，學者認爲「史」

〔註 69〕 目前所見榮仲鼎其實有兩件，另外一件尚未著錄，《通鑒》編號爲 02488，兩鼎銘文相同。據李學勤介紹，這件的口沿下有一道結構簡單的卷尾夔紋，細審保利藝術博物館所藏的這一件，口沿下也有同樣紋飾的痕跡。詳見李學勤：《論榮仲方鼎有關的幾個問題》，《通向文明之路》，北京：商務印書館，2010 年 4 月，153 頁。有學者提出榮仲方鼎的命名並不恰當，應該稱之爲「子方鼎」，參見陳絜：《淺談榮仲方鼎的命名及其相關問題》，《中國歷史文物》2008 年第 2 期，61～68 頁。這樣命名是否合適還需進一步的研究，我們這裡暫從傳統的說法。

〔註 70〕 李學勤：《試論新發現的𣄰方鼎和榮仲方鼎》，《文物》2005 年第 9 期，64～65 頁。李先生後來改變了看法，認爲榮仲不是姬姓的榮氏，參見李學勤：《論榮仲方鼎有關的幾個問題》，《通向文明之路》，北京：商務印書館，2010 年 4 月，154 頁。

〔註 71〕 彭裕商、李朝遠、馮時、何景成等人持此觀點。參見彭裕商：《保利藝術博物館收藏的兩件銅方鼎筆談》，《文物》2009 年第 10 期，74 頁；李朝遠：《讀榮仲方鼎》，《中國文物報》2005 年 12 月 5 日；馮時：《坂方鼎、榮仲方鼎及相關問題》，《考古》2006 年第 8 期，70 頁；何景成：《關於〈榮仲方鼎〉的一點看法》，《中國歷史文物》2006 年第 6 期，65 頁。

〔註 72〕 何景成：《關於〈榮仲方鼎〉的一點看法》，《中國歷史文物》2006 年第 6 期，65 頁。

族與妊姓的薛國有一定的關係，或者認爲「史」就是商代薛國的族氏銘文。彭裕商指出銘文末尾使用族徽文字是商人的習俗，榮仲應該是商代的遺族。〔註73〕結合銘末署「史」的銘文多出土於薛城遺址附近這一點看，這種可能性還是很大的。但他認爲榮子旅所作的諸器其祖、父被稱爲「祖乙」、「父戊」，榮子旅的族屬應該和榮仲一樣屬於殷商遺族的說法，我們認爲似有可商之處。日名的稱謂方式并不是商人所專有的，燕侯旨稱其父爲父辛就是一個例子。榮子旅所作器目前所見共有 15 件，沒有一件在銘文末尾署「史」字的，說明這並不是偶然，榮子旅和榮仲絕非同宗關係，榮仲之父的廟號爲「父丁」，與榮子旅之父的廟號爲「父戊」不同，也能說明這一點。榮子旅能擁有這麼多的器物，說明其地位也非同一般，而這一點與西周時期榮氏在朝中的地位是十分吻合的。因此，我們認爲史族的榮仲與榮子旅在族屬上沒有任何關係，榮子旅應該屬於姬姓的榮氏。

西周早期屬於榮氏家族的器物還有一件榮仲爵（《新出》865），這件器物於 1965 年出土於洛陽市北窰村西周墓地，這件爵長流寬尾，口沿上有一對傘狀柱。這種形制的爵據彭裕商研究，其半數在昭穆時期。〔註74〕據學者介紹，這座墓葬同出土的還有銅壺、玉圭等器物，這些器物的形制、紋飾等都具有西周早期的特徵。〔註75〕因此，我們將這件器物的年代定於昭王時期。銘文曰「榮仲」。榮仲和榮子旅的關係暫不可確知，可能是兄弟行。

（二）西周中期榮氏相關器物梳理

西周中期榮氏家族的相關人物見於以下器物：榮伯鬲（《集成》00632）、古鼎（《通鑒》02369）、古甗蓋（《通鑒》05666）、古盉（《通鑒》14792）、衛簋（《集成》04209～04212）、應侯視工鐘（《新收》82～83、《集成》00107）、同簋（《集成》04271）、同簋蓋（《集成》04270）、弭伯師耤簋（《集成》04257）、輔師嫠簋（《集成》04286）、宰獸簋（《近出》490）、裘衛盉（《集成》09456）、永盂（《集成》10322）和卯簋蓋（《集成》04327）。

榮伯鬲寬平沿，束頸，平襠，足的下部呈圓柱形，腹部飾直線紋并有三

〔註73〕王世民、李學勤、彭裕商等：《保利藝術博物館收藏的兩件銅方鼎筆談》，《文物》2009 年第 10 期，74 頁。

〔註74〕彭裕商：《西周青銅器年代綜合研究》，成都：巴蜀書社，2003 年 2 月，193 頁。

〔註75〕蔡運章：《洛陽北窰西周墓青銅器銘文簡論》，《文物》1996 年第 7 期，55 頁。

道扉棱，三道扉棱上各飾有三組直線紋，腹的中上部有一周凹帶。此鼎與1972年在陝西扶風縣莊白村一號西周銅器窖藏出土的微伯鬲（《集成》00516）的器形、紋飾幾乎全同，微伯鬲是孝王時期的器物，此器物的年代也當在孝王前後。銘文曰：「榮伯鑄鬲于𤔲，其萬年寶用。」此銘文把作鬲的地點也標注出來，這在金文中並不多見。

西周中期榮伯經常充當右者的角色，下面我們把這些相關銘文做一梳理。

器　名	時間、地點	右　者	被右者	冊命之事
古鼎	正月初吉庚寅、康宮	榮伯	古	古，令汝作服
衛簋	八月初吉丁亥、康宮	榮伯	衛	王增令衛
應侯視工鐘	正二月初吉辛未、康宮	榮伯	應侯視工	
同簋	十又二月初吉丁丑、宗周	榮伯	同	左右虞大夫司場、林、虞、牧
弭伯師耤簋	八月初吉戊寅	榮伯	師耤	
輔師嫠簋	九月既生魄甲寅、周康宮	榮伯	輔師嫠	更乃祖考司輔
宰獸簋	六年二月初吉甲戌、周師彔宮	司徒榮伯	宰獸	更乃祖考事，眡司康宮王家臣妾，糦庸外內

古所作器目前所見共有三件，銘文相同。古鼎呈橢方形，直口方唇，束頸，腹微鼓，附耳，柱足，頸部飾雲雷紋填地的夔紋，腹部較長的一邊中間有一個獸首半環耳，耳下附有鉤狀垂珥，足的上部飾獸面紋。古盉侈口，長頸，鼓腹，柱足，肩上一側爲長管流，一側爲牛首鋬，蓋的頂部有圓雕鳥形紐，器蓋與器身的兩個半環紐之間用一個立人鏈條連接，蓋沿和頸部各飾一周夔龍紋。從器型、紋飾和銘文字體特徵看，古所作器應是西周中期前段的器物，我們定爲穆王時期。

衛簋1973年出土於西安市長安區馬王鎮一處西周銅器窖藏中，衛簋侈口束頸，鼓腹，圈足，圈足下連鑄方座，卷鼻象首形兒，蓋面隆起，上有圈形捉手，蓋上、腹部和方座上均飾獸面紋。《簡報》的作者認爲此處窖藏所出土的器物多有西周中期的風格，[註76] 衛簋銘末曰：「用作朕文祖考寶簋，衛其

〔註76〕西安市文物管理處：《陝西長安新旺村、馬王村出土的西周銅器》，《考古》1974年第1期，4頁。

子子孫孫永寶用。」裘衛簋（《集成》04256）銘末曰：「用作朕文祖考寶簋，衛其子子孫孫永寶用。」銘末用語完全相同，裘衛簋記載：「唯廿又七年三月既生魄戊戌，王在周，各大室，即位。南伯入右裘衛入門，立中廷，北向，王呼內史賜衛緎市、朱黃、鑾。」這件衛簋記載「王增令衛」。我們認為這兩件衛簋中的衛是同一個人，裘衛簋是王對衛的第一次冊命，這件簋記載了王對衛的第二次冊命，即「增命」。裘衛簋是穆王二十七年發生的事件，這件簋的年代應在恭王時期。

應侯視工鐘出土於平頂山應國墓地，器物的年代一般認為在恭懿時期。

同簋侈口，束頸，鼓腹，獸首耳，圈足，圈足沿外撇，口沿下飾一周竊曲紋和兩個浮雕獸首，腹部飾弦紋一道。其時代與應侯視工鐘的年代相近，大約也在恭懿時期。金文中右者與被右者在很多時候都是上下級的關係，王命令同輔佐虞大夫管理場人、林衡、虞人和牧人，這些人或是負責管理國家的場圃、或是負責管理國家的林麓山川，或是國家養牛馬的官員，可見榮伯與這些方面的管理也不無關係。

弭伯師耤簋 1963 年出土於陝西省藍田縣，此器物弇口，鼓腹，獸首耳，圈足下附有三個獸面扁足，口沿下飾一周雲雷紋塡地的竊曲紋，腹部飾瓦紋。馬承源將此器物的年代定於懿王或孝王時期，〔註 77〕此簋的形制、紋飾類似於諫簋（《集成》04285），諫簋的年代或定在孝王前後，〔註 78〕這件器物從其形制、紋飾到銘文字體，都具有中期偏晚階段的風格，我們將此器物的年代定於孝王前後。

輔師嫠簋侈口，束頸，鼓腹，獸首耳下附有方形垂珥，高圈足，口沿下有一周相對的分尾長鳥紋，尖喙，兩鳥之間用一個浮雕獸首隔開，圈足上飾有兩道弦紋。此簋的形制、紋飾與獻簋（《集成》02405）近似，這種高圈足的簋主要見於西周早中期，結合銘文字體，唐復年將此器定於西周中期偏早階段還是可信的。〔註 79〕學者或認為輔師嫠與師嫠簋（《集成》04324）中的師嫠是同一人，遂將此器的年代也定為西周晚期，這是不可取的。這兩件簋

〔註 77〕馬承源主編：《商周青銅器銘文選》第三卷（下），北京：文物出版社，1988年，196 頁。

〔註 78〕王世民、陳公柔、張長壽：《西周青銅器分期斷代研究》，北京：文物出版社，1999 年 11 月，88 頁。

〔註 79〕唐復年：《輔師嫠簋三考及斷代》，《古文字研究》第十三輯，北京：中華書局，1986 年 6 月，234 頁。

的形制、紋飾相差甚遠，顯然不是一時所作器，由於器物的年代相差甚遠，輔師嫠和師嫠並不是同一個人。

宰獸簋 1977 年出土於陝西扶風縣大同村西周墓地，方唇，侈口，獸首耳下附有較長垂珥，束頸，腹的中部外鼓，圈足，下有連鑄方座，蓋上有圈形捉手，蓋的捉手外和邊沿處飾竊曲紋，中間夾以瓦楞紋，頸部、圈足和方座上飾獸目交連紋，腹部飾瓦楞紋。這件簋羅西章定爲夷王六年，〔註80〕劉啓益定爲恭王六年。〔註81〕我們比較傾向於羅氏的觀點，這件器物從器型、紋飾到銘文字體都顯示出較多中期晚段的特徵。這件簋中榮伯擔任司徒之職。《周禮·地官司徒·大司徒》：「大司徒之職，掌建邦之土地之與其人民之數，以佐王安擾邦國。」金文中司徒主要負責管理土地、籍田、農業生產以及虞、牧等農副業的生產，還有就是充當賓佑者的角色。〔註82〕

裘衛盉 1975 年出土於陝西岐山縣董家村一號西周窖藏，裘衛盉的蓋沿和頸部均飾垂冠回首分尾的竊曲紋，腹部飾三角紋。盉銘曰：

> 唯三年三月既生魄壬寅，王爯旂于豐。矩伯庶人取瑾璋于裘衛，才八十朋，厥貴，其舍田十田；矩或取赤琥兩、麀綦兩、𩐳韐一，才廿朋，其舍田三田。裘衛乃𥛬告于伯邑父、榮伯、定伯、琼伯、單伯。伯邑父、榮伯、定伯、琼伯、單伯乃令叅有司：司土微邑、司馬單旟、司工邑人服，眔受田……

裘衛盉銘文記載裘衛和矩伯之間的土地交易，裘衛將這件事陳述報告給伯邑父、榮伯、定伯、琼伯和單伯，這五位大臣就令三有司授予裘衛田地。伯邑父、榮伯等是這次土地交易的見證者和監督者，而三有司則是具體的執行者。

記載榮伯作爲王朝的執政大臣參與土地交付這一事件的還有永盂（《集成》10322），這件盂出土於陝西藍田，侈口，深腹，附耳，高圈足，腹部的扉棱上有兩個昂起的象鼻，其頸部和圈足上飾夔龍紋，腹部飾垂葉紋。銘文曰：

> 唯十又二年初吉丁卯，益公入即命于天子，公迺出厥命，賜畀師永厥田陰陽洛，疆眔師俗父田。厥眔公出厥命：邢伯、榮伯、尹

〔註80〕 羅西章：《宰獸簋銘略考》，《文物》1998 年第 8 期，84 頁。

〔註81〕 劉啓益：《六年宰獸簋的時代與西周紀年》，《古文字研究》第二十二輯，北京：中華書局，2000 年 7 月，79～82 頁。

〔註82〕 張亞初、劉雨：《西周金文官制研究》，北京：中華書局，1986 年 5 月，8 頁。

氏、師俗父、遣仲。公廼命酉司徒㲋〔註83〕父，周人司工眉、臘史、
師氏、邑人奎父、畢人師同，付永厥田……

這件銘文記載王賞賜師永土田之事，在這次賞賜土田的事件中，和益公一起
傳達并執行王命的還有邢伯、榮伯等人。正如王輝所說：「邢伯、榮伯、尹氏、
師俗父、遣仲皆王朝卿士。邢伯見於共懿時器豆閉簋、師虎簋，榮伯見共王時
器裘衛盉，尹氏見共王時器休盤，遣仲見共王時器𢼸鼎。」〔註84〕這些人物
主要活躍於恭懿時期，此器中的榮伯和裘衛盉中的榮伯應指同一個人。

　　卯簋蓋上有圈形捉手，捉手周圍飾瓦楞紋，邊沿飾顧首的分尾鳥紋。蓋
銘曰：

　　　　唯王十又一月既生霸丁亥，榮季入右卯立中廷，榮伯呼令卯曰：
　　「䜌乃先祖考死司榮公室，昔乃祖亦既令乃父死司葊人，不盄（淑），
　　取我家寴用喪，今余非敢夢先公有進遂，余懋再先公官，今余唯令汝
　　死司葊宮、葊人，汝母敢不善，賜汝□四、璋𣪻、宗彝一𦝻、寶；
　　賜汝馬十匹、牛十；賜于乍一田，賜于𡩜一田、賜于隊一田，賜于
　　戜一田。」卯拜手頁手，敢對揚榮伯休，用作寶尊簋。卯其萬年子
　　子孫孫永寶用。

這件銘文主要記載榮伯對卯的冊命，這次冊命發生在榮伯家族內部，儐佑者
是榮季，他應是榮伯最小的弟弟。由「䜌乃先祖考死司榮公室」可知卯這一
家族世代作榮公室的家臣，榮伯令卯繼承他的先祖父的職務，管理葊宮和葊
地的人。榮伯賞賜給卯的東西非常豐厚，除玉器、禮器、馬、牛外，還有四
塊田地。榮伯能比擬周王對臣屬進行冊命的儀式對家臣進行冊命，且賞賜的
物品如此豐厚，其當時在王朝的地位可見一斑。郭沫若曰：「葊字用為豐鎬之
豐，葊宮即豐京之宮，葊人即豐京之人，榮氏之臣卯及其先世，既『死嗣榮
公室』，又『死嗣葊宮、葊人』，則榮之封邑與豐京接壤可知。豐在長安南鄠
縣東，榮由上之推定當在鄠縣西。」〔註85〕由此可知，榮氏家族應為王畿以
內封國。陳夢家通過對銘文中一些特殊詞例的分析研究，將此器物的年代定
於孝王時期，〔註86〕今從其說。

〔註83〕　參看劉桓：《金文五則》，《文博》1992年第3期；劉釗：《古文字考釋叢稿》，
　　　　長沙：嶽麓書社，2005年7月，149～156頁。
〔註84〕　王輝：《商周金文》，北京：文物出版社，2006年1月，163頁。
〔註85〕　郭沫若：《金文叢考》，北京：人民出版社，1954年6月，306～307頁。
〔註86〕　陳夢家：《西周銅器研究》，北京：中華書局，2004年4月，223～225頁。

西周中期有一件師詢簋（《集成》04342），銘文的前段時王追述了師詢的祖先對周王朝的功績，然後對師詢進行了冊命，銘文的最後說「唯元年二月既望庚寅，王各于大室，榮入右詢。」這是一件恭王時期的器物，「榮入右詢」的「榮」應是「榮伯」的省稱。

由以上銘文分析可知，榮氏家族中的榮伯一支在西周中期時爲王朝卿士，經常擔任冊命儀式中的右者，還與邢伯、定伯、伯邑父等朝中大臣出席土地的交付等活動，西周中期晚段的宰獸簋明確表明他所任的是司徒一職，而他的弟弟榮季在家族內部的冊命儀式上也擔任右者這一角色。

（三）西周晚期榮氏相關器物梳理

西周晚期有關榮氏家族的器物主要有：康鼎（《集成》02786）、十月敔簋（《集成》04323）、四十三年逨鼎（《近出》第二編 328～339）、叔趞父再（《集成》11719）、榮有司再鼎（《集成》02470）和榮有司再鬲（《集成》00679）。

康鼎窄沿方唇、立耳，腹部呈半球形，蹄足，口沿下飾一周竊曲紋和一道弦紋。銘文曰：「唯三月初吉甲戌，王在康宮，榮伯入右康，王命死司王家……鄭邢。」銘文中的康與鄭邢叔康盨中的鄭邢叔康、鄭邢叔鐘的的鄭邢叔是同一個人。這件器物是屬王時期的器物。榮伯在王對邢氏家族成員的冊命儀式上仍然擔任右者。

十月敔簋弇口，束頸，鼓腹，獸首耳下附有方形垂珥，圈足上連鑄三個獸面扁小足，口沿下飾竊曲紋，腹部飾瓦紋，圈足上飾重環紋。這件簋的形制與西周晚期偏早階段的梁其簋（《集成》04150）十分雷同。銘文曰：「唯王十月，王在成周，南淮夷遷殳內（入）伐湏、鼎、㠱泉。裕敏陰陽洛，王令敔追遯（襲）于上洛、㤴谷，至于伊班，長榜蓺首百，執訊冊，奪俘人四百，𣆪于榮伯之所，于㤴卒肄，復付厥君……」銘文記載了周王朝與南淮夷之間的一場戰役，王命敔追逐襲擊淮夷之人，敔多有俘獲，凱旋而歸。「𣆪」字或釋爲「啚」，或釋爲「廩」，或釋爲「虜」，讀爲「獻」。〔註87〕這件器物僅存摹本，此字不好確識，但從文意來看，應該是「放置、安頓」之義，將這些俘

〔註87〕參見馬承源主編：《商周青銅器銘文選》第三卷，北京：文物出版社，1988年 4 月，287 頁；陳連慶：《敔簋銘文淺釋》，《古文字研究》第九輯，北京：中華書局，1984 年 1 月，306 頁；李學勤：清華大學出土文獻研究課堂所講，2010 年 10 月 12 日。

虜暫時安放在榮伯的處所。李學勤推論榮伯可能是這場戰役的最高負責人，可備一說。

康鼎和十月敔簋都是厲王時器的器物，銘文中的榮伯應即文獻所記載的榮夷公。

四十三年逨鼎 2003 年出土於陝西眉縣楊家村西周銅器窖藏，共有 10 件。鼎的形制都相同，大小、重量和銘文的字數上有些差異。這組鼎腹較淺，下腹微微傾垂，立耳，蹄足，口沿下飾變體夔龍紋和六個間距相等的短扉棱，腹部飾環帶紋，足的上部飾有浮雕獸首。逨所作的四十二年鼎和四十三年鼎都是宣王時期的器物。銘文曰：「……緋余弗忘聖人孫子，昔余既令汝疋榮兌𩁹司四方虞林，用宮御。今余唯經乃先祖考，有爵于周邦，申就乃命……。」由此可知，逨曾輔佐榮兌兼管天下的山林川澤，並且這些產出的東西是專供王室使用的。榮兌應是榮夷公的後代，繼承父業掌管天下林澤。

叔趙父𢍰出土於陝西扶風縣，銘文曰：「叔趙父作旅𢍰，其寶用。榮監。」「監」是職官名，「榮監」乃榮氏人員作監官者。榮有司𢍰鼎平折沿，口沿上有一個流槽，立耳，半球形腹，蹄足，口沿下飾一周重環紋和一道弦紋。銘文曰：「榮有司𢍰作齋鼎，用𦛟嬴𧈙母。」同人所作器還有一件鬲，寬平沿，短頸，平襠，三足下部呈柱狀，肩部飾一周重環紋，腹部與足對應的位置有三條扉棱，腹部飾直線紋，中間還有一周凹帶。其形制、紋飾與宣王時器杜伯鬲（《集成》00698）幾乎全同。銘文曰：「榮有司𢍰作齋鬲，用𦛟嬴𧈙母。」這兩件器物是榮有司為其女兒嬴𧈙母所做的媵器，𢍰是榮氏的家臣，在榮氏家族任職。榮氏家族的家臣也能為其女兒做媵器，其家主的尊貴地位就更不言而喻了。

三、西周時期榮氏家族的世系

綜合以上的分析，我們將西周時期目前所見榮氏家族的世系列於下表：

周王世系	榮氏家族世系		出處
武、成	祖乙		榮子旅甗
成康	父戊		榮子盉、榮子旅鼎、榮子旅鬲
康昭	榮子旅	榮仲	榮子（旅）所作諸器，共計 15 件；榮仲爵
穆王	榮伯		古鼎、古盨蓋、古盉、輔師嫠簋

恭懿	榮伯		裘衛盉、永盂、師詢簋、衛簋、應侯視工鐘、同簋
孝夷	榮伯	榮季	榮伯鬲、弭伯師耤簋、宰獸簋、卯簋蓋
厲王	榮伯		康鼎、十月敔簋
宣王	榮兌		四十三年逨鼎

第三節　單　氏

一、單氏簡介

　　單氏的地望陳槃引程發軔曰：「今陝西寶雞縣東南，見散氏盤，後隨王室東遷，邑於今河南孟津縣東南。」〔註88〕單氏家族的青銅器多出土於眉縣楊家村一帶，證明這一代地區便是單氏家族的封邑所在地。眉縣楊家村就在寶雞縣東南，程說的大致方向是正確的。

二、單氏家族窖藏銅器的發現

　　1985 年 8 月，陝西眉縣馬家鎮楊家村磚廠工人在取土時發現一處西周銅器窖藏。據相關文章介紹，共出土 10 件鐘和 3 件鎛，其中帶有銘文者 4 件。3 件較大的鐘銘文相同，存有 130 個字（12 個重文符號）；較小的一件存有 25 個字（3 個重文符號）。〔註89〕

　　2003 年 1 月，陝西眉縣馬家鎮楊家村 5 位村民在挖土時發現一處西周青銅器窖藏，共清理出青銅器 27 件，且件件都有銘文，包括 12 件鼎，9 件鬲，2 件方壺，1 件盤，1 件盉，1 件匜和 1 件盂。〔註90〕

　　這批青銅器絕大多數是屬於「」的，此字的隸定和釋讀爭議較多。與此字類似的字形還見於何尊（《集成》06014）、史墻盤（《集成》10175）、長囟盉（《集成》09455）和單伯昊生鐘（《集成》00082）等器物，從辭例來看，多爲動詞或用爲人名。舊多釋爲「逨」字，近年來不斷有學者提出異議。張

〔註88〕陳槃：《不見於春秋大事表之春秋方國稿》，上海：上海古籍出版社，2009 年 11 月，109 頁。

〔註89〕劉懷君：《眉縣出土一批西周窖藏青銅樂器》，《文博》1987 年第 2 期，17～23 頁。

〔註90〕陝西省考古研究所、寶雞市考古工作隊、楊家村聯合考古隊、眉縣文化館：《陝西眉縣楊家村西周青銅器窖藏發掘簡報》，《文物》2003 年第 6 期，4～42 頁。

政烺將何尊中的此字隸定爲「遘」，假爲「弼」。〔註91〕湯餘惠將此字隸定爲「迮」或「遳」，此字當从辵**夶**聲，**夶**、差、佐讀音相近，可以互通，將此字讀爲「佐」。〔註92〕陳劍認爲「**夶**」當是由「夲」分化出來的一個字，金文中讀爲「仇匹」的「仇」，是匹配的意思，並建議將此字直接釋寫爲「逑」。〔註93〕多有學者從此說法。我們認爲「**逨**」字所从的「**夶**」不是「來」，而是「夲」的變形。讀爲「仇」在銘文詞例的釋讀上比較通順，較其他說法略勝一籌，但從字形上來看，直接將此字寫爲「逑」，恐怕不太合適。爲了行文方便，這裡我們暫且仍將此字隸定爲「逨」。

三、逨器銘文的梳理以及單氏家族的世系

逨盤是 2003 年發現的窖藏銅器中的一件，器物呈方唇，口沿外折，淺腹，底兒近平，有一對附耳，兩耳之間有一對龍首銜環耳，圈足沿外侈，下面連鑄有四個獸面小足，腹部和圈足上飾竊曲紋。爲了便於討論，現將逨盤的銘文錄於下：

逨曰：丕顯朕皇高祖單公，趩趩克明慹厥德，夾**紹**（紹）文王、武王達（撻）殷，雁（膺）受天魯命，匍有四方，竝宅厥堇（勤）疆土，用配上帝。雩朕皇高祖公叔，克逨（仇）匹成王，成受大命，方狄不享，用奠四國萬邦；雩朕皇高祖新室仲，克幽明厥心，柔遠能致（邇），會**紹**康王，方襄不廷。雩朕皇高祖惠仲盠父，龤龢于政，有成于猷，用會卲（昭）王、穆王，盩政四方，撲伐楚荊。雩朕皇高祖零伯，嚳明厥心，不㒸□服，用辟恭王、懿王。雩朕皇亞祖懿仲，致諫=，克匍保厥辟孝王、夷王，有成于周邦。雩朕皇考恭叔，穆穆趩趩，龢訇于政，明齊于德，享辟屬王。逨肇屖朕皇祖考服，虔夙夕敬朕死事，肆天子多賜逨休，天子其萬年無疆，耆黃耇，保奠周

〔註91〕張政烺：《何尊銘文解釋補遺》，《文物》1976 年第 1 期，66 頁。黃德寬將此字隸定爲「遖」，對此字的訓釋同意張説，參見黃德寬：《釋金文**遌**字》，《容庚先生百年誕辰紀念文集》，廣州：廣東人民出版社，1998 年 4 月，468〜478 頁。

〔註92〕湯餘惠：《讀金文瑣記（八篇）》，《出土文獻研究》第三輯，北京：中華書局，1998 年 10 月，60〜61 頁。李學勤亦持相似的觀點，參見李學勤：《眉縣楊家村新出青銅器研究》，《文物》2003 年第 6 期，67 頁。

〔註93〕陳劍：《據郭店簡釋讀西周金文一例》，《甲骨金文考釋論集》，北京：線裝書局，2007 年 4 月，20〜38 頁。原載《北京大學古文獻研究中心集刊》2，北京燕山出版社，2001 年 4 月，378〜396 頁，收入是書時有所修改。

邦，諫辪（乂）四方。王若曰：「逨，丕顯文武，膺（膺）受大命，

匍有四方，則緐唯乃先聖祖考，夾醫（紹）先王，罾董（勤）大命。

今余唯經乃先聖祖考，龖（申）稾（就）乃命，命汝足（胥）榮兌，

嫩司四方吳（虞）䔅（林），用宮御。賜汝赤巿、幽黃、攸勒。」逨

敢對天子丕顯魯休揚，用作朕皇祖考寶尊盤，用追享孝于前文人，

前文人嚴在上，翼在下，數數𢫾𢫾，降逨魯多福，眉壽綽綰，受（授）

余康虞、純祐、通祿、永命、霝（令）冬（終），逨畯臣天子，子子

孫孫永寶用享。

逨盤銘文追述了逨的七代先祖輔佐周王的豐功偉績。第一代祖先為皇高祖單公，他能夠「明愻厥德」，輔佐文王、武王。「愻」舊多釋為「哲」，近年陳劍據郭店簡將此字釋為「慎」，〔註94〕此說可從。陳美蘭指出《說文・心部》「愻，敬也。」句中的「愻」應為「慎」字之誤。〔註95〕文獻中習見類似的例句，如《尚書・文侯之命》曰：「丕顯文武，克慎明德。」《尚書・旅獒》：「明王慎德，西夷咸賓。」《周易》：「君子以明慎用刑而不留獄。」「克明慎厥德」義為明察敬慎他們的德行。〔註96〕「德」是古人非常重視的一種思想觀念，𤔲公盨（《新收》1607）這一篇銘文中，「德」字就出現了六次，古人對「德」的重視程度可見一斑。單公輔佐文王、武王撻伐殷商王朝，承擔起上天賜予的嘉美的大命，廣有天下四方。「竝」李學勤讀為「旁」，訓為「廣大」。〔註97〕「竝」字也見於中山王𰯼壺（《集成》09735），這裡我們直接理解為「共同」義。宅，《爾雅・釋言》「宅，居也。」「董」字自唐蘭讀為「勤」後，學者多從此說。董珊認為此字當讀為「圻」或其通用字「畿」，此處指文、武克商以後擴大并確定了周王朝畿內、外的疆域。〔註98〕「董」他是當做名

〔註94〕陳劍：《說慎》，《甲骨金文考釋論集》，北京：線裝書局，2007 年 4 月，39～53 頁。

〔註95〕陳美蘭：《談「慎」字的考釋及典籍中四個「慎」字的誤字》，《中國文字》新廿九期，台北：藝文印書館，2003 年 12 月，125 頁。

〔註96〕可參看陳偉武：《舊釋「折」及从「折」之字平議──兼論「慎德」和「愻終」問題》，《古文字研究》第二十二輯，北京：中華書局，2000 年 7 月，254 頁；周寶宏：《西周金文詞義研究（六則）》，《古文字研究》第二十五輯，北京：中華書局，2004 年 10 月，113 頁。

〔註97〕李學勤：《眉縣楊家村新出青銅器研究》，《文物》2003 年第 6 期，67 頁。

〔註98〕參見唐蘭：《周王䣄鐘考》，《唐蘭先生金文論集》，北京：紫禁城出版社，1995 年 10 月，36 頁；董珊：《略論西周單氏家族窖藏青銅器銘文》，《中國歷史文物》2003 年第 4 期，43 頁。

詞看待的，「堇」和「疆土」是並列結構。「堇疆土」一語亦見於獻鐘（《集成》00260），銘文曰「王肇遹省文武堇疆土」，聯繫這一句我們覺得從語法的角度來看，把「堇」讀爲「勤」解爲動詞可能更通順一些。「竝宅厥堇疆土」句或有學者在「竝宅」處斷句，釋「匍有四方竝宅」句意謂「撫有天下，共處其間」。〔註99〕我們傾向於聯下讀，大意爲共同定居在他們勤勞經營的疆土上。劉源引《詩·商頌·玄鳥》：「天命玄鳥，降而生商，宅殷土茫茫。」句，認爲「宅」有立國之義，可備一說。〔註100〕

　　逨的第二代先祖爲皇高祖公叔，「公叔」是上一代公之子稱，〔註101〕這一稱謂蓋因他的父親可以稱「公」，「叔」表示排行。金文中亦見「公伯」、「公仲」，與此相類。皇高祖公叔輔佐成王完成大命，即建立起周邦。「方狄不享」的「方」字作「□」與「匍有四方」的「方」字作「□」者寫法有別，與下文「方懷不廷」的「方」字寫法相同，「□」與「□」蓋用法有異。學者多將此字解釋爲程度副詞，有「廣泛、普遍」的意思，〔註102〕或是時間副詞，有「方始」的意思。〔註103〕兩者皆可通。「狄」可讀爲「逖」，義爲驅除。〔註104〕「不享」乃不來朝獻。逨的先祖公叔輔佐成王驅除那些不來朝獻的人，從而安定周王朝的統治。

　　逨的第三代先祖爲皇高祖新室仲，他能夠「幽明厥心，龥（柔）遠能邇（邇）」，輔佐康王。「幽明」一詞，劉源認爲「幽」可訓爲深、微，「幽明厥心」是稱頌新室仲的心地深沉而聰明。〔註105〕何琳儀認爲此句意謂「進退其心」，即「根據不同的情況，變化其心。」〔註106〕我們傾向於把「幽明」一

〔註99〕何琳儀：《盤古辭探微》，《安徽大學學報》（哲學社會科學版）2003年第4期，10頁。
〔註100〕劉源：《逨盤銘文考釋》，《中國史研究》，2003年第4期，18頁。
〔註101〕參見朱鳳瀚：《商周家族形態研究》（增訂本），天津：天津古籍出版社，2004年7月，662頁。近來韓巍在朱文的基礎上又進行了詳細的論證，參見韓巍：《重論西周單氏家族世系》，《新出金文與西周歷史》，上海：上海古籍出版社，2011年7月，191～195頁。
〔註102〕參見何琳儀、董珊、李學勤文，同上99、100、101注。
〔註103〕參見李零：《讀楊家村出土的虞逨諸器》，《中國歷史文物》2003年第3期，24頁；王輝：《逨盤銘文箋釋》，《考古與文物》2003年第3期，83頁。
〔註104〕裘錫圭：《古文字論集·史墻盤銘解釋》，北京：中華書局，1992年8月，373頁。
〔註105〕劉源：《逨盤銘文考釋》，《中國史研究》，2003年第4期，19頁。
〔註106〕何琳儀：《盤古辭探微》，《安徽大學學報》（哲學社會科學版），2003年第4

詞理解爲偏義復詞，此處的用法相當於「明厥心」，瘋鐘（《集成》00248）曰：「克明厥心」，秦公鐘（《集成》00262）銘文亦有：「克明又（厥）心」，師詢簋（《集成》04342）曰：「敬明乃心」，師望鼎（《集成》02812）曰：「穆穆克盟（明）厥心」。「頪（柔）遠能狀（邇）」〔註107〕義爲能夠怀柔遠方，優撫近地，使遠近之人都歸附於周王朝。「會」李學勤釋爲「合」，意思爲「遇合」。〔註108〕何琳儀謂此處的「會召」當讀爲「會紹」，「會召康王」的詞例與《書·文侯之命》「用會紹乃辟」詞例相同，義爲「會和繼續康王的事業」。〔註109〕我們暫從何說。「方懷不廷」乃「懷不廷方」的倒語，「懷不廷方」亦見於毛公鼎（《集成》02841）「率懷不廷方」，義爲安撫那些不來朝見周王朝的方國。

逨的第四代祖先是皇高祖惠仲盠〔註110〕父，他主要輔佐昭、穆兩位周王。「盠龢于政」的「盠」，《說文·弦部》：「盠，弼戾也。從弦省，從盩。讀若戾。」「戾」古訓爲「定」，「盠龢」即安定和諧。〔註111〕《爾雅·釋詁》：「猷，謀也。」「遼」字亦見於秦公鐘（《集成》00262），銘文曰：「以康奠協朕國，遼即其服。」關於此字的意義爭議較多，有的解釋顯得過於迂曲，這裡不一一俱引。此處我們暫從李學勤的觀點，他認爲「遼」字可讀爲「延」，「延政四方」意爲將其德政普及到四方諸侯。〔註112〕這句是講惠仲盠父能使政事安定和諧，非常具有謀略且有所成，輔佐昭王、穆王繼續他們的偉大事業，使得周王朝的德政遍及四方諸侯，并協助昭王征伐南方的荊蠻楚國。

逨的第五代祖先爲皇高祖零伯，他主要輔佐恭王、懿王。「眘明」一詞亦見於虎簋蓋（《近出》491）「丕顯朕烈祖考 明」，牆盤（《集成》10175）「更

期，11 頁。

〔註107〕裘錫圭：《古文字論集·釋殷墟甲骨文裏的「遠」、「狀」（邇）及有關諸字》，北京：中華書局，1992 年 8 月，1～10 頁。

〔註108〕李學勤：《眉縣楊家村新出青銅器研究》，《文物》2003 年第 6 期，67 頁。

〔註109〕何琳儀：《盤古辭探微》，《安徽大學學報》（哲學社會科學版），2003 年第 4 期，11 頁。

〔註110〕裘錫圭認爲此字可能是「猛」的初文，參見裘錫圭：《古璽印考釋四篇》，載吳浩坤、陳克倫主編：《文博研究論集》，1992 年 3 月，84 頁。此處爲了方便，我們暫從傳統習慣的說法。

〔註111〕裘錫圭：《古文字論集·史墻盤銘解釋》，北京：中華書局，1992 年 8 月，372 頁。

〔註112〕李學勤：《眉縣楊家村新出青銅器研究》，《文物》2003 年第 6 期，67 頁。

（唯）乙祖速匹厥辟，遠猷鞏（腹）心，子勵**[字]**明」，尹姞鼎（《集成》00754）「休天君弗望（忘）穆公聖**[字]**明魋事先王」，師訊鼎（《集成》02830）「用刑乃聖祖考**[字]**明黹（令）辟㫳（前）王，事余一人」。字形稍有差異，從詞例看當是一字之異體，此字的確切含義暫不可考。「不**[字]**□服」的「**[字]**」過去一般隸定爲「㒸」，讀爲「墜」。孟蓬生將此字隸定爲「象」，讀爲「遲」；陳劍將此字釋爲「惰」字。〔註113〕雖然在釋字上有差異，但意義相差無幾，即表示不敢懈怠，不敢荒廢，要兢兢業業，虔敬其事。在金文中的詞例一般爲「不**[字]**」或「不／毋敢**[字]**」，如晉姜鼎（《集成》02826）「虔不象」，毛公鼎（《集成》02841）「汝毋敢象在乃服」，榮簋（《集成》04241）「對不敢象」。此句大概是講寰伯能使他的心思清明純正，敬奉其職事，輔佐恭王、懿王。

速的第六代先祖爲皇亞祖懿仲。「雫朕皇亞祖懿仲，敊諫=，克匍保厥辟孝王、夷王」句的句讀學者多有分歧，或認爲此句當斷爲「雫朕皇亞祖懿仲敊，諫=克匍保，厥辟孝王、夷王」。從這篇銘文行文的體例來看，我們認爲前一種斷句可能更符合願意。速在追述每一位先祖時都是先說某某位祖先，然後是對祖先的稱頌之詞，再次是輔佐某某位先王完成什麼樣的大業。前面「克速（仇）匹成王」、「克幽明厥心」都是從「克」字斷句，此句應該也不例外。若此，「敊」字最好還是屬下讀比較合適，否則「諫=」似不能成句。「敊」字李學勤讀爲「匡」，「諫=」讀爲「諫言」二字的合文。〔註114〕也有學者將「諫=」讀爲「諫諫」的合文。〔註115〕我們認爲李文把「諫=」讀爲「諫言」二字的合文這一意見是非常正確的，這是金文中重文號的一種特殊用法，類似的例子還見於龘罍（《集成》09821）「龘」下有重文符號，裘錫圭考證此處當讀爲「龘龘犬」。〔註116〕「敊」字王輝疑讀爲「廣」，胡長春持相同的觀點。〔註117〕速的亞祖懿仲多有進諫，能夠輔佐佑助他的君主孝王、夷王，使

〔註113〕參見孟蓬生：《釋「象」》，《古漢語研究》1998 年第 3 期，70～71 頁；陳劍：《金文「象」字考釋》，《甲骨金文考釋論集》，北京：線裝書局，2007 年 4 月，243～272 頁。

〔註114〕李學勤：《眉縣楊家村新出青銅器研究》，《文物》2003 年第 6 期，67 頁。

〔註115〕何琳儀：《盤古辭探微》，《安徽大學學報》（哲學社會科學版），2003 年第 4 期，12 頁。

〔註116〕裘錫圭：《龘器探研》，《古文字研究》第二十四輯，北京：中華書局，2002 年，178～179 頁。

〔註117〕王輝：《速盤銘文箋釋》，《考古與文物》2003 年第 3 期，86 頁；胡長春：《金文考釋四則》，《學術界》2005 年第 6 期，150 頁。

他們有所成。

逨的父親爲恭叔，主要輔佐厲王。《爾雅·釋訓》「穆穆，敬也。」《說文·走部》：「趩，趨進趩如也。从走翼聲。」這裡讀爲「翼」，《爾雅·釋詁》：「翼，敬也。」「穆穆趩趩」指恭敬貌。「龢訇于政」的「訇」即「詢」字，《說文·言部》：「詢，謀也。从言旬聲。」「龢訇于政」乃調和謀劃政事。「陸」字以前未見，李學勤讀爲「濟」，引《爾雅·釋言》：「濟，成也。」董珊讀爲「濟」，「明濟」乃爲聰明幹練。王輝讀爲「陸于德」乃「據于德」。〔註118〕我們認爲「陸」的解釋似有可商之處，「明陸于德」蓋與「明德」意思相近。逨的父親恭叔恭恭敬敬，調和謀劃政事，修明自己的德行，奉獻自己的君主厲王。

以上是逨追述自己的祖先輔佐周王的事蹟，下面主要是逨敘述自己對周王的虔敬和對職事的勤勉、周王對他的賞賜以及他作此寶盤希望子孫永保用。

「厣」字裘錫圭讀爲「纂」，訓爲「繼」，〔註119〕「逨肇厣朕皇祖考服」表明他繼承了他的祖父的職事。後面講逨勤勉虔敬地奉行自己的職事，周王賜予自己美善。他希望天子萬年無疆，保有安定周邦并能很好地治理天下四方。

「王若曰」一段主要是王讚頌了逨的先祖對先王的輔佐之功，并對逨進行了賞賜。「繇」字過去也有多種解釋，董珊和沈培都認爲「繇」是用來加強語氣的虛詞，〔註120〕結合該字在金文以及文獻中的用例來看，這種看法還是很正確的。「畢」字金文中常見，毛公鼎（《集成》02841）亦有「畢董（勤）大命」語，師克盨（《集成》04467）「則繇唯乃先祖考有畢于周邦」。此字有釋爲「爵」、「勞」、「勣」、「毖」、「庸」等多種看法，莫衷一是。此字从凡（同）、从爵的象形、下从廾，董珊認爲可讀爲「恭」或「功」。〔註121〕裘錫圭贊同吳

〔註118〕 參見李學勤：《眉縣楊家村新出青銅器研究》，《文物》2003 年第 6 期，67 頁；董珊：《略論西周單氏家族窖藏青銅器銘文》，《中國歷史文物》2003 年第 4 期，43 頁。王輝：《逨盤銘文箋釋》，《考古與文物》2003 年第 3 期，86 頁。

〔註119〕 裘錫圭：《讀逨器銘文筍記三則》，《文物》2003 年第 6 期，59～61 頁。

〔註120〕 參見董珊：《略論西周單氏家族窖藏青銅器銘文》，《中國歷史文物》2003 年第 4 期，44 頁；沈培：《西周金文中的「繇」和〈尚書〉中的迪》，《古文字研究》第二十五輯，北京：中華書局，2004 年 10 月，218～224 頁。

〔註121〕 董珊：《略論西周單氏家族窖藏青銅器銘文》，《中國歷史文物》2003 年第 4 期，44 頁。

式芬、劉心源等人釋爲「庸」的說法。〔註122〕我們認爲「雩董（勤）大命」蓋類似於蔡侯申尊（《集成》06010）的「虔共（恭）大命」，意爲恭敬地勤勞王命。「疋」讀爲「胥」，訓爲「助」。「擬」字或釋「攝」、或釋「攀」等，陳劍釋爲「兼」，此字常和「管」、「司」連用，可理解爲「同時管理、一併（起）管理、全面管理」。〔註123〕陳說可從。「吳」讀爲「虞」，這種用法還見於免簠（《集成》04626）和同簋（《集成》04271）。免簠曰「王在周，命免作司土，司奠、還散〔註124〕、罘吳（虞）、罘牧」，同簋曰「王命同爭（左）右吳大父司場、林、吳（虞）、牧」。從「替」的字讀爲「林」金文中多見，如應侯視工鐘（《集成》00108）「用作朕皇祖應侯大替（林）鐘」，井人妄鐘（《集成》00110）「肆妄作龢父大替（林）鐘」等。虞是古代掌管山林川澤之官。《尚書·舜典》：「咨益，汝作朕虞。」孔傳：「虞，掌山澤之官。」《周禮·地官·司徒》記載有山虞和和澤虞，山虞「掌山林之政令」，澤虞「掌國澤之政令」。此外還有掌管林川的川衡、林衡，林衡「掌巡川澤之禁令而平其守，以時計林麓而賞罰之。若斬木材，則受法於山虞，而掌其政令。」西周時期林可能是由虞兼管的，並未分化，所以逨盤中「虞林」並稱。〔註125〕

　　此段大意爲王這樣說：英明的文王、武王從上天那裡承受大命，廣有天下四方，你那聖明的先祖考輔佐先王，恭敬地勤勞王命。現在你要遵循效法你的先祖考（像你的祖考那樣勤勞王命），重申對你的任命，命令你輔佐榮兌，共同管理四方的山林川澤，以供王室使用。賞賜給你紅色的蔽膝，黑色的玉佩和帶有銅飾的馬轡首絡銜。

　　最後是逨答謝王的休美的一些嘏詞，這裡不再討論。

　　從器型、紋飾、字體風格、詞例特徵到銘文內容，逨盤爲宣王時器的標準器無疑。從逨盤中我們可以明確地得出單氏家族八代人的世系：

〔註122〕裘錫圭：《甲骨文中的幾種樂器名稱──釋『庸』、『豐』、『鞀』》，《古文字論集》，北京：中華書局，1992年8月，196、204頁。

〔註123〕參看陳劍：《甲骨文舊釋『智』和『盤』的兩個字及金文「擬」字新釋》，《甲骨金文考釋論集》，北京：線裝書局，2007年4月，219～233頁。

〔註124〕有學者將「散」讀爲「廩」，而非「林」，認爲此銘文是說王命免爲司土，專管奠、還兩地倉廩和虞、牧諸事。參見于省吾：《略論西周金文中的「六自」和「八自」及其屯田制》，《考古》1964年第3期，153～154頁。

〔註125〕參見于省吾：《略論西周金文中的「六自」和「八自」及其屯田制》，《考古》1964年第3期，153頁；張亞初、劉雨：《西周金文官制研究》，北京：中華書局，2004年6月，10～11頁。

周王的世系	單氏家族的世系	單氏家族成員輔佐周王的主要功績或職官
文王、武王	皇高祖單公	夾紹文王、武王達殷，膺受天魯命，匍有四方，並宅厥勤疆土
成王	皇高祖公叔	逑匹成王，成受大命，方狄不享，奠四國萬邦
康王	皇高祖新室仲	方懷不廷
昭王、穆王	皇高祖惠仲盠父	盩政四方，㡿伐楚荊
恭王、懿王	皇高祖零伯	
孝王、夷王	皇亞祖懿仲	有成于周邦
厲王	皇考恭叔	
宣王	逑	胥榮兌，嗣司四方虞林

1985年8月陝西眉縣馬家鎮楊家村發現一處西周銅器窖藏，窖藏器物中有4件帶有銘文者，這4件器物是一套編鐘中的其中4件，美籍華人范季融還收藏有一件逑鐘（《首陽吉金》121），從器型、紋飾來看也是這套編鐘中的其中一件，都屬於逑的器物。據劉懷君介紹，逑鐘「舞部飾雲雷紋，篆間飾竊曲紋，鼓部蟠螭紋。鼓右飾一大鳥紋，旋上飾雲雷紋，枚分平頂和尖突形兩種。」〔註126〕窖藏的4件逑鐘銘文相同，銘文錄於下：

> 逑曰：丕顯朕皇考，克哲明厥心，帥用厥先祖考政德，享辟先王，逑御于厥辟，不敢象，虔夙夕敬厥死事天子，巠（經）朕先祖服，多賜逑休，命嗣司四方虞林。逑敢對天子丕顯魯休揚，用作朕皇考恭叔龢鐘，鎗鎗鉥鉥，雝雝鐠鐠（雝雝），用追孝卲各（格）喜侃前文人，前文人嚴在上，數數橐橐，降余多福、康娛、純祐、永命，逑其萬年眉壽，畯臣天子，子子孫孫永寶。

范季融所藏的逑鐘銘文曰：「追孝卲各（格）喜侃前文人，前文人嚴在上，數數橐橐，降余多福，康娛。」很明顯是逑鐘全銘的一部份。

從逑鐘銘文可以看出，王命令逑「嗣司四方虞林」，與逑盤中所記逑的職務相同，說明盤與鐘的時代應非常接近或為同時期器物。

四十二年逑鼎是和逑盤於2003年一同出土的，共有2件，形制、紋飾、銘文都相同，唯獨大小稍有差異。器型呈斂口，立耳，鼓腹，蹄足，口沿下飾竊曲紋，間有六個扉棱，腹部飾寬大的環帶紋，足上飾有獸面紋。與此器

〔註126〕劉懷君：《眉縣出土一批西周窖藏青銅樂器》，《文博》1987年第2期，18頁。

形制、紋飾較爲接近的有大克鼎（《集成》02836），小克鼎（《集成》02796），史頌鼎（《集成》02787）等，這種形制的鼎主要流行於厲宣時期。四十二年逨鼎銘曰：

> 唯卅又二年五月既生霸乙卯，王在周康穆宮。旦，王各大室，即位，司工楲（散）佑吳（虞）逨入門立中廷，北向。尹氏受（授）王釐書，王呼史淢冊釐逨。王若曰：「逨，丕顯文武，雁（膺）受大命，匍（溥）有四方，則繇唯乃先聖祖考，夾豐（紹）先王，黈董（勤）大命，奠周邦。余弗叚鼅（忘）聖人孫子，余唯閈乃先祖考有黈于周邦，辥余作汝□詞，余肇建長父侯于楊，余命汝奠長父，休，汝克奠于厥師。汝唯克井（型）乃先祖考，闢獗軏，出戡于井阿，于曆厰。汝不𤔲戎，汝𡘹長父，以追博（搏）戎，乃即宕伐于弓谷，汝執訊獲馘，俘器、車馬。汝敏于戎工，弗逆朕新命，釐汝秬鬯一卣，田于鄸卅田，于降廿田。」逨拜稽首，受冊釐以出。逨敢對天子丕顯魯休揚，用作鬻彝，用享孝于前文人，前文人其嚴在上，趩（翼）在下，穆穆秉明德，豐豐彙彙，降余康虞、純祐、通祿、永命，眉壽綽綰，畯臣天子，逨其萬年無疆，子子孫孫永寶用享。

此篇銘文中是司工散佑虞逨入門立中庭，一般而言，佑者和被佑者之間職務上有一定的從屬關係，大多數時候是上下級的關係。〔註127〕司工散有可能是逨的上級，此時逨被稱爲「虞逨」，是「職官名＋私名」的稱名結構。王呼令史官淢宣讀命書，「史淢」一名亦見於寰鼎（《集成》02819）和寰盤（《集成》10172），在銘文中史淢擔任的角色也是宣讀命書，寰器學者一般定其爲厲宣時期的器物，兩者極有可能是同一人。

　　下面一段先追述逨的先祖考輔佐先王有功，協助他們安定周邦。周王不敢忘記這些聖人的子孫，希望他們繼續爲周王效力。「閈」字拓片作「𨶚」，從門從𠦝。此字也見於豆閉簋（《集成》04276）作「𨵲」形。金文中「才」與「甲」有的字形甚爲近似，但根據上下文的語境一般可以辨識。「才」更多的是作「𢆶」形，橫豎交叉的地方多有肥筆，此處還是隸定爲「閈」爲宜。〔註128〕李零和李學勤將此字讀爲「狎」，《爾雅·釋詁》：「狎，習也。」

〔註127〕參見陳漢平：《西周冊命制度研究》，上海：學林出版社，1986年12月，110頁。

〔註128〕也有學者隸定爲「閉」，不確。金文中「干」字作「𤘦」「𤘦」等形，與此字

意為習知你的祖先有功勞于周邦。董珊認為此字可讀為「念」（緝、侵對轉）。
〔註129〕「余唯閵乃先祖考有勳于周邦」與四十三年逨鼎「今余唯巠（經）乃
先祖考有勳于周邦」句十分相似，「閵」與「經」的意思蓋相去不遠，大意為
我追念你的先祖考有功勳于周邦，若訓為「習」意義也通。「緋余作汝□匃」
句有殘辭，意義暫不可知。「建」的意思為封建、建立封國，小臣𧊒鼎（《02556》）
「召公建匽（燕）」，此處指封長父到楊地為侯。奠，定也。王命令逨協助長
父安定新封的邦國，逨完成的很好。「奠于厥師」的「師」作「」，聯繫下文
所記述的事情與戰爭有關，這裡的「師」當指軍隊，「汝克奠于厥師」大概是
說你能安定佈置好長父的軍隊。「闢厥䵣」的「闢」從裘錫圭的觀點，他認為
「闢」的用法與大盂鼎的「闢厥慝」之「闢」用法相同，意為屏除，逨伐獫
狁是為了解除其威脅而主動出擊。〔註130〕「戠」字據三體石經釋為「捷」字
當無疑問，〔註131〕「出戠于井阿，于曆廠」蓋為在井阿、曆廠兩地出師并獲
得勝利。「」字或釋為「畏」，或釋為「艮」，均與字形不太相合，闕疑待考。
「」字李學勤隸定為「兕」，疑從「尚」聲，讀為「蔽障」的「蔽」。〔註132〕
此字若從「尚」聲，我們猜測可將此字讀為「弼」，「汝長父」是說你輔佐、
協助長父。「宕伐」一語亦見不嬰簋蓋（《集成》04329）「汝以我車宕伐獫狁
于高陶（陶）」，「宕伐」猶言「廣伐」。〔註133〕這場戰爭長父一方在逨的佐助
下取得了勝利，多有俘獲。

　　學者多將「弗逆朕新命」中的「新」字隸定為「親」，細審拓片，該字為
「新」字無疑。周王除了命令逨協助榮兌兼司虞林外，又給他頒佈了新的命
令，即幫助長父屏障障礙，安定新建立的侯國，所以稱之為「新命。」逨完
成的非常出色，周王對他的賞賜是秬鬯一卣，鄭地的田卅田，降地的田廿田。
周王賜田與屬臣在金文中並不十分常見，旟鼎（《集成》02704）、大克鼎（《集
成》02836）、卯簋蓋（《集成》04237）等器中也有相關記載，但都不如此器

作「」形迥別。

〔註129〕　各家觀點分別見於李零：《讀楊家村出土的虞逨諸器》，《中國歷史文物》2003
　　　　　年第3期，25頁；李學勤：《眉縣楊家村新出青銅器研究》，《文物》2003年
　　　　　第6期，68頁；董珊：《略論西周單氏家族窖藏青銅器銘文》，《中國歷史文
　　　　　物》2003年第4期，44頁。
〔註130〕　裘錫圭：《讀逨器銘文箚記三則》，《文物》2003年第6期，61頁。
〔註131〕　商艷濤：《金文「戠」字補議》，《古漢語研究》2008年第2期，83～85頁。
〔註132〕　李學勤：《眉縣楊家村新出青銅器研究》，《文物》2003年第6期，68頁。
〔註133〕　于省吾：《雙劍誃吉金文選》，北京：中華書局，1998年9月，198頁。

中賞賜的田如此之多，此次的賞賜規格已算是很高了。

　　四十三年逨鼎同時出土的共有 10 件，形制、紋飾和銘文基本相同，大小相次。與四十二年逨鼎的器型、紋飾基本相同。爲了便於以後的討論，先將銘文內容錄於下：

　　　　唯卅又三年六月既生霸丁亥，王在周康宮穆宮。旦，王各（格）周廟，即立（位），司馬壽右吳（虞）逨入門立中廷，北向。史淢受（授）王命書。王呼尹氏冊命逨。王若曰：「逨，丕顯文武膺（膺）受大命，匍（溥）有四方。則繇唯乃先聖祖考，夾醬（紹）先王，勞董（勤）大命，奠周邦。肆余弗朢（忘）聖人孫子，昔余既命汝疋（胥）榮兌，覲司四方吳（虞）替（林），用宮御，今余唯巠（經）乃先祖考有勞于周邦，繭（申）就（就）乃命，命汝官司歷人，母敢妄寧，虔夙夕惠雍我邦小大獻。雩乃專政事，母敢不妻不井（型），雩乃訊庶有釁，母敢不中不井（型），母繁橐，繁橐唯有宥從（縱），廼敄鰥寡，用作余我一人㲋（怨），不小（肖）唯死。」王曰：「逨，賜汝秬鬯一卣、玄袞衣、赤舄，駒車，桒（賁）較（較）、朱虢西斬、虎冟（幦）熏里、畫轉畫輯，金甬、馬四匹、攸勒。敬夙夕，勿廢朕命。」逨拜稽首，受冊佩以出，反入堇（瑾）圭。逨敢對天子丕顯魯休揚，用作朕皇考恭叔鼎彝。皇考其嚴在上，廙（翼）在下，穆穆秉明德，數數橐橐，降余康嗇純祐、通祿、永命，眉壽綽綰，畯臣天子，逨萬無疆，子子孫孫永寶用享。

此篇銘文中逨的佑者是司馬壽，逨的稱謂依然是「職官名＋私名」。授命書的是史淢，宣讀冊命的是尹氏，與四十二年逨鼎剛好相反。

　　王追述了過去對逨的任命，現在重新申成舊命，并增添管理歷人這一新的職務。「歷人」一詞金文中首次出現，文獻中見於《尚書・梓材》：「肆往奸宄殺人，歷人，宥；肆亦見厥君事，戕敗人，宥。」李學勤認爲「歷人」的「歷」義爲過數選擇，《尚書》中的這句話是說對過去有罪行的官吏進行甄選，有所寬宥。「歷人」是監察一類的職務，「官司歷人」意爲對朝中臣屬的監察甄別。〔註134〕楊寬認爲金文中的「鬲」和「人鬲」就是《尚書・梓材》

〔註134〕李學勤：《眉縣楊家村新出青銅器研究》，《文物》2003 年第 6 期，69 頁；李學勤：《四十三年佐鼎與牧簋》，《中國古代文明研究》，上海：華東師範大學出版社，2005 年 4 月，154 頁，原載《中國史研究》2003 年第 2 期。

中的「歷人」，是一種被監禁的俘虜和奴隸。〔註135〕董珊在此論的基礎上，結合逨鼎的銘文內容作了進一步論述，認爲「司歷人」是掌管奴隸，此職務與逨爲虞官有關，目的是利用這些奴隸開發山林川澤。〔註136〕這個問題還可以再商榷，此處闕疑待考。「惠」有「助」義。〔註137〕毛公鼎（《集成》02841）「虔夙夕惠我一人，雍我邦小大猷」，師詢簋（《集成》04342）「命汝更雍我邦小大猷」與此銘「虔夙夕惠雍我邦小大猷」意思近同。雍，和也。此句大意是說你要早晚恭敬地助王謀和國家的大小謀略。「專政」即典籍中的「敷政」，敷，布也。「叏」字郭沫若認爲是「規」字的古文，〔註138〕李學勤認爲是「畫」字所從，讀爲「畫」，義爲端直。〔註139〕此篇銘文中有「畫」字作「⿰」形，此字作「⿰」形，兩種形體在同一篇銘文中出現，估計還是有差別的，此字的確切讀法還可以再商榷。「不叏不井」與「不中不井」意義應相當，是要求逨要依法辦案，公平公正。「顜纛」一詞亦見於毛公鼎（《集成》02841）「毋敢顜纛，顜纛迺敄鰥寡」，學者已指出大概是表示與官員的不良行爲有關的一類詞彙，是說如果有中飽私囊、貪污行賄這些不良習俗，就是姑息遷就、放縱那些有罪的人，是對那些沒有依靠的人的侮慢。「用作余我一人夗（怨），不小（肖）唯死」句的釋讀從裘錫圭的觀點，「不肖」即不孝、不善。〔註140〕

最後一段是對逨的賞賜，賞賜的物品相當豐富。逨製作這些鼎用來祭祀他的亡父恭叔，希望子子孫孫永遠保用。

我們將逨盤、四十二年逨鼎和四十三年逨鼎的相關信息列於下表：

器　名	冊命時間	冊命地點	佑　者	書命者	冊命者	任命的職務	賞賜品
逨盤						胥榮兌，兼司四方虞林，用宮御	赤市、幽黃、攸勒
逨鐘						兼司四方虞林	

〔註135〕楊寬：《西周史》，上海：上海人民出版社，2003 年 4 月，294～295 頁。
〔註136〕董珊：《略論西周單氏家族窖藏青銅器銘文》，《中國歷史文物》2003 年第 4 期，47～48 頁。
〔註137〕參看黃天樹師：《禹鼎銘文補釋》，黃德寬、張光裕主編《古文字學論稿》，合肥：安徽大學出版社，2008 年 4 月，64～67 頁。
〔註138〕郭沫若：《兩周金文辭大系圖錄考釋‧師望鼎》，北京：科學出版社，2002 年 10 月，82 頁。
〔註139〕李學勤：《眉縣楊家村新出青銅器研究》，《文物》2003 年第 6 期，70 頁。
〔註140〕裘錫圭：《讀逨器銘文箚記三則》，《文物》2003 年第 6 期，61 頁。

四十二年逨鼎	卅又二年五月既生霸乙卯	周康穆宮	司工散	尹氏	史淢	奠長父	秬鬯一卣，田于鄭卅田，于降廿田
四十三年逨鼎	卅又三年六月既生霸丁亥	周康宮穆宮	司馬壽	史淢	尹氏	官司歷人	秬鬯一卣、玄袞衣、赤舄、駒車，奉（賁）較、朱虢䇫新、虎冟（冪）熏里、畫轉畫轜，金甬、馬四匹、攸勒

　　從表中可以看出，逨在宣王時期先後就被冊封了四次，先是輔佐榮兌共同管理四方的山林川澤，後命他協助長父安定新建立的封國，再命他管理歷人。從賞賜的物品來看，賞賜的規格也是相當高的，單氏這一支貴族在西周時期的地位可見一斑。單氏世仕王朝，一直到東周時期，單氏家族仍很活躍，史書中也不乏關於單氏家族的記載，如《左傳》莊公元年：「夏，單伯送王姬。」《左傳》文公十四年：「冬，單伯入齊，齊人執單伯。」《左傳》襄公十年：「單靖公為卿士，以相王室。」《左傳》哀公十三年：「夏，公會單平公、晉定公、吳夫差於黃池。」這些記載也可以從側面反映出單氏家族在周代舉足輕重的地位。

　　2003 年眉縣楊家村窖藏出土的銅器中還有 9 件單叔鬲（《新收》763～771，形制、紋飾、銘文、大小都相同），2 件單五父壺（《新收》760～761，形制、紋飾、銘文、大小相同，器、蓋同銘），1 件逨盉（《新收》758），1 件叔五父匜（《新收》762）和 1 件天盉（《新收》759）。其銘文內容一一錄於下：

　　　　單叔鬲：單叔作孟媾（祁）尊彝（鬲）〔註141〕，其萬年子子孫孫永寶用。

　　　　單五父壺：單五父作朕皇考尊壺，其萬年子子孫孫永寶用。

　　　　逨盉：逨作朕皇高祖單公、剌（烈）〔註142〕考尊盉，其萬年子

〔註141〕此字作「　」形，有學者認為當是「器」字的省寫，但此字實非「犬」字。陳劍在《金文「彝」字考釋》一文中已指出此字當隸定為「彝」，董珊在此基礎上從讀音的角度考慮，認為「彝」與「鬲」音近可通，現從此說。參見董珊：《略論西周單氏家族窖藏青銅器銘文》，《中國歷史文物》2003 年第 4 期，40～41 頁。

〔註142〕《陝西眉縣楊家村西周青銅器窖藏發掘簡報》（《文物 2003 年第 6 期》）將此字釋為「聖」，後來學者多從之。細審拓片，此字作「　」形，雖然有些殘泐，

孫永寶用。

叔五父匜：叔五父作旅匜，其萬年，子子孫孫永寶用。

天盂：作寶盂，其子子孫孫永寶用，天。

單叔鬲大概是單叔爲其妻子孟祁所作的器物。逨盉是逨爲他的皇高祖單公所作的祭器，這位皇高祖應該就是逨盤所列的第一位單氏先祖單公。吳鎮烽說：「商周時期直到春秋戰國時期，『高祖』只是一種尊稱，並不是哪一代先祖的專稱。『高』字和『皇』字一樣，是對『祖』的一種尊隆之詞……『高祖』被定位於由己身上溯四世，排列出高祖、曾祖、王父（或稱祖父）、考（即父親）、己身這樣一個五世系列，大概是到了秦漢時期才形成的。」﹝註143﹞從已發現的牆盤（《集成》10175）、𤼈鼎（《近出》二編 324）和逨盤（《新收》757）等銘文來看，這一論述是很正確的，非常符合西周時期的實際情況。天盂銘末有一族徽「天」字，且「天」字圖畫的意味很重，無器主名，約是西周中晚期的器物，爲何出於本窖藏有待進一步研究。

李學勤認爲此窖藏的銅器除了天盂外，應是同一個人的器物。迮是單氏，「迮」有「輔助」的意思，「五」可讀參伍的「伍」，兩字義近，應爲一名一字，即名佐字叔伍父。此外，他還指出《西清續鑒甲編》15.4 的叔五父盤（《集成》10107）銘曰：「叔五父作寶盤，其萬年子子孫孫永寶用。」此盤與窖藏所出的銅器應爲一個人所作器。﹝註144﹞也有學者認爲單五父、單叔、叔五父是同一個人，他應該是逨的父親；或認爲單叔鬲、單五父壺、叔五父匜和逨盤爲三個不同的人所作器。﹝註145﹞單叔鬲侈口，束頸，蹄足，腹部有三條扉棱，腹的上部飾竊曲紋，下部飾變體龍紋。單五父壺直口長頸，垂腹，有長方形子口蓋，蓋上有捉手。蓋上和頸部飾環帶紋，腹部以突起的雙身龍爲主，輔以數條身軀相交的龍紋，圈足上飾變體龍紋。逨盉的造型別具一格，器身呈扁平型，蓋爲鳳鳥形，紋飾以重環紋、變體龍紋和蟠龍紋爲主。叔五

但仍能看出與「聖」字的金文字形相差較大，我們認爲應該是「剌」字。金文中未見有「圣考」的詞例，而「烈考」則習見。

﹝註143﹞ 吳鎮烽：《高祖、亞祖、王父考》，《考古》2006 年第 12 期，74～75 頁。

﹝註144﹞ 參見：《考古與文物》編輯部：《寶雞眉縣楊家村窖藏單氏家族青銅器群座談紀要》，《考古與文物》2003 年第 3 期，13 頁；李學勤：《眉縣楊家村新出青銅器研究》，《文物》2003 年第 6 期，70～71 頁。

﹝註145﹞ 參見周亞：《眉縣楊家村青銅器窖藏和四十三年逨鼎》，《上海藝術家》2005 年第 1 期，13 頁；黃盛璋：《眉縣楊家村逨家窖藏銅器解要》，《中國歷史文物》2004 年第 3 期。

父匜前有長流，後有龍首鋬，扁足上飾有龍首。口沿下飾竊曲紋，腹部飾瓦紋。〔註146〕可以看出，這些器物的紋飾有較多的相同之處，環帶紋、龍紋等是主要的紋飾表現方式，可以推測這些器物基本上作於同一時期。有學者指出逨盤身上有獸首，叔五父匜扳部也有獸首，可確定盤、匜為一套盥洗器，也可推斷盤的作器者逨和匜的作器者叔五父為同一人。〔註147〕據此，我們認同大多數學者的看法，認為逨、單叔、單五父、叔五父當為同一個人的不同稱謂，單是氏，逨是私名，叔是排行，五是字。

四、單氏家族相關銅器的考察

　　除了以上兩處窖藏的器物屬於單氏家族外，傳世的器物和別處窖藏的器物也有屬於這個家族的。

　　傳世的器物中還有一件叔鼎（《集成》02270），長方體，平折沿，立耳，柱足，腹較淺，腹部上飾夔龍紋，下飾乳釘紋，足上部飾浮雕獸面。器型、紋飾與員鼎（《集成》02695）、作冊大方鼎（《集成》02758）近似，屬於西周早期偏晚階段的器物。銘文曰：「叔作單公寶尊彝」。李學勤認為此鼎銘中的單公為第一代單公，〔註148〕結合逨盤銘文來看，此鼎銘中的單公即逨盤的皇高祖單公，叔即逨盤的皇高祖公叔。

　　西周時期一些銘文中有「單」字，容易被誤判為單氏家族的器物。張懋鎔已列出了7件，〔註149〕這些「單」多用為族徽名，而與單氏無關。其餘的傳世器物中明確屬於單氏一支的有：

　　　　單伯原父鬲（《集成》00737）：單伯原父作仲姞尊鬲，子子孫孫其萬年永寶用享。

　　　　衛盉（《集成》09456）：……裘衛乃龣告于伯邑父、榮伯、定伯、琼伯、單伯，伯邑父、榮伯、定伯、琼伯、單伯乃命參有司：司土微邑、司馬單旟、司工邑人服，眔受田……

〔註146〕各器物的形制、紋飾等可參看陝西省文物局、中華世紀壇藝術館：《盛世吉金——陝西寶雞眉縣青銅器窖藏》，北京：北京出版社，2003 年 3 月，3～37 頁。
〔註147〕劉源：《逨盤銘文考釋》，《中國史研究》2003 年第 4 期，17～18 頁。
〔註148〕李學勤：《論美澳收藏的幾件商周文物》，《文物》1979 年第 12 期，75 頁。
〔註149〕張懋鎔：《眉縣窖藏青銅器與西周單逨家族》，《古文字與青銅器論集》（第二輯），2006 年 12 月，45 頁。

　　　　揚簋（《集成》04294～04295）：……司徒單伯内（入）右揚，
王呼内史史岸〔註150〕（微）冊命揚……

　　　　單伯昊生鐘（《集成》00082）：單伯昊生曰：丕顯皇祖、烈考迷
匹之王，舞董（勤）大命，余小子肇帥井（型）朕皇祖考懿德，永
寶奠。

　　　　昊生殘鐘一（《集成》00104）：〔初〕吉甲戌，王命……，……
周，王若曰：昊〔生〕

　　　　昊生殘鐘二（《集成》00105）：〔昊〕生拜手稽首，敢對揚王休，
昊生用作障公大鑄（林）鐘，用降多福，用喜侃前文人，用祈康鼉、
純魯，用受……

　　　　單昊生豆（《集成》04672）：單昊生作羞豆，用享。

單伯原父鬲寬平沿，連襠，蹄足，腹上有三條扉棱并飾有獸面紋。馬承源將
之歸爲西周中期器物。〔註151〕當是單伯原父爲其妃偶仲姞所作器。

　　衛盉一般認爲是恭王時期的器物，近些年也有學者提出不同的看法。
〔註152〕它的器型與長囟盉（《集成》09455）近似，長囟盉一般認爲是恭王時
期的器物，衛盉中出現的人物也見於弭伯簋（《集成》04257）、同簋（《集成》
04271）、輔師嫠簋（《集成》04286）等恭懿時的器物。〔註153〕整體來看，將
此器斷爲恭懿時期大致是不誤的。衛盉中的單伯與迷盤中的零伯生活的時代
近同且排行都爲伯，兩者蓋爲同一人。銘文中的司馬單旗蓋是與單伯生活時
代相當的一位單氏家族成員，職位低於單伯。

　　揚簋斂口、鼓腹，銜環獸首耳，圈足下有三個獸面象鼻形小足，口沿及
圈足上飾竊曲紋，腹部飾瓦紋。「史岸」又見於王臣簋（《集成》04268）、諫
簋（《集成》04285）、蔡簋（《集成》04340）和瘋盨（《集成》04462）等器物，
銘文中史官岸都是擔任宣讀冊命的角色。已知瘋盨是懿王時期的標準器，其
餘器物的年代也都應當在其前後。唐蘭、馬承源、劉啓益都把它的時代定在

〔註150〕此字或釋爲「年」，或釋爲「寿（敎）」，暫無定論。此處姑且隸定爲「岸」。
〔註151〕馬承源主編：《商周青銅器銘文選》第三卷，北京：文物出版社，1988 年 4
　　　　月，251 頁。
〔註152〕劉啓益認爲是懿王時期的器物，彭裕商將裘衛諸器定於孝夷時期，參見劉啓
　　　　益：《西周紀年》，廣州：廣東教育出版社，2002 年 4 月，294 頁；彭裕商：《西
　　　　周青銅器年代綜合研究》，成都：巴蜀書社，2003 年 2 月，353 頁。
〔註153〕參看王世民、陳公柔、張長壽：《西周青銅器分期斷代研究》，北京：文物出
　　　　版社，1999 年 11 月，148～149 頁。

懿王時期，〔註154〕是非常合適的，這時單伯已任司徒之職。從時代上來看，揚簋的司徒單伯、衛盉的單伯以及逨盤的零伯盨爲同一個人。

　　單伯昊生鐘爲甬鐘，有幹有旋，主要紋飾有環帶紋、重環紋、變形獸體紋和夔龍紋等，陳佩芬定爲西周中期器物。〔註155〕銘文記載他的祖考輔弼先王，勤勞王命，單伯要效法學習祖先的美德，長久地保定周邦。昊生殘鐘僅存拓片，從銘文內容看當是整篇銘文的後半部份，是昊生爲陦公所作器，陦公可能爲昊生的父輩。單昊生當是單氏名昊生者，單伯昊生是單氏排行爲伯名昊生者，單伯昊生鐘、昊生殘鐘和單昊生豆應是一人所作器。

　　以上諸器的年代都在西周中期，郭沫若和陳夢家都認爲揚簋中的司徒單伯與單伯昊生鐘的單伯爲同一人。〔註156〕單伯原父、單伯與單伯昊生之間的關係暫不可確知。

　　1955 年 3 月，陝西眉縣李家村村民在取土時發現一處西周銅器窖藏，出土了 5 件具銘青銅器，包括 2 件盠〔註157〕方彝（《集成》09899～09900，器、蓋同銘），1 件盠方尊（《集成》06013）和 2 件盠駒尊（《集成》06011～06012，其中一件僅存蓋）。盠方彝和盠方尊銘文相同，兩件盠駒尊蓋銘稍有出入，現將銘文錄於下：

　　　　（盠方彝／尊）唯八月初吉，王各于周廟，穆公佑盠，立于中
　　　廷，北向，王冊命尹賜盠赤市、幽亢、攸勒，曰：用司六師、王行
　　　參有司：司土、司馬、司工，王命盠曰：䠦司六師眔八師䩛，盠拜
　　　稽首，敢對揚王休，用作朕文祖益公寶尊彝。盠曰：天子不叚不（丕）
　　　其（基），萬年保我萬邦。盠敢拜稽首曰：剌（烈）朕身，迋（更）
　　　朕先寶事。

　　　　（盠駒尊器）唯王十又三月辰在甲申，王初執駒于啟，王呼師

〔註154〕參見唐蘭：《西周青銅器銘文分代史徵》，北京：中華書局，1986 年 12 月，472 頁；馬承源主編：《商周青銅器銘文選》第三卷，北京：文物出版社，1988 年 4 月，183 頁；劉啓益：《西周紀年》，廣州：廣東教育出版社，2002 年 4 月，300 頁。

〔註155〕陳佩芬：《夏商周青銅器研究・西周篇》，上海：上海古籍出版社，2004 年 9 月，399 頁。

〔註156〕郭沫若：《兩周金文辭大系圖錄考釋》，北京：科學出版社，2002 年 10 月，119 頁；陳夢家：《西周銅器斷代》，北京：中華書局，2004 年 4 月，195 頁。

〔註157〕裘錫圭認爲「盠」字所從的「象」像一種兇猛的野豬，疑「盠」爲「猛」字的初文。參見裘錫圭：《古璽印考釋四篇》，《文博研究論集》，上海：上海古籍出版社，1992 年 3 月，84 頁。爲了行文方便，暫從傳統習慣的説法。

虡召盨，王親旨（詣）盨，駒賜兩。拜稽首曰：「王弗聖（忘）厥舊宗小子，虡皇盨身。」盨曰：「王伽下不（丕）其（基），則萬年保我萬宗。」盨曰：「余其敢對揚天子之休，余用作朕文考大仲寶尊彝。」盨曰：「其萬年世子子孫孫永寶之。」

（盨駒尊蓋）王龓（拘）駒于敗，賜盨駒𤠾雷騅子。

從這兩篇銘文中可以看出，盨稱其祖父爲「文祖益公」，稱其父考爲「文考大仲」。逨盤中逨的其中一位先祖稱爲「惠仲盨父」，其祖父稱爲「公叔」，其父考稱爲「新室仲」。盨器的窖藏地址在眉縣李村，距離逨盤的出土地楊家村很近。學者據此多認爲盨器的器主人與惠仲盨父爲同一個人。〔註158〕也有學者認爲兩者沒有任何關係，盨的祖父稱爲「益公」表明盨這一家族屬於姜姓的益氏。〔註159〕韓文認爲「益公」的「益」爲族氏而不是諡法，理由是金文中所見的諡號基本上都可以在文獻中找到證據，而文獻中未見用「益」字作諡號者。此說尚有可商之處。「益公」在金文中還見於畢鮮簋（《集成》04061）、𤭔簋（《集成》04153）、乖伯簋（《集成》04331）、申簋蓋（《集成》04267）、永盂（《集成》10322）等器中，或爲生稱或爲死諡。𤭔簋銘曰：「𤭔作皇祖益公、文公、武伯，皇考恭伯鼎彝。」若按韓說，同爲𤭔的先祖考的稱呼，爲何單單「益公」要用「氏名＋爵稱」的稱呼方式，而其餘都用「諡號＋爵稱／排行」的方式呢？我們認爲「公、伯」前面的字應是諡號。楊亞長認爲益公這一人名與穆公、釐公、甲公等一樣，「益」字不是氏名，而是溢美之詞。〔註160〕此說在有些情況下還是可以成立的。

其次，就銘文內容而言，盨方彝中佑者是穆公，穆公在金文中多有出現，或爲生稱，或爲死諡。據學者研究，穆公的生世主要在穆王到恭王時

〔註158〕從此種觀點的主要有王占奎、劉軍社、高明、曹瑋、李學勤、朱鳳瀚、王輝、董珊、何景成等人。參見《陝西眉縣出土窖藏青銅器筆談》，《文物》2003年第 6 期，43～65 頁；李學勤：《眉縣楊家村新出青銅器研究》，《文物》2006年第 6 期，71 頁；朱鳳瀚：《商周家族形態研究》（增訂本），上海：上海古籍出版社，2004 年 7 月，660 頁；王輝：《逨盤銘文箋釋》，《考古與文物》2003年第 3 期，84～85 頁；董珊：《略論西周單氏家族窖藏青銅器銘文》，《中國歷史文物》2003 年第 4 期；何景成：《盨駒尊與昭王南征——兼論相關銅器的年代》，《東南文化》2008 年第 4 期，52 頁。
〔註159〕韓巍：《眉縣盨器群的族姓、年代及相關問題》，《考古與文物》2007 年第 4期，16～21 頁。
〔註160〕楊亞長：《再說金文所見之益公——兼與韓巍先生商榷》，《考古與文物》2009年第 5 期，60～62 頁。

期。〔註161〕王對盨的任命是「司六師、王行，叄有司：司土、司馬、司工」和「歔司六師眔八師艿」。「王行」的確切意義暫時不明，古代或稱「軍」爲「行」，陳夢家認爲王命盨所管理的是六師、王行的司徒、司馬、司空，〔註162〕還包括管理六師和八師的「艿」。「艿」過去學著多認爲是種植義，裘錫圭認爲此字在先秦文獻中多用爲「設」字，〔註163〕此處讀爲「設」也很合適，就是管理六師和八師的設置。盨駒尊銘中王在庌地舉行了執駒之禮，王命令師遽召盨并親自到盨處賞賜盨兩匹駒，盨曰「王弗忘厥舊宗小子」，「厥」訓爲「其」，表明盨是周王室同宗，是王室的嫡系宗親，與周王室有密切的關係。從此兩篇銘文中可以看出盨的職官主要和師職有關，在當時具有較高的地位，深受王室的重視。

就其器型、紋飾而言，盨方彝形體較矮，腹的兩側有象鼻形耳，器身的紋飾主要爲渦紋、夔紋和竊曲紋。盨方尊腹的兩側也有象鼻形耳，紋飾與盨方彝相類。

關於它們的年代，郭沫若、彭裕商定爲懿王時期，陳夢家、劉啓益定爲恭王時代。〔註164〕學者多認爲盨駒尊中的師虘即師遽簋和師遽方彝中的師遽，把師遽定在恭王或懿王時期，則盨器的時代也與之相當。這種推論本身就存在一些問題，首先師遽和師虘是否爲一人還不能完全確定，其次即便是同一人，他也可以供職於一代或兩代以上的周王，所以即使把師遽的器物定爲恭王時期，師遽也可能在穆王時期就已經任職了。與盨方尊器型相似的器物主要有服尊（《集成》05968）和小子生尊（《集成》06001），此兩器都是西周早期偏晚階段的器物，學者多定爲昭王時期的器物，〔註165〕從紋飾上看

〔註161〕楊亞長：《金文所見之益公、穆公與武公考》，《考古與文物》，2004 年第 6 期，73 頁。

〔註162〕陳夢家：《西周銅器斷代》，北京：中華書局，2004 年 4 月，172 頁。

〔註163〕裘錫圭：《再談古文獻以「執」表「設」》，http://www.gwz.fudan.edu.cn/SrcShow.asp?Src_ID=1429，2011 年 3 月。

〔註164〕郭沫若：《盨器銘考釋》，《郭沫若全集·考古編》第六卷《金文叢考補錄》，北京：科學出版社，2002 年 10 月，137～138 頁；彭裕商：《西周青銅器年代綜合研究》，成都：巴蜀書社，2003 年 2 月，344～345 頁；陳夢家：《西周銅器斷代》，北京：中華書局，2004 年 4 月，174 頁；劉啓益：《西周紀年》，廣州：廣東教育出版社，2002 年 4 月，266～267 頁。

〔註165〕唐蘭：《西周青銅器銘文分代史徵》，北京：中華書局，1986 年 12 月，268 頁；劉啓益：《西周紀年》，廣州：廣東教育出版社，2002 年 4 月，151 頁；彭裕商：《西周青銅器年代綜合研究》，成都：巴蜀書社，2003 年 2 月，265 頁。

盨器要晚於這兩件器物，但也應該與這些器物的年代相去不會很遠。盨駒尊的年代據何景成考證，與中方鼎、遣卣等在曆日上有密切關係，其年代當在昭王晚年。〔註166〕綜合以上分析，將盨器定在昭王晚年至穆王時期還是比較合適的。

據逨盤銘文惠仲盨父是昭穆時期的重臣，他非常具有謀略，能使政事安定和諧，輔佐周王使得周王朝的德政遍及四方諸侯，并協助昭王征伐南方的荊蠻楚國。這與盨器中盨主要為武官的職務也比較接近。綜合來看，惠仲盨父與盨為同一人的可能性還是很大的。

1972年5月陝西眉縣楊家村出土了一件旟鼎，平折沿，斂口，鼓腹，立耳，柱足，口沿下飾獸面紋，足上部飾浮雕獸面。〔註167〕器型、紋飾與康王時期的大盂鼎近同。銘文曰：「唯八月初吉，王姜賜旟田三于待劀，師櫹酴貺，用對王休，子子孫其永寶。」逨器未見旟這一人名，但兩者的出土地非常接近，或者旟與單氏家族沒有關係，或者旟是單氏家族的另一支，〔註168〕也有可能旟是逨的某位先祖的名字，待考。

除以上討論的器物外，還有以下幾件器物可能與單氏也有某種關係。逨盤中逨的亡父稱為恭叔，「恭叔」亦見於頌器銘文中，如頌鼎（《集成》02827）銘曰：「用作朕皇考恭叔、皇母恭姒寶尊鼎。」頌器的年代一般定為宣王時期，〔註169〕與逨生活的年代同時。兩人的父親都稱為「恭叔」，或此兩人為兄弟輩，那麼頌也屬於單氏家族的成員之一。或者他們的亡父稱謂相同，僅屬巧合。還有待證明。

同簋（《集成》04271）侈口、束頸、鼓腹，獸首耳，圈足，頸部有兩個浮雕獸頭，獸頭兩側飾竊曲紋，腹部有一道弦紋。學者多將此器定為恭王或懿王時器。〔註170〕銘曰：「……榮伯右同立中廷北向，王命同左右吳（虞）大

〔註166〕何景成：《盨駒尊與昭王南征──兼論相關銅器的年代》，《東南文化》2008年第4期，52頁。

〔註167〕郭沫若：《關於眉縣大鼎銘辭考釋》，《文物》1972年第7期，2頁；史言：《眉縣楊家村大鼎》，《文物》1972年第7期，3～4頁。

〔註168〕陝西省考古研究所、寶雞市考古工作隊、眉縣文化館：《陝西眉縣楊家村西周青銅器窖藏》，《考古與文物》2003年第3期，10頁。

〔註169〕彭裕商：《西周青銅器年代綜合研究》，成都：巴蜀書社，2003年2月，445～446頁；夏商周斷代工程專家組：《夏商周斷代工程1996～2000年階段成果報告》，北京：世界圖書出版公司，2000年10月，34頁。

〔註170〕唐蘭、劉啓益定為恭王時期，參見唐蘭：《西周青銅器銘文分代史徵》，北京：

父司場、林、吳（虞）、牧，自虎東至于洌（河），厥逆（朔）至于玄水，世孫孫子子左右吳大父，毋汝有閑，敢揚天子厥休，用作朕文考惠仲尊寶簋……」。王任命同輔佐虞大夫管理場圃、林麓、澤虞和牧地，相當於《周禮・地官・司徒》的場人、林衡、澤虞和牧人，而且世世代代輔佐虞大夫，虞大夫蓋虞人之類的職官，只是名稱不同而已。若同生活的年代主要在恭懿時期，他的父親當爲昭穆時人。同的父親稱爲「惠仲」，與逨的祖父「惠仲盠父」諡號相同，惠仲盠父生活的年代也在昭穆時期，二者可能是同一人。且逨盤中王命令逨佐助榮兌共同管理四方的虞林，西周的職官多爲世襲制，可能正是因爲逨的祖父有這樣的職官，所以宣王也對逨冊封了類似的職務。

五、單氏的家族結構及其族姓

（一）單氏的家族結構

從逨盤中可以看出，從第一代高祖單公到逨單氏家族共傳承了八代，逨盤中所列的祖考稱謂或稱「公」，或稱「伯」，或稱「仲」，或稱「叔」，他們之間到底是什麼關係，在傳承的過程中是小宗另立宗室還是只是單公這一支的延續，學者說法不一。大多數學者把「新室仲」的「新室」理解爲新的宗室，表明這一支已從大宗分離出來，建立了新的宗室。〔註171〕其餘幾位稱「仲」或「叔」者也都爲小宗旁支。李零認爲逨盤中的高祖只是單氏家族中與逨有關且頗有名氣者，逨的幾位祖先中公叔、新室仲和惠仲都是小宗。董珊認爲單氏家族一直存在伯、仲、叔至少三個支系，逨只是叔氏這一支的成員，所列先祖都是每一代人中的代表者。朱鳳瀚認爲西周時期的大宗雖一般有嫡長子擔任，但某些特殊情況下，非嫡長子的同輩或子輩也可以擔任宗子，逨盤中的幾位高祖可能並未從單叔氏中分離出去。〔註172〕韓巍認爲單逨

中華書局，1986 年 12 月，432 頁；劉啓益：《西周紀年》，廣州：廣東教育出版社，2002 年 4 月，275 頁。陳夢家定爲懿王時期，參見陳夢家：《西周銅器斷代》，北京：中華書局，2004 年 4 月，182～183 頁；馬承源認爲在恭王或懿王時期，參見馬承源主編：《商周青銅器銘文選》第三卷，北京：文物出版社，1988 年 4 月，162～163 頁。

〔註171〕參見王輝：《逨盤銘文箋釋》，《考古與文物》2003 年第 3 期，83 頁；尹盛平：《西周史徵》，西安：陝西師範大學出版社，2004 年 10 月，203 頁。

〔註172〕參見李零：《讀楊家村出土的虞逨諸器》，《中國歷史文物》2003 年第 3 期，22 頁；董珊：《略論西周單氏家族窖藏青銅器銘文》，《中國歷史文物》2003 年第 4 期，46 頁；朱鳳瀚：《商周家族形態研究》（增訂本），天津：天津古

是單公的直系後裔，是單氏的大宗，單氏的這八代人並未分出小宗。他的主要論據是西周時期宗法制度規定「庶子不祭祖」，這在許多的文獻資料中都可以得到印證；金文中小宗從大宗中分離出來一般都會採用新的氏名，或者在大宗氏名的後面加上分支始祖的排行字，如「虢季氏」、「井叔氏」等，但單氏家族並沒有形成這樣固定的新氏族名稱。〔註173〕我們認為韓說是很有道理的，今從之。

（二）單氏的族姓

單氏在文獻中的記載主要有兩種說法，《姓纂》曰：「周成王封少子臻於單邑，為甸內侯，因氏焉。襄公、穆公、靖公，二十餘代為周卿士。」鄭樵《通志・氏族略》記載：「單氏，周室卿大夫。成王封蔑於單邑，故為單氏。」據逨盤銘文，單氏並非出自成王的少子，早在文武時期，單氏家族已在朝廷擔任要職，並有卓著的功勳。

前文已論證盠器與逨盤中的惠仲盠父為同一人，盠駒尊有「王弗忘厥舊宗小子」一語，說明盠為周王朝的嫡系宗親，則單氏為姬姓無疑。文獻中也可見到單氏為姬姓的記載，《國語・周語》單子謂定王曰：「今雖朝也不才，有分族于周。」韋注：「朝，單子之名也。又分族，王之族親也。」可見，單氏雖族源上說法有分歧，但為姬姓無疑。

籍出版社，2004 年 7 月，664 頁。

〔註173〕韓巍《重論西周單氏家族的世系》，《新出金文與西周歷史》，上海，上海古籍出版社，2011 年 7 月，180～184 頁。

結　語

　　本書在梳理姬姓世族西周銅器銘文的基礎上，對西周姬姓世族的譜系進行了繫聯。在研究這些世族的譜系時儘量搜集目前所能見到的所有與之有關的西周銅器銘文，結合傳世文獻的記載，充分利用考古學和前彥時賢的研究成果，以使我們的討論結果更加接近西周時期姬姓世族譜系的眞實面貌。

　　文章的主體部份分爲兩大塊，第一塊主要討論了族源比較清楚的幾個姬姓氏族的世系，主要包括周公及其後裔柞氏、祭氏、井（邢）氏；畢公及其後裔楷氏；應氏；虢氏和滕氏這九個氏族，第二塊我們主要討論了姬姓世族中族源不甚明晰，需要進一步研究的三個氏族的世系，分別是召氏、榮氏和單氏。

　　在討論這些氏族的世系時，我們一般先對該氏族做一簡單的介紹，其主要依據是相關的文獻記載。其次，我們主要對與該氏族有關的西周青銅器銘文進行梳理和研究，一般是按照西周早期、西周中期和西周晚期這樣的順序展開討論。但有些氏族又會有一些小宗分支，如井（邢）氏又分爲邢伯、邢叔、邢季等；虢氏又分爲虢伯、虢仲、虢叔、虢季等，這時我們將按照伯、仲、叔、季的順序對相關銘文依次進行梳理討論，而後列出相關氏族的世系。如果還有一些小問題需要討論，我們會放到餘論的部份進行討論。由於每個氏族的材料多少不同，加上每個氏族有自己的特點，我們在安排每個章節的內容時也不盡相同。

　　我們在討論這些氏族的世系時，發現對銘文正確地釋讀至關重要。除此之外，斷代也是影響我們排列譜系的關鍵因素之一，不同的釋讀和斷代將會排列出不同的氏族譜系。因此，我們在對相關的銅器銘文進行斷代時，儘量

參照各方面的因素，如器物的形制、紋飾、銘文的字體風格、人物、事件、人物的身份、地位、銘文的用詞特徵等，使我們對銅器的斷代不要與它的實際年代相差甚遠。文中我們對一些器物的斷代只是一種推測，有待更多的材料來補充論證，或是更好、更科學的研究方法推動我們的銅器斷代研究。只有有了更爲準確的銅器銘文斷代，我們排列的氏族譜系才更加可信。

本書所討論的這些氏族中，屬於周公後裔的小宗氏族比較多，我們所討論的還不是周公後裔的全部氏族，但是金文中目前所見留守王朝的一支周公小宗和分封於魯國的一支銅器銘文非常之少，這與當時他們的身份和地位是不相吻合的，其具體原因待考，不排除以後的考古發掘會爲我們揭開謎底。畢公家族一支留守王朝爲官，一支分封於畢公曾經征伐過的黎國。應氏在西周時期與周王朝的來往比較密切，應國的器物從西周早期到西周晚期都有發現，但典籍中關於應國的記載並不太多，這一點或可補文獻之不足。虢氏的器物中有相當一部份都是西周晚期的器物，其中的一些人物亦可與文獻中記載的人物相對照。滕氏的器物目前所見雖然不是很多，亦可繫聯出幾代滕國國君的世系。召氏家族封于燕地的一支，金文中目前記載的只有前兩任國君，留守畿內的一支西周早期和晚期器物還比較多，但西周中期的器物就非常少，可能召氏家族在西周中期曾一度衰落。榮氏家族從西周早期到西周晚期都有較爲崇高的地位。單氏家族在文王、武王之時已在朝廷擔任要職，可能單氏並非文獻所記載的出自成王的少子，其真正的族源待考。

由於本人學力有限，在搜集相關資料時定有疏漏之處，對很多材料的發掘還有很多不到位的地方，文中的一些看法和見解也是比較初步和粗淺的。這些疏漏和不妥，懇請各位專家學者批評指正，本人將在以後的學習過程中不斷地補充之、更正之、完善之。

參考文獻

(按音序排列)

一、傳統文獻、論著、工具書類

1. 《保利藏金》編輯委員會:《保利藏金》,廣州:嶺南美術出版社,1999年。

2. 《保利藏金》編輯委員會:《保利藏金》(續),廣州:嶺南美術出版社,2001年。

3. 《出土文獻與古文字研究》第二輯,上海:復旦大學出版社,2008年。

4. 《出土文獻與古文字研究》第三輯,上海:復旦大學出版社,2010年。

5. 《甲骨文發現一百周年學術研討會論文集》,台北:文史哲出版社,1998年。

6. 《晉侯墓地出土青銅器國際學術研討會論文集》,上海:上海書畫出版社,2002年。

7. 《三代文明研究》(一),1998年河北邢臺中國商周文明國際學術討論會論文集,北京:科學出版社,1999年。

8. 《遠望集——陝西省考古研究所華誕四十周年紀念文集》,西安:陝西人民美術出版社,1998年。

9. 《中國古代青銅器國際研討會論文集》,上海博物館、香港中文大學文物館,2010年。

10. 《中國考古學研究——夏鼐先生考古五十年紀念論文集》,北京:文物出版社,1986年。

11. 《周秦文化研究》編委會:《周秦文化研究》,西安:陝西人民出版社,1998年。

12. 白川靜:《金文通釋》,日本大阪:白鶴美術館,1962~1984年。

13. 蔡運章：《甲骨金文與古史新探》，北京：中國社會科學出版社，1996年。

14. 蔡運章：《甲骨金文與古史研究》，鄭州：中州古籍出版社，1993年。

15. 曹瑋：《周原出土青銅器》，成都：巴蜀書社，2005年。

16. 曹瑋：《周原甲骨文》，北京：世界圖書出版公司，2002年。

17. 曹瑋：《周原遺址與西周銅器研究》，北京：科學出版社，2004年。

18. 曹兆蘭：《金文與殷周女性文化》，北京：北京大學出版社，2004年。

19. 陳初生：《金文常用字典》，西安：陝西人民出版社，2004年。

20. 陳漢平：《金文編訂補》，北京：北京科學出版社，1993年。

21. 陳漢平：《西周冊命制度研究》，上海：學林出版社，1986年。

22. 陳劍：《甲骨金文考釋論集》，北京：線裝書局，2007年。

23. 陳夢家：《西周銅器斷代》，北京：中華書局，2004年。

24. 陳槃：《不見於〈春秋大事表〉之春秋方國稿》，台北：中央研究院歷史語言研究所，1982年。

25. 陳槃：《春秋大事表列國爵姓存滅表譔異》（三訂本），台北：中央研究院歷史語言研究所，1997年。

26. 陳佩芬：《夏商周青銅器研究》，上海：上海古籍出版社，2004年。

27. 陳平：《燕史紀事編年會按》，北京：北京大學出版社，1995年。

28. 陳雙新：《兩周青銅器樂器銘辭研究》，保定：河北大學出版社，2002年。

29. 陳絜：《商周姓氏制度研究》，北京：商務印書館，2007年。

30. 陳英傑：《文字與文獻研究叢稿》，北京：社會科學出版社，2011年。

31. 陳直：《讀金日札》，西安：西北大學出版社，2000年。

32. 崔永東：《兩周金文虛詞集釋》，北京：中華書局，1994年。

33. 丁福保：《說文解字詁林》，北京：中華書局，1988年。

34. 丁山：《甲骨文所見氏族及其制度》，北京：《中華書局》，1988年。

35. 董蓮池：《金文編校補》，長春：東北師範大學出版社，1995年。

36. 董蓮池：《新金文編》，北京：作家出版社，2011年。

37. 杜勇、沈長雲：《金文斷代方法探微》，北京：人民出版社，2002年。

38. 杜預：《春秋左傳集解》，上海：上海古籍出版社，1988年。

39. 段玉裁：《說文解字注》，上海：上海古籍出版社，1988年。

40. 方濬益：《綴遺齋彝器款識考釋》，北京：商務印書館石刻本，1935年。

41. 方詩銘、王修齡：《古本竹書紀年輯證〈修訂本〉》，上海：上海古籍出版

社，2005 年。

42. 高明：《中國古文字學通論》，北京：北京文物出版社，1987 年。

43. 高玉平：《2003 年眉縣楊家村出土窖藏青銅器銘文考述》，安徽大學碩士學位論文，2007 年。

44. 故宮博物院：《故宮青銅器》，北京：紫禁城出版社，1999 年。

45. 顧棟高：《春秋大事表》，北京：中華書局，1993 年。

46. 管燮初：《西周金文語法研究》，北京：商務印書館，1981 年。

47. 廣東炎黃文化研究會：《容庚先生百年誕辰紀念文集》，廣州：廣東人民出版社，1998 年。

48. 郭沫若：《金文叢考》，北京：科學出版社，2002 年。

49. 郭沫若：《金文叢考補錄》，北京：北京科學出版社，2002 年。

50. 郭沫若：《兩周金文辭大系圖錄考釋》，北京：科學出版社，2002 年。

51. 郭沫若主編：《甲骨文合集》，北京：中華書局，1978～1982 年。

52. 郭錫良：《漢語史論集》，北京：商務印書館，2005 年。

53. 國際中國古文字學研討會：《古文字學論集》，香港：香港中文大學出版社，1983 年。

54. 韓巍：《西周金文世族研究》，北京大學博士論文，2007 年。

55. 何浩：《楚滅國研究　應國興亡史略》，武漢：武漢出版社，1989 年。

56. 何景成：《商周青銅器族氏銘文研究》，濟南：齊魯出版社，2009 年。

57. 何琳儀：《戰國文字通論》，北京：中華書局，1989 年。

58. 河南省文物考古研究所、三門峽市文物工作隊：《三門峽虢國墓》第一卷，北京：文物出版社，1999 年。

59. 黃德寬、陳秉新：《漢語文字學史》，合肥：安徽教育出版社，1990 年。

60. 黃懷信、張懋鎔、田旭東：《逸周書匯校集注》，上海：上海古籍出版社，1995 年。

61. 黃盛璋：《歷史地理與考古論集》，濟南：齊魯書社，1982 年。

62. 黃天樹：《黃天樹古文字論集》，北京：學苑出版社，2006 年。

63. 黃益飛：《應國具銘銅器研究》，中央民族大學碩士學位論文，2010 年。

64. 吉林大學古文字研究室：《于省吾教授百年誕辰紀念文集》，長春：吉林大學出版社，1996 年。

65. 季旭昇：《說文新證》，台北：藝文印書館，2004 年。

66. 賈樹：《賈文忠金石傳拓集》，北京：文物出版社，2012 年。

67. 金東雪：《琱生三器銘文集釋》，吉林大學碩士學位論文，2009 年。

68. 金兆梓：《尚書詮釋》，北京：中華書局，2010 年。

69. 寇占民：《西周金文動詞研究》，首都師範大學博士學位論文，2009 年。

70. 李朝遠：《青銅器學步集》，北京：文物出版社，2007 年。

71. 李峰：《西周的滅亡》，上海：上海古籍出版社，2007 年。

72. 李峰：《西周的政體》，北京：生活・讀書・新知三聯書店，2010 年。

73. 李家浩：《著名中年語言學家自選集——李家浩卷》，合肥：安徽大學出版社，2002 年。

74. 李民、楊擇令、孫順霖、史道詳：《古本竹書紀年譯注》，鄭州：中州古籍出版社，1990 年。

75. 李孝定：《甲骨文字集釋》，臺北：中央研究院歷史語言研究所，1954 年。

76. 李孝定：《金文詁林讀後記》，臺北：中央研究院歷史語言研究所，1971 年。

77. 李學勤：《東周與秦代文明》，上海：上海人民出版社，2007 年。

78. 李學勤：《古文獻論叢》，上海：上海遠東出版社，1996 年。

79. 李學勤：《李學勤集》，哈爾濱：黑龍江教育出版社，1989 年。

80. 李學勤：《青銅器與古代史》，台北：聯經出版事業股份有限公司，2005 年。

81. 李學勤：《中國青銅器概說》，北京：文物出版社，1995 年。

82. 李學勤：《三代文明研究》，北京：商務印書館，2011 年。

83. 李學勤：《通向文明之路》，北京：商務印書館，2010 年。

84. 李學勤：《文物中的古文明》，北京：商務印書館，2008 年。

85. 李學勤：《新出青銅器研究》，北京：文物出版社，1990 年。

86. 李學勤：《中國古代文明十講》，上海：復旦大學出版社，2003 年。

87. 李學勤：《中國古代文明研究》，上海：華東師範大學出版社，2005 年。

88. 李學勤：《重寫學術史》，石家莊：河北教育出版社，2002 年。

89. 李學勤：《走出疑古時代》，瀋陽：遼寧大學出版社，1997 年。

90. 林澐：《林澐學術文集》（二），北京：科學出版社，2008 年。

91. 林澐：《林澐學術文集》，北京：中國大百科全書出版社，1998 年。

92. 劉彬徽：《楚系青銅器研究》，武漢：湖北教育出版社，1995 年。

93. 劉節：《古史考存》，北京：人民出版社，1958 年。

94. 劉啓益：《西周紀年》，廣州：廣東教育出版社，2002 年。

95. 劉翔、陳抗、陳初生、董琨：《商周古文字讀本》，北京：語文出版社，

1989 年。

96. 劉心源：《奇觚室吉金文述》，自寫刻本，1902 年。

97. 劉雨、盧岩：《近出殷周金文集錄》，北京：中華書局，2002 年。

98. 劉雨、嚴志斌：《近出殷周金文集錄》第二編，北京：中華書局，2010 年。

99. 劉昭瑞：《宋代著錄商周青銅器銘文箋證》，廣州：中山大學出版社，2000 年。

100. 劉釗：《古文字構形學》，福州：福建人民出版社，2006 年。

101. 劉釗：《古文字考釋叢稿》，福州：福建人民出版社，2005 年。

102. 呂大臨：《考古圖》，北京：北京圖書出版社，2003 年。

103. 羅振玉：《三代吉金文存》，北京：中華書局，1983 年。

104. 羅振玉：《貞松堂集古遺文》，石刻本，1930 年。

105. 羅竹風：《漢語大詞典》，上海：漢語大詞典出版社，1997 年。

106. 洛陽市第二文物工作隊：《河洛文明論文集》，鄭州：中州古籍出版社，1993 年。

107. 馬寶春、宋久成：《中國最早的歷史空間舞臺──甲骨文地名體系概述》，北京：學苑出版社，2013 年。

108. 馬承源：《商周青銅器銘文選》，北京：文物出版社，1988 年。

109. 馬承源：《中國青銅器研究》，上海：上海古籍出版社，2002 年。

110. 馬瑞辰：《毛詩傳箋通釋》，北京：中華書局，1989 年。

111. 龐小霞：《商周時期邢都邢國邢地綜合研究》，鄭州大學博士學位論文，2007 年。

112. 彭裕商：《西周青銅器年代綜合研究》，成都：巴蜀書社，2003 年。

113. 錢大昕：《十駕齋養新錄》，南京：江蘇古籍出版社，2000 年。

114. 裘錫圭：《古代文史研究新探》，南京：江蘇古籍出版社，1992 年。

115. 裘錫圭：《古文字論集》，北京：中華書局，2002 年。

116. 裘錫圭：《文字學概要》，北京：商務印書館，1988 年。

117. 裘錫圭：《裘錫圭學術文化隨筆》，北京：中國青年出版社，1990 年。

118. 裘錫圭：《裘錫圭學術文集》，上海：復旦大學出版社，2012 年。

119. 裘錫圭：《裘錫圭自選集》，鄭州：河南教育出版社，1994 年。

120. 裘錫圭：《文史叢稿》，上海：上海遠東出版社，1996 年。

121. 裘錫圭：《中國出土文獻十講》，上海：復旦大學出版社，2004 年。

122. 任偉：《西周封國考疑》，北京：社會科學文獻出版社，2004 年。

123. 容庚、張維持：《殷周青銅器通論》，北京：文物出版社，1984 年。

124. 容庚：《金文編》，北京：中華書局，1985 年。

125. 阮元校刻《十三經注疏》，北京：中華書局，1980 年。

126. 山東古國史研究會：《東夷古國史研究》第一輯，西安：三秦出版社，1988 年。

127. 陝西省博物館等：《扶風齊家村青銅器群》，北京：文物出版社，1963 年。

128. 陝西省考古研究所：《陝西出土西周青銅器》，北京：文物出版社，1979～1984 年。

129. 陝西省文物局、中華世紀壇藝術館：《盛世吉金——陝西寶雞眉縣青銅器窖藏》，北京：北京出版社，2003 年。

130. 陝西師範大學、寶雞青銅器博物館：《黃盛璋先生八秩華誕紀念文集》，中國教育文化出版社，2005 年。

131. 上海博物館編：《首陽吉金——胡盈瑩、范季融藏中國古代青銅器》，上海：上海古籍出版社，2008 年。

132. 司馬遷：《史記》，北京：中華書局，1959 年。

133. 孫常敘：《孫常敘古文字學論集》，長春：東北師範大學出版社，1998 年。

134. 孫海波：《甲骨文編》，北京：中華書局，1965 年。

135. 孫星衍：《尚書今古文注疏》，北京：中華書局，1986 年。

136. 孫詒讓：《古籀拾遺　古籀餘論》，北京：中華書局，1989 年。

137. 孫永珍：《兩周媵器銘文研究》，首都師範大學碩士學位論文，2006 年。

138. 孫稚雛：《金文著錄簡目》，北京：中華書局，1981 年。

139. 孫稚雛：《青銅器論文索引》，北京：中華書局，1986 年。

140. 湯餘惠：《戰國銘文選》，長春：吉林大學出版社，1993 年。

141. 唐復年：《西周青銅器銘文分代史徵器影集》，北京：中華書局，1993 年。

142. 唐蘭：《古文字學導論》，濟南：齊魯書社，1981 年。

143. 唐蘭：《西周青銅器銘文分代史徵》，北京：中華書局，1986 年。

144. 唐蘭：《中國文字學》，香港：香港太平書局，1963 年。

145. 唐鈺明：《著名中年語言學家自選集——唐鈺明卷》，合肥：安徽教育出版社，2002 年。

146. 童書業：《春秋史》，濟南：山東大學出版社，1987 年。

147. 童書業：《童書業歷史地理論集》，北京：中華書局，2004 年。

148. 童書業：《春秋左傳研究》（修訂本），北京：中華書局，2006 年。

149. 王斌：《虢國墓地的發現與研究》，北京：社會科學文獻出版社，2007 年。

150. 王國維：《觀堂集林》，北京：中華書局，1959 年。

151. 王國維：《王國維遺書》，上海：上海書店出版社，1983 年。

152. 王暉：《古文字與商周史新證》，北京：中華書局，2003 年。

153. 王輝：《古文字通假釋例》，北京：中華書局，2008 年。

154. 王輝：《商周金文》，北京：文物出版社，2006 年。

155. 王筠：《說文句讀》，上海：上海古籍出版社，2000 年。

156. 王念孫：《廣雅疏證》，南京：南京古籍出版社，2000 年。

157. 王慎行：《古文字與殷周文明》，西安：陝西人民教育出版社，1992 年。

158. 王世民、陳公柔、張長壽：《西周青銅器分期斷代研究》，北京：文物出版社，1999 年。

159. 王偉：《眉縣新出青銅器銘文綜合研究》，陝西師範大學碩士學位論文，2005 年。

160. 王文耀：《簡明金文詞典》，上海：上海辭書出版社，1998 年。

161. 王獻唐：《山東古國考》，濟南：齊魯書社，1983 年。

162. 王玉哲：《古史集林》，北京：中華書局，2002 年。

163. 王志平：《〈左傳〉人名與金文人名比較研究》，中國社會科學院歷史研究所博士論文，1997 年。

164. 吳闓生：《吉金文錄》，北京：中華書局，1963 年。

165. 吳其昌：《金文氏族譜》，北京：商務印書館，1936 年。

166. 吳振烽：《金文人名彙編》，北京：中華書局，2006 年。

167. 吳鎮烽：《考古文選》，北京：科學出版社，2002 年。

168. 吳鎮烽：《商周金文資料通鑒》（數據庫光盤），2011 年。

169. 吳鎮烽：《商周青銅器銘文暨圖像集成》，上海：上海古籍出版社，2012 年。

170. 夏商周斷代工程專家組：《夏商周斷代工程 1996～2000 年階段成果報告（簡本）》，北京：世界圖書出版公司，2000 年。

171. 謝治秀主編：《齊魯文博——山東省首屆文物科學報告月文集》，濟南：齊魯書社，2002 年。

172. 徐少華：《周代南土歷史地理與文化》，武漢：武漢大學出版社，1994 年。

173. 徐中舒：《甲骨文字典》，成都：四川辭書出版社，1989 年。

174. 徐中舒：《先秦史論稿》，成都：巴蜀書社，1992 年。

175. 徐中舒:《徐中舒歷史論文選集》,北京:中華書局,1998 年。

176. 許慎:《説文解字》,北京:中華書局,1963 年。

177. 許倬云:《西周史》(增補本),上海:三聯書店,2001 年。

178. 嚴志斌:《四版〈金文編〉校補》,長春:吉林大學出版社,2001 年。

179. 楊伯峻:《詩經譯注》,上海:上海古籍出版社,1985 年。

180. 楊伯峻《春秋左傳注》(修訂本),北京:中華書局,1990 年。

181. 楊懷源:《西周金文詞彙研究》,成都:巴蜀書社,2007 年。

182. 楊筠如著、黃懷信標校:《尚書覈詁》,西安:陝西人民出版社,2005 年。

183. 楊寬:《古史新探》,北京:中華書局,1965 年。

184. 楊寬:《西周史》,上海:上海人民出版社,2003 年。

185. 楊寬:《楊寬古史論文集》,上海:上海人民出版社,2003 年。

186. 楊守敬、熊會貞:《水經注疏》,南京:江蘇古籍出版社,1989 年。

187. 楊樹達:《積微居金文說》,北京:中華書局,1997 年。

188. 楊樹達:《積微居小學金石論叢》(增訂本),北京:中華書局,1983 年。

189. 楊樹達:《積微居小學述林》,北京:中華書局,1983 年。

190. 楊文山、翁振軍主編《邢臺歷史文化論叢》,石家莊:河北人民出版社,2005 年。

191. 姚孝遂、肖丁:《殷墟甲骨刻辭類纂》,北京:中華書局,1989 年。

192. 姚萱:《殷虛花園莊東地甲骨卜辭的初步研究》,北京:線裝書局,2006 年。

193. 尹盛平:《西周微史家族青銅器群研究》,北京:文物出版社,1992 年。

194. 尹盛平:《周原文化與西周文明》,南京:江蘇教育出版社,2005 年。

195. 于豪亮:《于豪亮學術文存》,北京:中華書局,1985 年。

196. 于省吾,姚孝遂:《甲骨文字詁林》,北京:中華書局,1996 年。

197. 于省吾:《甲骨文字釋林》,北京:中華書局,1979 年。

198. 于省吾:《商周金文錄遺》,北京:中華書局,1993 年。

199. 于省吾:《雙劍誃古器物圖錄》,北京:中華書局,2009 年。

200. 于省吾:《雙劍誃古文雜識》,北京:北京大業印刷局,1943 年。

201. 于省吾:《雙劍誃吉金文選》,北京:中華書局,1998 年。

202. 于省吾:《澤螺居詩經新證　澤螺號居楚辭新證》,北京:中華書局,2003 年。

203. 于省吾主編:《甲骨文字詁林》,北京:中華書局,1996 年。

204. 俞偉超:《中國古代公社組織的考察》,北京:文物出版社,1988 年。

205. 喻遂生:《甲金語言文字研究論集》,成都:巴蜀書社,2002 年。

206. 曾憲通:《古文字與出土文獻叢稿》,廣州:中山大學出版社,2005 年。

207. 詹鄞鑫:《華夏考——詹鄞鑫文字訓詁論集》,北京:中華書局,2006 年。

208. 張光裕:《第三屆國際中國古文字學研討會論文集》,香港:香港中文大學中國語言系,1997 年。

209. 張懋鎔、張仲立:《青銅器論文索引(1983~2001)》,香港:香港明石文化國際出版有限公司,2005 年。

210. 張懋鎔:《古文字與青銅器論集》(第二輯),北京:科學出版社,2006 年。

211. 張懋鎔:《古文字與青銅器論集》(第三輯),北京:科學出版社,2010 年。

212. 張懋鎔:《古文字與青銅器論集》,北京:科學出版社,2002 年。

213. 張懋鎔、張仲立:《青銅器論文索引》(續編),香港:香港明石文化國際出版有限公司,2005 年。

214. 張世超、孫凌安、金國泰、馬如森:《金文形義通解》,日本京都:中文出版社,1996 年。

215. 張淑一:《先秦姓氏制度考索》,福州:福建人民出版社,2008 年。

216. 張舜徽:《說文解字約注》,鄭州:河南人民出版社,1983 年。

217. 張亞初、劉雨:《西周金文官制研究》,北京:中華書局,1986 年。

218. 張亞初:《殷周金文集成引得》,北京:中華書局,2001 年。

219. 張永山、胡振宇:《胡厚宣先生紀念文集》,北京:科學出版社,1999 年。

220. 張玉金:《西周漢語代詞研究》,北京:中華書局,2006 年。

221. 張玉金:《西周漢語語法研究》,北京:商務印書館,2004 年。

222. 張政烺:《盡心集——張政烺先生八十慶壽論文集》,北京:中國社會科學出版社,1996 年。

223. 張政烺:《張政烺文史論集》,北京:中華書局,2004 年。

224. 張政烺著、朱鳳瀚等整理:《張政烺批註〈兩周金文辭大系圖錄考釋〉》,北京:中華書局,2011 年。

225. 趙伯雄:《周代國家形態研究》,長沙:湖南教育出版社,1990 年。

226. 趙誠:《二十世紀金文研究述要》,太原:書海出版社,2003 年。

227. 趙平安:《金文釋讀與文明探索》,上海:上海古籍出版社,2011 年。

228. 趙燕姣:《從《牆盤》、《逨盤》看西周世族政治》,陝西師範大學碩士學位論文,2007 年。

229. 鄭樵:《通志二十略》,北京:中華書局,1995 年。

230. 中國考古學會:《中國考古學會第十一次年會論文集（2008）》，北京：文物出版社，2010 年。

231. 中國科學院考古研究所:《長安張家坡西周銅器群》，北京：文物出版社，1965 年。

232. 中國科學院考古研究所:《美帝國主義劫掠的我國殷周銅器集錄》，北京：科學出版社，1962 年。

233. 中國社會科學院考古研究所:《甲骨文編》，北京：中華書局，1965 年。

234. 中國社會科學院考古研究所:《金文文獻集成》，香港：香港明石文化國際出版有限公司，2004 年。

235. 中國社會科學院考古研究所:《新出金文分域簡目》，北京：中華書局，1983 年。

236. 中國社會科學院考古研究所:《殷周金文集成釋文》，香港：香港中文大學出版社，2001 年。

237. 中國社會科學院考古研究所:《中國考古學・兩周卷》，北京：中國社會科學出版社，2004 年。

238. 中國文化遺產研究院編:《出土文獻研究》（第九輯），北京：中華書局，2010 年。

239. 鐘柏生、陳昭容、黃銘崇、袁國華:《新收殷周青銅器銘文暨器影彙編》，台北：藝文印書館，2004 年。

240. 周寶宏:《近出西周金文集釋》，天津：天津古籍出版社，2005 年。

241. 周寶宏:《西周青銅重器銘文集釋》，天津：天津古籍出版社，2007 年。

242. 周法高:《金文詁林補》，臺北：中央研究院歷史語言研究所，1982 年。

243. 周法高主編:《金文詁林》，香港：香港中文大學，1975 年。

244. 朱鳳瀚:《商周家族形態研究》（增訂本），天津：天津古籍出版社，2004 年。

245. 朱鳳瀚:《中國青銅器綜論》，上海：上海古籍出版社，2009 年。

246. 朱鳳瀚主編:《新出金文與西周歷史》，上海：上海古籍出版社，2011 年。

247. 朱駿聲:《說文通訓定聲》，北京：中華書局，1984 年。

二、簡報、論文類

1. 寶雞茹家莊西周墓發掘隊:《陝西省寶雞市茹家莊西周墓發掘簡報》，《文物》1976 年第 4 期。

2. 北京大學考古學系:《天馬——曲村遺址北趙晉侯墓地第四次發掘》，《文物》1994 年第 8 期。

3. 蔡運章：《虢國的分封與五個虢國的歷史糾葛——三門峽虢國墓地研究之三》，《中原文物》1996 年第 2 期。

4. 蔡運章：《虢文公墓考——三門峽虢國墓地研究之二》，《中原文物》1994 年第 3 期。

5. 蔡運章：《論虢仲其人》，《中原文物》1994 年第 2 期。

6. 蔡運章：《洛陽北窯西周墓青銅器銘文簡論》，《文物》1996 年第 7 期。

7. 陳公柔、李學勤、張亞初等：《北京琉璃河出土西周有銘銅器座談紀要》，《考古》1989 年第 10 期。

8. 陳公柔：《滕國、邾國青銅器及相關問題》，《中國考古學研究——夏鼐先生考古五十年紀念論文集》，北京：文物出版社，1986 年。

9. 陳劍：《甲骨金文「戈」字補釋》，《古文字研究》第二十五輯，北京：中華書局，2004 年。

10. 陳連慶：《敔簋銘文淺釋》，《古文字研究》第九輯，北京：中華書局，1984 年 1 月。

11. 陳隆文：《蔣國歷史地理考辨》，《鄭州大學學報》（哲學社會科學版），2007 年第 5 期。

12. 陳平：《頤和園藏商周銅器及銘文選析》，《古文字研究》第二十四輯，北京：中華書局，2002 年。

13. 陳平：《再論克罍、克盉銘文及其有關問題——兼答張亞初同志》，《考古與文物》1995 年第 1 期。

14. 陳偉：《竹書〈容成氏〉共、滕二地小考》，《文物》2003 年第 12 期。

15. 陳絜：《淺談榮仲方鼎的命名及其相關問題》，《中國歷史文物》2008 年第 2 期。

16. 陳絜：《應公鼎銘與周代宗法》，《南開學報》（哲學社會科學版）2008 年第 6 期。

17. 陳英傑：《新出琱生尊補釋》，《考古與文物》2007 年第 5 期。

18. 陳穎飛：《清華簡畢公高、畢桓與西周畢氏》，《中國國家博物館館刊》2012 年第 6 期。

19. 陳穎飛：《清華簡祭公與西周祭氏》，《江漢考古》2012 年第 1 期。

20. 陳昭容、內田純子、林宛蓉、劉彥斌：《新出土青銅器〈琱生尊〉及傳世〈琱生簋〉對讀——西周時期大宅門土地糾紛協調事件始末》，《古今論衡》2007 年第 16 期。

21. 戴吉強：《西周蔣國與期思地理小考》，《尋根》2008 年第 8 期。

22. 董珊：《略論西周單氏家族窖藏青銅器銘文》，《中國歷史文物》2004 年第 4 期。

23. 杜廼松:《克盉克罍銘文新釋》,《故宮博物院院刊》1998 年第 1 期。

24. 杜廼松:《談虢國墓地新出銅器》,《中國文物報》1991 年 2 月 10 日。

25. 方述鑫:《召伯虎簋銘文新釋》,《考古與文物》1997 年第 1 期。

26. 方稚松:《甲骨文考釋四則》,復旦大學古文字與出土文獻研究中心,http://www.gwz.fudan.edu.cn/SrcShow.asp?Src_ID=778,2009 年 5 月 1 日。

27. 馮峰:《棗莊東江墓地出土金文人名釋解（三則)》,復旦大學古文字與出土文獻中心網站,http://www.gwz.fudan.edu.cn/SrcShow.asp?Src_ID=1020,2009 年 12 月。

28. 馮時:《坂方鼎、榮仲方鼎及相關問題》,《考古》2006 年第 8 期。

29. 馮時:《柞伯簋銘文剩義》,《古文字研究》第二十四輯,北京:中華書局,2002 年。

30. 馮蒸:《關於西周初期太保氏的一件青銅兵器》,《文物》1977 年第 6 期。

31. 高智、張崇寧:《西伯既戡黎——西周黎侯銅器的出土與黎國墓地的確認》,《古代文明研究通訊》總第 34 期,2007 年 9 月。

32. 耿超:《淺議姬寏母豆與師窒鐘作器者關係及族姓》,《考古與文物》2011 年第 1 期。

33. 耿鐵華:《關於西周監國制度的幾件銅器》,《考古與文物》1985 年第 4 期。

34. 谷文雨、侯紅光:《三門峽虢國墓地出土珍貴文物》,《光明日報》1991 年 1 月 8 日。

35. 郭沫若:《關於眉縣大鼎銘辭考釋》,《文物》1972 年第 7 期。

36. 郭沫若:《三門峽出土銅器二三事》,《文物》1959 年第 1 期。

37. 韓麗:《五年琱生簋關鍵字詞集釋》,《安徽文學》2008 年第 12 期。

38. 韓巍:《單述諸器銘文習語的時代特點和斷代意義》,《南開學報》(哲學社會科學版),2008 年第 6 期。

39. 韓巍:《眉縣盠器群的族姓、年代及相關問題》,《考古與文物》2007 年第 4 期。

40. 何光岳:《滕國考》,《益陽師專學報》1996 年第 2 期。

41. 何光岳:《蔣國考——兼談蔣菰（茭白）的栽培和利用》,《史學月刊》1987 年第 3 期。

42. 何景成:《關於〈榮仲方鼎〉的一點看法》,《中國歷史文物》2006 年第 6 期。

43. 何景成:《盠駒尊與昭王南征——兼論相關銅器的年代》,《東南文化》2008 年第 4 期。

44. 何琳儀:《盤古辭探微》,《安徽大學學報》(哲學社會科學版) 2003 年第

7 期。

45. 何幼琦:《召伯其人及其家世》,《江漢考古》1991 年第 4 期。

46. 河北省文物管理處:《河北元氏縣西張村的西周遺址和墓葬》,《考古》1979 年第 1 期。

47. 河北省文物研究所、邢臺市文物管理處:《河北邢臺南小汪周代遺址發掘簡報》,《文物》2012 年第 1 期。

48. 河南省文物考古研究所、平頂山市文物管理局:《河南平頂山應國墓地八號墓發掘簡報》,《華夏考古》2007 年第 1 期。

49. 河南省文物考古研究所、平頂山市文物管理局:《平頂山應國墓地九十五號墓的發掘》,《華夏考古》1992 年第 3 期。

50. 河南省文物考古研究所、平頂山市文物管理委員會:《平頂山應國墓地八十四號墓發掘簡報》,《文物》1998 年第 9 期。

51. 河南省文物考古研究所、三門峽市文物工作隊:《三門峽虢國墓地 M2013 的發掘清理》,《文物》2000 年第 12 期,

52. 河南省文物考古研究所、三門峽市文物考古研究所:《河南三門峽虢國墓地 M2008 發掘簡報》,《文物》2009 年第 2 期。

53. 河南省文物研究所、平頂山市文物管理委員會:《平頂山應國墓地九十五號墓的發掘》,《華夏考古》,1993 年第 3 期。

54. 河南省文物研究所、三門峽市文物工作隊:《三門峽上村嶺虢國墓地 M2001 發掘簡報》,《華夏考古》1992 年第 3 期。

55. 侯俊傑、王建明:《三門峽虢國墓地 2009 號墓獲重大考古成果》,《光明日報》1999 年 11 月 2 日。

56. 侯毅:《首都師範大學收藏的兩件西周青銅器》,《文物》2006 年第 12 期。

57. 胡長春:《金文考釋四則》,《學術界》2005 年第 6 期。

58. 黃錦前、張新俊:《霸伯簋銘文小議》,武漢大學簡帛研究中心網站:http://www.bsm.org.cn/show_article.php?id=1470,2011 年 5 月 3 日。

59. 黃銘崇:《論殷周金文中以「辟」爲丈夫歿稱的用法》,《中央研究院歷史語言研究所集刊》72 本 2 分,2001 年。

60. 黃盛璋:《關於柞伯鼎關鍵問題質疑解難》,《中原文物》2011 年第 5 期。

61. 黃盛璋:《眉縣楊家村逨家窖藏青銅器解要》,《中國歷史文物》2004 年第 3 期。

62. 黃盛璋:《山東諸小國銅器研究——〈兩周金文大系續編〉分國考釋之一章》,《華夏考古》1989 年第 1 期。

63. 黃天樹:《柞伯鼎銘文補釋》,《中國文字》新 32 期。

64. 江林昌：眉縣新出青銅器與西周王室世系年代學及相關問題，《文史哲》2003 年第 5 期。

65. 金榮權：《蔣國歷史與地理綜考》，《信陽師範學院學報》（哲學社會科學版），2009 年第 3 期。

66. 雷依群：《論召公奭的幾個問題》，《史學月刊》1998 年第 4 期。

67. 李長慶等：《祖國歷史文物的又一次重要發現》，《文物參考資料》1957 年第 4 期。

68. 李朝遠：《讀榮仲方鼎》，《中國文物報》2005 年 12 月 5 日。

69. 李殿福：《巳簋初釋》，《社會科學戰綫》1980 年第 3 期。

70. 李發：《山西翼城新出西周霸伯簋考釋》，復旦大學古文字與出土文獻研究中心網站，http://www.gwz.fudan.edu.cn/SrcShow.asp?Src_ID=1620，2011 年 8 月 18 日。

71. 李峰：《虢國墓地銅器群的分期及其相關問題》，《考古》1988 年第 11 期。

72. 李光雨、張雲：《山東棗莊春秋時期小邾國墓地的發掘》，《中國歷史文物》2003 年第 5 期。

73. 李家浩：《應國再簋銘文考釋》，《文物》1999 年第 9 期。

74. 李建生：《「梁姬」、「楊姞」及其相關問題》，《中國歷史文物》2009 年第 5 期。

75. 李久昌：《虢國建國考》，《北方論叢》2007 年第 3 期。

76. 李久昌：《虢國墓地墓葬制度述論》，《考古與文物》2003 年第 6 期。

77. 李零：《讀楊家村出土的虞逨諸器》，《中國歷史文物》2003 年第 3 期。

78. 李倩：《立鳥形耳簋初探》，《文博》2012 年第 3 期。

79. 李喬：《應國歷史與地理問題考述》，《中原文物》2010 年第 6 期。

80. 李清麗、楊峰濤：《三門峽市虢國博物館館藏「虢姜」組器》，《文博》2009 年第 1 期。

81. 李學勤、唐雲明：《元氏銅器與西周的邢國》，《考古》1979 年第 1 期。

82. 李學勤、王占奎等：《寶雞眉縣楊家村窖藏單氏家族青銅器群座談紀要》，《考古與文物》2003 年第 3 期。

83. 李學勤：《菁簋銘文考釋》，《故宮博物院院刊》2001 年第 1 期。

84. 李學勤：《從柞伯鼎銘談〈世俘〉文例》，《江海學刊》2007 年第 5 期。

85. 李學勤：《琱生諸器銘文聯讀研究》，《文物》2007 年第 8 期。

86. 李學勤：《祭公謀父及其德論》，《齊魯學刊》1988 年第 3 期。

87. 李學勤：《論長安花園村兩周青銅器》，《文物》1986 年第 1 期。

88. 李學勤：《論　　簋的年代》,《中國歷史文物》2003 年第 6 期。

89. 李學勤：《論仲再父簋與中國》,《中原文物》1984 年第 4 期。

90. 李學勤：《眉縣楊家村新出青銅器研究》,《文物》2003 年第 6 期。

91. 李學勤：《秦懷后磬研究》,《文物》2001 年第 1 期。

92. 李學勤：《三門峽虢墓新發現與虢國史》,《中國文物報》1991 年 2 月 3 日。

93. 李學勤：《試論新發現的霸方鼎和榮仲方鼎》,《文物》2005 年第 9 期。

94. 李學勤：《釋郭店簡祭公之顧命》,《文物》1998 年第 7 期。

95. 李學勤：《四十三年佐鼎與牧簋》,《中國史研究》2003 年第 2 期。

96. 李學勤：《西周中期青銅器的重要標尺——周原莊白、強家兩處青銅器窖藏的綜合研究》,《中國歷史博物館館刊》1979 年第 1 期。

97. 李學勤：《邢臺新發現的西周甲骨文》,《中國文物報》1993 年 3 月 7 日。

98. 李學勤：《應監甗新解》,《江西歷史文物》1987 年第 1 期。

99. 李學勤：《柞伯簋銘文考釋》,《文物》1998 年第 11 期。

100. 李仲操：《燕侯克罍盉銘文簡釋》,《考古與文物》1997 年第 1 期。

101. 連劭名：《眉縣楊家村窖藏青銅器銘文考述》,《中原文物》2004 年第 6 期。

102. 林壽晉：《〈上村嶺虢國墓地〉補記》,《考古》1961 年 9 月。

103. 林文華：《〈瑚生簋〉「厥我考我母命」新考》,復旦大學古文字與出土文獻研究中心，http://www.guwenzi.com/SrcShow.asp?Src__ID=697，2009 年 2 月 16 日。

104. 林澐：《瑚生三器新釋》,復旦大學古文字與出土文獻研究中心，http://www.guwenzi.com/SrcShow.asp?Src__ID=286，2008 年 1 月 1 日。

105. 劉彬徽：《湖北出土的兩周金文國別與年代補記》,《古文字研究》第十九輯，北京：中華書局，1992 年。

106. 劉成群：《畢公事蹟及畢公世系初探——基於清華簡的研究》,《上海交通大學出版社》（哲學社會科學版），2012 年第 4 期。

107. 劉懷君、辛怡華、劉棟：《逨盤銘文試釋》,《文物》2003 年第 6 期。

108. 劉懷君、辛怡華、劉棟：《四十二年、四十三年逨鼎銘文試釋》,《文物》2003 年第 6 期。

109. 劉懷君：《眉縣出土一批西周窖藏樂器》,《文博》1987 年第 2 期。

110. 劉懷君：《眉縣楊家村西周窖藏青銅器的初步認識》,《考古與文物》2003 年第 3 期。

111. 劉桓：《關於〈五年瑚生尊〉的釋讀問題》,《考古與文物》2008 年第 3

期。

112. 劉桓：《五年琱生簋、六年琱生簋銘文補釋》，《故宮博物院院刊》2003 年第 3 期。

113. 劉桓：《兩攸比鼎銘新釋》，《故宮博物院院刊》2001 年第 4 期。

114. 劉啓益：《六年宰獸簋的時代與西周紀年》，《古文字研究》第二十二輯，北京：中華書局，2000 年。

115. 劉社剛、王延敏：《趞、趞氏與虢氏關係考》，《文博》2008 年第 1 期。

116. 劉社剛：《虢仲盨及相關問題考》，《文博》2011 年第 6 期。

117. 劉社剛：《銘記虢國對外聯姻的青銅器》，《中國文化畫報》2010 年第 9 期。

118. 劉士莪：《牆盤、逑盤之對比研究》，《文博》2004 年第 5 期。

119. 劉雨：《南陽仲爯父簋不是宣王標準器》，《古文字研究》第十八輯，北京：中華書局，1992 年。

120. 劉雨：《師𡨥鐘和姬寏母豆》，《古文字研究》第二十六輯，北京：中華書局，2006 年。

121. 劉源：《逑盤銘文考釋》，《中國史研究》2003 年第 4 期。

122. 劉釗：《利用郭店楚簡字形考釋金文一例》，《古文字研究》第二十四輯，北京：中華書局，2002 年。

123. 婁金山、王龍正：《應國墓地考古發掘綜述》，《平頂山師專學報》2000 年第 1 期。

124. 婁金山：《河南平頂山市出土的應國青銅器》，《考古》2003 年第 3 期。

125. 羅衛東：《讀〈五年琱生尊〉銘文箚記》，《北京師範大學學報》（社會科學版），2008 年第 3 期。

126. 羅西章：《陝西扶風發現西周厲王獸簋》，《文物》1979 年第 4 期。

127. 羅西章：《宰獸簋銘略考》，《文物》1998 年第 8 期。

128. 洛陽市文物工作隊：《洛陽東郊 C5M906 號西周墓》，《考古》1995 年第 9 期。

129. 洛陽市文物工作隊：《洛陽唐宮路小學 C1M5560 戰國墓發掘簡報》，《文物》2004 年第 7 期。

130. 麻愛民：《逑盤補釋》，《古籍整理研究學刊》2011 年 3 月。

131. 馬承源：《關於翏生盨和者減鐘的幾點意見》，《考古》1979 年第 1 期。

132. 馬承源：《虢國大墓參觀記》，《中國文物報》1991 年 3 月 3 日。

133. 馬承源等：《陝西眉縣出土窖藏青銅器筆談》，《文物》2003 年第 6 期。

134. 馬世之：《虢國史跡試探》，《中州學刊》1994 年第 6 期。

135. 馬世之：《應國銅器及相關問題》，《中原文物》1986 年第 1 期。

136. 孟蓬生：《師衰簋「弗叚（暇）組」新解》，復旦大學出土文獻與古文字研究中心網站，http://www.gwz.fudan.edu.cn/SrcShow.asp?Src_ID=705，2009 年 2 月 25 日。

137. 彭曦：《逨盤銘文的注譯及簡析》，《寶雞文理學院學報》2003 年第 5 期。

138. 彭裕商：《虢國東遷考》，《歷史研究》2009 年第 5 期。

139. 平頂山市文管會：《河南平頂山市出土西周應國青銅器》，《文物》1984 年第 12 期。

140. 平頂山市文管會：《河南平頂山市發現西周銅簋》，《考古》1981 年第 4 期。

141. 平頂山市文管會：《平頂山市新出土的西周青銅器》，《中原文物》1988 年第 1 期。

142. 平頂山市文物管理局：《平頂山市西高皇魚塘撈出的一批應國銅器》，《中原文物》2010 年第 2 期。

143. 戚桂宴：《永盂銘殘字考釋》，《考古》1981 年第 5 期。

144. 岐山縣文化館、陝西省文管會：《陝西省岐山縣董家村西周銅器窖穴發掘簡報》，《文物》1976 年第 5 期。

145. 齊文心：《關於商代稱王的封國君長的探討》，《歷史研究》1985 年第 2 期。

146. 裘錫圭：《讀逨器銘文箚記三則》，《文物》2003 年第 6 期。

147. 裘錫圭：《也談子犯編鐘》，台北《故宮文物月刊》第 13 卷第 5 期。

148. 裘錫圭：《應侯視工簋補釋》，《文物》2002 年第 7 期。

149. 任偉：《從「應監」諸器銘文看西周的監國制度》，《社會科學輯刊》2002 年第 5 期。

150. 任偉：《虢國考》，《史學月刊》2001 年第 2 期。

151. 任偉：《西周金文與召公身世之考證》，《鄭州大學學報》（哲學社會科學版），2002 年 9 月。

152. 靭松、樊維岳：《記陝西藍田縣新出土的應侯鐘》，《文物》1975 年第 10 期。

153. 靭松：《記陝西藍田縣新出土的應侯鐘》一文補正，《文物》1977 年第 8 期。

154. 三門峽市文物考古研究所、三門峽虢國博物館：《三門峽虢國墓地出土的青銅器》，《文物》2009 年第 1 期。

155. 陝西省考古研究所、寶雞市考古工作隊、眉縣文化館：《陝西眉縣楊家村西周青銅器窖藏》，《考古與文物》2003 年第 3 期。

156. 陝西省考古研究所、運城市文物工作站、絳縣文化局：《山西絳縣橫水西周墓發掘簡報》，《文物》2006 年第 8 期。

157. 陝西省考古研究院、渭南市考古所、韓城市文物局：《陝西韓城梁帶村芮國墓地西區發掘簡報》，《考古與文物》2010 年第 1 期。

158. 陝西省考古研究院、渭南市文物保護考古研究所、韓城市文物旅遊局：《陝西韓城梁帶村墓地北區 2007 年發掘簡報》，《文物》2010 年第 6 期。

159. 陝西省文物管理委員會：《陝西省永壽縣、武功縣出土的西周銅器》，《文物》1964 年第 7 期。

160. 陝西周原考古隊：《陝西扶風莊白一號西周青銅器窖藏發掘簡報》，《文物》1978 年 3 月。

161. 陝西周原考古隊：《陝西岐山鳳雛村發現周初甲骨文》，《文物》1979 年第 10 期。

162. 尚志儒：《西周金文中的豐國》，《文博》1991 年第 4 期。

163. 尚志儒：《西周金文中的井國》，《文博》1993 年第 3 期。

164. 沈長雲：《說燕國的分封在康王之世——兼說銘有「匽侯」的周初青銅器》，《中國歷史博物館館刊》1999 年第 2 期。

165. 沈雲長：《琱生簋銘文「仆庸土田」新釋》，《古文字研究》第二十一輯，北京：中華書局，2001 年。

166. 盛冬鈴：《西周銅器銘文中的人名及其對斷代的意義》，《文史》第十七輯，1983 年 6 月。

167. 史言：《眉縣楊家村大鼎》，《文物》1972 年第 7 期。

168. 孫常敘：《鵙公劍銘文復原和「脽」、「鵙」字說》，《考古》1962 年第 5 期。

169. 孫常敘：《麥尊銘文句讀試解》，《松遼學刊》（社會科學版）第 Z1 期。

170. 孫華：《匽侯克器銘文淺見——兼談召公建燕及其相關問題》，《文物春秋》1992 年第 3 期。

171. 孫亞冰：《眉縣楊家村卅二年卅三年逨鼎考釋》，《中國史研究》2003 年第 4 期。

172. 孫稚雛：《長囟盉銘文匯釋》，《古文字研究》第十三輯，北京：中華書局，1986 年。

173. 譚戒甫：《西周〈曩鼎銘〉研究》，《考古》1963 年第 12 期。

174. 譚戒甫：《周召二簋銘文綜合研究》，《江漢學報》1961 年第 2 期。

175. 唐復年：《輔師嫠簋三考及斷代》，《古文字研究》第十三輯，北京：中華書局，1986 年。

176. 唐蘭：《史聒簋銘考釋》，《考古》1972 年第 5 期。

177. 唐蘭：《永盂銘文解釋》，《文物》1972 年第 1 期。

178. 藤縣博物館：《山東滕縣發現滕侯銅器墓》，《考古》1984 年第 4 期。

179. 天津市文物管理局：《天津市發現西周殺簋蓋》，《文物》1979 年第 2 期。

180. 田率：《陝西眉縣青銅器窖藏與西周單逨家族》，《中國歷史文物》2008 年第 4 期。

181. 涂白奎：《周天子尊諸侯之稱與〈柞伯簋〉相關問題》，《史學月刊》2010 年第 10 期。

182. 萬樹瀛、楊孝義：《山東滕縣出土西周滕國銅器》，《文物》1979 年第 4 期。

183. 王峰、李魯滕：《近見鬲器銘文略考》，《中國國家博物館館刊》2012 年第 1 期。

184. 王冠英：《親簋考釋》，《中國歷史文物》2006 年第 3 期。

185. 王光永：《介紹新出土的兩件虢器》，《古文字研究》第七輯，北京：中華書局，1982 年。

186. 王輝：《逨盤銘文箋釋》，《考古與文物》2003 年第 3 期。

187. 王輝：《單氏家族青銅器漫議》，《收藏》2003 年第 6 期。

188. 王輝：《琱生三器考釋》，《考古學報》2008 年第 1 期。

189. 王進峰、邱眆海：《五年琱生簋與琱生器人物關係新論》，《寶雞文理學院學報》（社會科學版）2008 年第 6 期。

190. 王進峰：《新出〈五年琱生尊〉與琱生諸器新釋》，《歷史教學》2008 年第 6 期。

191. 王龍正、姜濤、婁金山：《匍鴨銅盉與覜聘禮》，《文物》1998 年第 4 期。

192. 王龍正、姜濤、袁俊傑：《新發現的柞伯簋及其銘文考釋》，《文物》1998 年第 9 期。

193. 王龍正、劉曉紅、曹國朋：《新見應侯見工簋銘文考釋》，《中原文物》2009 年第 5 期。

194. 王龍正、趙成玉：《季嬴銅鬲與虢石父及虢國墓地年代》，《中國文物報》1998 年 11 月 4 日。

195. 王龍正：平頂山應國墓地九十五號墓年代、墓主及相關問題，《華夏考古》，1995 年第 4 期。

196. 王人聰：《琱生簋「仆庸土田」辨析》，《考古》1994 年第 5 期。

197. 王世民、李學勤、彭裕商等：《保利藝術博物館收藏的兩件銅方鼎筆談》，《文物》2009 年第 10 期。

198. 王世民：《王作姜氏簋》，《文物》1999 年第 9 期。

199. 王玉哲：《琱生簋銘新探跋——兼論本銘無關訴訟問題》，《中華文史論

叢》1989 年第 1 期。

200. 王蘊智、陳淑娟：《應國有銘青銅器的初步考察》,《中原文物》2008 年第 4 期。

201. 王占奎：《琱生三器銘文考釋》,《考古與文物》2007 年第 5 期。

202. 王子揚：《「畢公左徒」玉戈小考》,《中國文字研究》2008 年第一輯（總第十輯）,2008 年。

203. 吳鎮烽、雒忠如：《陝西省扶風縣強家村出土的西周銅器》,《文物》1975 年第 8 期。

204. 吳鎮烽、尚志儒：《關於應侯鐘「見工」一詞》的解釋,《文物》1977 年第 8 期。

205. 吳鎮烽：《琱生尊銘文的幾點考釋》,《考古與文物》2007 年第 5 期。

206. 吳鎮烽：《𩵥鼎銘文考釋》,《文博》2007 年第 2 期。

207. 吳鎮烽：《高祖、亞祖、王文考》,《考古》2006 年第 12 期。

208. 伍仕謙：《論西周初年的監國制度》,《人文雜誌》（叢刊）第二輯,1984 年。

209. 西安市文物管理處：《陝西長安新旺村、馬王村出土的西周銅器》,《考古》1974 年第 1 期。

210. 夏含夷：《從親簋看周穆王在位年數及年代問題》,《中國歷史文物》2006 年第 3 期。

211. 謝明文：《攻研雜志（四）——讀〈首陽吉金〉札記之一》,復旦大學出土文獻與古文字研究中心網站,http://www.gwz.fudan.edu.cn/SrcShow.asp?Src_ID=530,2008 年 10 月 23 日。

212. 辛怡華、劉棟：《五年琱生尊銘文考釋》,《文物》2007 第 8 期。

213. 徐寶貴：《金文考釋兩篇》,《考古與文物》2003 年第 5 期。

214. 徐伯鴻：《說霸伯簋銘文二三事》,復旦大學古文字與出土文獻研究中心網站,http://www.gwz.fudan.edu.cn/ShowPost.asp?ThreadID=4531,2011 年 5 月 5 日。

215. 徐義華：《新出土〈五年琱生尊〉及琱生器銘試釋》,《中國史研究》2007 年第 5 期。

216. 徐英俊：《南陽博物館徵集一件應國銅器》,《文物》,1993 年第 3 期。

217. 徐中舒：《西周史論述（上)》,《四川大學學報》（哲社版）1979 年第 3 期。

218. 徐中舒：《禹鼎的年代及其相關問題》,《考古學報》1959 年第 3 期。

219. 許竟成、彭大國：《蔣氏發源地與期思古蔣國》,《尋根》2007 年第 12 期。

220. 許俊臣、劉德禎：《甘肅寧縣宇村出土西周青銅器》,《考古》1985 年第 4

期。

221. 許永生：《從虢國墓地考古新發現談虢國歷史概況》，《華夏考古》1993年4月。

222. 楊海清、常軍：《虢石父銅鬲與銅匜銘文及相關問題》，《中國歷史文物》2008年第2期。

223. 楊寬：《西周王朝公卿的官爵制度》，《西周史研究》（人文雜誌叢刊第二輯）1984年。

224. 楊文山：《青銅器「已簋」與邢齊通婚——兩周邢國歷史綜合研究之三》，《文物春秋》2003年第1期。

225. 楊文山：《青銅器「邢侯簋」與邢國遷封——西周邢國歷史綜合研究之二》，《文物春秋》2002年第1期。

226. 楊亞長：《再說金文所見之益公——兼與韓巍先生商榷》，《考古與文物》2009年第5期。

227. 殷瑋璋、曹淑琴：《周初太保器綜合研究》，《考古學報》1991年第1期。

228. 殷瑋璋：《新出土的太保銅器及其相關問題》，《考古》1990年第1期。

229. 于豪亮：《陝西省扶風縣強家村出土虢季家族銅器銘文考釋》，《古文字研究》第九輯，北京：中華書局，1984年。

230. 于省吾：《井侯簋考釋》，《考古社刊》1936年第4期。

231. 俞偉超、高明：《周代用鼎制度研究》，《北京大學學報》1978年第2期。

232. 俞偉超：《上村嶺虢國墓地新發現所揭示的幾個問題》，《中國文物報》1991年2月3日。

233. 袁金平：《新見西周琱生尊銘文考釋》，中國社會科學院歷史研究所先秦史研究室網站，http://www.xianqin.org/xr_html/articles/jwyj/436.html，2006年12月9日。

234. 袁俊傑：《再論柞伯簋與大射禮》，《華夏考古》2011年第2期。

235. 袁俊傑：《胙國史事探析》，《河南大學學報》（社會科學版）2008年第5期。

236. 岳連建、王龍正：《金文「城虢」爲東國考》，《文博》2003年第6期。

237. 張長壽：《虢國墓地的新發現》，《中國文物報》1991年3月17日。

238. 張長壽：《論邢叔銅器——1983～1986年灃西發掘資料之二》，《文物》1990年第7期。

239. 張富海：《讀新出西周金文偶識》，《古文字研究》第二十七輯，北京：中華書局，2008年。

240. 張光裕：《柯簋銘文與西周史事新證》，《文物》2009年第2期。

241. 張光裕：《讀新見西周羚簋銘文札迻》，《古文字研究》第二十五輯，北京：

中華書局，2004 年。

242. 張懋鎔：《逨盤與西周王年》，《齊魯學刊》2006 年第 6 期。

243. 張懋鎔：《再論「周人不用日名說」》，《文博》2009 年第 3 期。

244. 張懋鎔：《周人不用日名說》，《歷史研究》1993 年第 5 期。

245. 張培瑜：《逨鼎的王世與西周晚期曆法月相紀日》，《中國歷史文物》2003 年第 3 期。

246. 張潤棠：《眉縣楊家村窖藏青銅器述評》，《寶雞文理學院學報》（社會科學版）2003 年第 5 期。

247. 張天恩：從逨盤銘文談西周單氏家族的譜系及相關銅器，《文物》2003 年第 7 期。

248. 張亞初：《太保罍、盉銘文的再討論》，《考古》1993 年第 1 期。

249. 張彥修：《河南三門峽市虢國墓地 M2001 墓主考》，《考古》2004 年第 2 期。

250. 張永山：《親簋作器者的年代》，《中國歷史文物》2003 年第 6 期。

251. 張肇武：《河南平頂山市又出土一件鄧公簋》，《考古與文物》1983 年第 1 期。

252. 張肇武：《平頂山市出土周代青銅器》，《考古》1985 年第 3 期。

253. 張政烺：《試釋周初青銅器銘文中的易卦》，《考古學報》1980 年第 4 期。

254. 張志鵬：《滕國新考》，《河南大學學報》2011 年第 4 期。

255. 趙平安：《跋虢叔尊》，《古文字研究》第二十五輯，北京：《中華書局》，2004 年 10 月。

256. 趙平安：《釋「罙」》，《考古》1992 年第 10 期。

257. 中國科學院考古研究所山東工作隊：《山東鄒縣滕縣古城址調查》，《考古》1965 年第 12 期。

258. 中國社會科學院考古研究所、北京市文物研究所：《北京琉璃河 1193 號大墓發掘簡報》，《考古》1990 年第 1 期。

259. 中國社會科學院考古研究所、北京市文物研究所：《北京琉璃河 1193 號大墓發掘簡報》，《考古》1990 年第 1 期。

260. 中國社會科學院考古研究所澧西發掘隊：《長安張家坡西周井叔墓發掘簡報》，《文物》1986 年第 1 期。

261. 中國社會科學院考古研究所澧西發掘隊：《陝西長安張家坡 M170 號井叔墓發掘簡報》，《考古》1990 年第 6 期。

262. 周寶宏：《西周金文詞義研究（六則）》，《古文字研究》第二十五輯，北京：中華書局，2004 年。

263. 周文：《新出土的幾件西周銅器》，《文物》1972 年第 7 期。

264. 周曉陸：《〈逨鼎〉讀箋》，《西北大學學報》（哲學社會科學版），2003 年第 4 期。

265. 周曉陸：《〈逨盤〉讀箋》，《北京師範大學學報》（社會科學版），2003 年第 5 期。

266. 周曉陸：《西周「逨器「及相關問題探討》，《南京大學學報》2003 年第 4 期。

267. 周言：《也談強家村西周青銅器群世系問題》，《考古與文物》2005 年第 4 期。

268. 周永珍：《西周時期的應國、鄧國銅器及地理問題》，《考古》1982 年第 1 期。

269. 朱鳳瀚：《琱生簋銘新探》，《中華文史論叢》1989 年第 1 期。

270. 朱鳳瀚：《柞伯鼎與周公南征》，《文物》2006 年第 5 期。

271. 朱心持：《江西餘干黃金埠出土銅甗》，《考古》1960 年第 2 期。